한국 자동차산업의 세계 5대 강국 원동력
초일류 글로벌 자동차기업의 국제경쟁력
선진국 수준의 질 높은 자동차문화의 창출력
가치 지향의 종합적이고 체계적인 업무혁신 추진력
이 모든 힘의 원천은 자동차 지식의 완전 정복에 있다!

한권으로 읽는 자동차 핸드북

현대인을 위한

자동차산업이야기

한국자동차산업교육연구소 | 안병하 지음

BASIC KNOWLEDGE TO THE AUTOMOBILE & AUTO-INDUSTRY

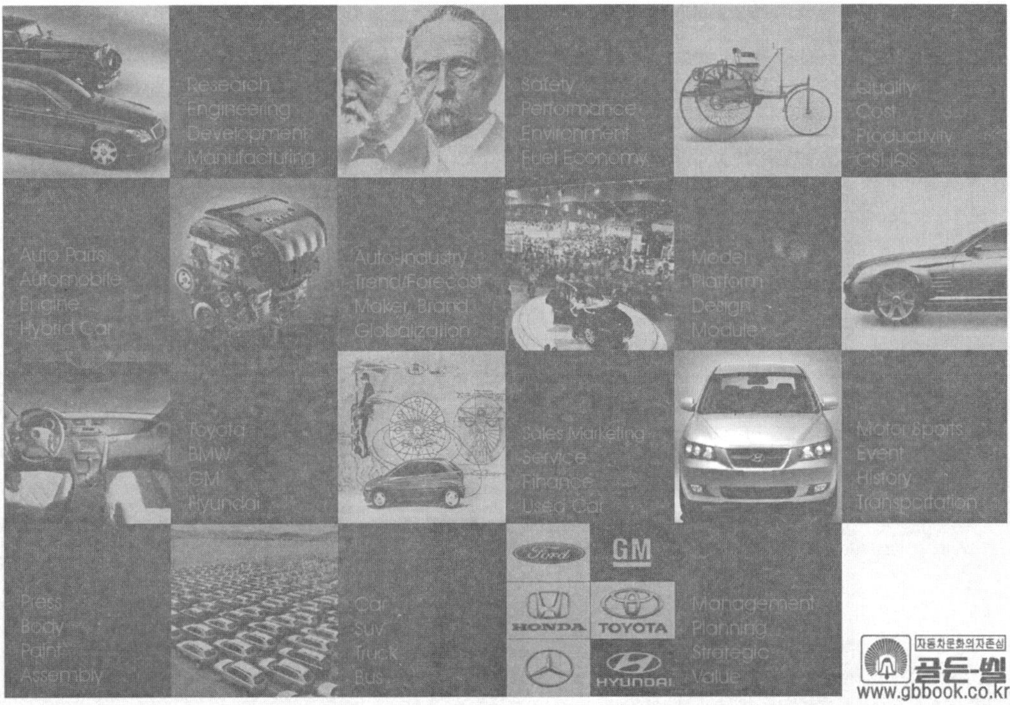

자동차문화의지존심
골든벨
www.gbbook.co.kr

|차례|

책머리에 / 9

1부 자동차의 개요

01 자동차란 무엇인가? / 15
02 자동차의 상품개념과 추구가치 / 18
03 자동차의 매력 / 21
04 자동차의 사회적 비용 / 24
05 자동차 대중화와 자동차 문화 / 26
06 자동차와 환경변화 / 28
07 자동차와 교통 / 30
08 자동차의 정의와 분류 / 32
09 승용차의 그레이드 분류 / 34
10 모터 스포츠 / 41
11 자동차 이벤트 / 45
12 자동차의 발달 과정 / 48

2부 자동차산업과 경영

13 자동차산업의 분류와 범주 / 57
14 자동차산업의 특성 / 58
15 자동차경영의 본질과 특성 / 71
16 자동차기업의 전략 / 80
17 렉서스의 글로벌 전략 / 90
18 쏘나타 신화의 창조 / 94
19 세계 최고의 패밀리 세단 캠리 / 97
20 자동차기업의 경영계획 / 99

3부 세계 자동차산업

21 세계 자동차산업의 발전과정 / 105
22 세계 자동차산업의 환경변화 / 110
23 세계 자동차산업의 재편전망 / 112
24 세계 자동차의 판매 트렌드 / 117
25 세계 자동차의 생산 트렌드 / 118
26 세계 자동차의 수요전망 / 120
27 세계 자동차의 보유 트렌드 / 121
28 세계 자동차 메이커의 전략변화 / 122
29 세계 최대 자동차 생산국 일본의 위상 / 125
30 가장 존경받는 자동차 메이커 BMW / 127
31 새로운 세계 강자 현대차그룹 / 130

32 세계 초일류기업 도요타의 원동력 / 133
33 세계가 주시하는 중국의 자동차산업 / 137

4부 한국의 자동차산업

34 한국 자동차산업의 발전과정 / 145
35 한국 자동차산업의 현황과 수급전망 / 151
36 한국 자동차메이커의 현황 / 157
37 한국 자동차산업의 역량과 과제 / 161
38 한국 자동차산업의 2015년 비전 / 165

5부 자동차 부품산업

39 자동차부품의 분류와 소재 / 171
40 자동차 부품산업의 특징 / 173
41 자동차 부품산업의 변화 전망 / 178
42 세계 자동차부품 메이커의 현황 / 181
43 한국 자동차부품 산업의 현황과 과제 / 184
44 자동차 부품의 모듈화 / 189
45 자동차 보수용 부품과 용품 / 192

6부　자동차 개발

46　자동차의 모델개념과 전략 / 197
47　자동차 플랫폼 / 200
48　자동차 모델개발의 종류 / 103
49　자동차 모델의 개발경쟁력 / 206
50　신차 개발 프로세스 / 209
51　자동차의 시험과 평가 / 216
52　자동차 디자인의 개념 / 219
53　자동차 디자인 프로세스 / 221
54　자동차 디자인의 변천 / 224

7부　자동차 기술

55　자동차기술과 분류 / 231
56　자동차의 사양과 제원 / 233
57　자동차의 성능 / 243
58　자동차의 안전 / 249
59　자동차의 연비와 환경 / 255
60　자동차의 공기역학 / 260
61　자동차 기술의 미래 / 262
62　자동차 동력원의 미래와 하이브리드 카 / 265
63　텔레매틱스 발전의 미래 / 269

8부　자동차 생산

64　자동차 생산의 개요 / 273
65　자동차의 생산 공정 / 275
66　자동차의 생산시스템 / 280
67　자동차의 품질관리 / 287
68　자동차의 원가관리 / 292

9부　자동차 마케팅

69　자동차의 상품 특성 / 301
70　자동차의 수요와 판매구조 / 305
71　자동차 판매의 3원칙 / 310
72　자동차의 판매력 평가 / 312
73　자동차의 마케팅전략과 활동 / 314
74　자동차광고와 판매촉진 / 317
75　자동차지식의 중요성과 활용 / 322
76　자동차 판매 프로세스 / 325
77　자동차 유통구조 / 328
78　중고 자동차 / 330
79　자동차 고객만족 / 333
80　자동차 소비자 보호 / 339
81　자동차 애프터서비스 / 343
82　자동차정비업의 현황 / 345

▌책머리에

자동차를 얼마나 알고 있는가?
우리 현대인들은 자동차를 얼마나 알고 있을까?
자동차산업에 종사하는 많은 사람은 얼마만큼 알고 있을까?
완성차 메이커에 근무하는 사람은 아주 잘 알고 있을까?
필자의 생각은 결코 아닐 것이다. 사실 그렇게 다 알 수도 없거니와 알 필요도 그렇게 절실하게 느끼지 않을 것이다. 그러나 자동차를 본업으로 하거나 관련업에 종사하며 성과와 효율을 향상시키려면 자동차를 보다 깊이 알아야 사업이나 전략을 제대로 기획하고 환경의 변화를 예측하며 경쟁의 판도나 업무의 결과를 잘 판단할 수 있는 역량을 가질 수 있다고 본다.
하나의 자동차모델이 탄생하려면 수천억 원의 자금과 수년에 걸쳐 수천 개발요원들의 지혜와 노력이 필요하다. 또한 한 대의 완성차가 생산되려면 수백 개의 협력업체에서 수천 개의 부품이 수많은 생산 공정과 사람의 손을 거치며 조립공장의 기나긴 라인을 거쳐야 한다. 완성차로 나온 신차는 10여 년간 주행과 정비유지를 거쳐 폐차되기까지 안전과 환경은 물론 에너지라는 일상의 과제를 안게 된다. 자동차는 하나의 전자와 결합한 기계로 모두가 각각의 기능과 역할이 있는 수천 개의 부품으로 이루어진 현대인의 생활 속에 함께 있는 내구소비재이다.

자동차산업은 끊임없이 지식을 축적하고 진화해야 생존

1886년 G.다임러와 K.벤츠의 가솔린 자동차를 산업 원년으로 보면 지난 120여 년 동안 산업과 자동차에 있어 기업간의 생존 경쟁과 기술의 진화과정은 그 어느 것도 따라올 수 없을 만큼 치열하였으며 지금도 한 치의 양보도 없는 전쟁이 전 세계시장에서 벌어지고 있다. 이러한 생존경쟁은 드디어 80년간 세계를 제패해 온 미국의 자존심 GM마저 일본의 도요타자동차에게 세계 생산 1위의 자리를 내주고 말았다.

자동차산업은 경쟁우위가 어느 하나가 아닌 디자인, 마케팅, 생산성, 생산방식, 기술력, 가격, 품질, 자금력, 브랜드, 글로벌 경영, 생산규모, 고객만족, 서비스, 노사관계, 부품공급 인프라 등의 다양한 요소가 복합적으로 작용한다. 따라서 생존을 위해서는 선택과 집중의 경쟁우위 전략과 함께 전 부문이 끊임없이 진화를 거듭하여야한다. 이러한 진화의 원천은 지식이며 지식구축의 능력이 바로 모든 경쟁력의 원천이다. 바로 세계 최고의 경쟁력을 가진 도요타자동차의 발전모델을 벤치마킹해야 할 필요가 있다. 그러나 우리나라의 직장인이 자기 업무나 관련 분야에 대해 공부한다는 그렇게 쉬운 일은 아니다. 입사하고 나서 자기개발은 외국어 정도밖에 하는 게 없는 것이 현실이다. 이에 필자는 다시 한 번 공부하는 직장인, 학습하는 조직, 진화능력을 구축하는 기업을 강조하며 가장 쉽게 자동차의 모든 것을 이해하며 산업의 흐름과 변화 방향을 알고 대응하기 바라며 이 책을 펴내려고 한다.

끝으로 이 책은 저자가 오랫동안 "자동차편람", "자동차 지식사전", "자동차 판매왕을 향하여", "도요타생산방식의 이해와 입문", "자동차문화 정립방안" 등의 저서, 역서, 논문과 자동차메이커의 일선현장의 실무에서 직접 체험하고 또한 연수원장으로서 가르치며 얻은 자료로 자동차와 산업을 이해하는데 필요한 것만 모아 요약하였다. 따라서 이 책을 충실히 읽는다면 다음과 같은 성과가 있으리라고 믿는다.

▫ 자동차와 산업의 변화 흐름을 한 눈에 알 수 있다.
▫ 자동차의 지식과 정보력을 구축하고 역량을 강화시킨다.
▫ 새로운 사업영역을 발굴하거나 재정의 할 수 있다.
▫ 효율적인 업무활동으로 사업성과를 올릴 수 있다.
▫ 자동차산업 입문과 이해에 크게 도움이 될 수 있다.

1

자동차의 개요

자동차의 개념과 변화를 이해한다.
자동차와 사회비용 및 환경문제를 생각한다.
자동차의 분류의 의미와 향후 트렌드를 알아본다.
자동차 발달의 역사를 알고 미래의 모습을 그려본다.

01 자동차란 무엇인가?

신이 내린 축복의 선물 - 자동차

자동차는 인간과 물자를 편하고 빠르게 이동(Mobile)하는 도구로서 인간의 원초적 본능인 달리고 싶은 욕망을 만족시키고 더 나아가 오늘날 현대인의 삶을 자유롭고 풍요롭게 만든 '신이 인간에게 내린 축복의 선물' 이다. 이러한 자동차는 오늘날 모든 교통수단의 중심으로서 수천 년간 이어온 인간의 이동에 대한 생각을 변화시켰고 인류의 생활과 사회의 구조도 바꾸어 놓았다.

이동개념의 변화

이동 수단 발명	이동 수단 발달	자동차 출현
▫ 수레바퀴와 마차	▫ 증기기관과 철도	▫ 자동차의 발달
▫ 의식주 해결	▫ 경제 군사 발달	▫ 삶의 질 향상
▫ 군사 수단	▫ 인간 재화	▫ 자유생활 추구
▫ 생존 본능	▫ 시·공간 단축	▫ 시·공간 탈피

이동개념의 변화

운송수단이 처음 생긴 수천 년간 인류의 이동은 의식주를 해결하는 생존본능의 수준에 머물렀으나 근대 증기기관과 철도의 발달로 인한 산업혁명으로 경제발전과 함께 시간과 공간을 단축시켰다.

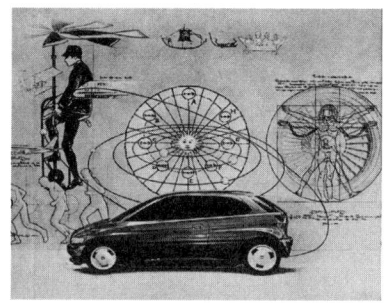
인간의 이동 욕구가 탄생시킨 자동차

이어 19세기말 자동차의 출현은 인간생활에 획기적인 변화를 가져왔다. 먼저 시간과 공간의 한계에서 탈피하였고 자유로운 생활이 이루어졌으며 인간 개개인의 삶의 질도 크게 향상되었다.

인간의 원초적인 이동본능

인간은 걷고 뛰는 원초적 이동본능을 가지고 있다. 사람의 신체로는 1시간에 4km밖에 걸을 수 없어 옛날에는 하루 이동 반경이 겨우 40km 정도에 머물렀다. 그러나 오늘날에는 자동차로 하루에 1천km를 움직일 수 있고 1년 평균 2만km나 이동하여 인간의 행동반경은 획기적으로 넓어졌다. 바로 인간 자신의 확장을 추구하려는 이동본능에서 자동차가 생겨난 것이다.

모든 교통 활동의 중심

인간의 활동이 일어나는 수많은 장소와 장소를 서로 연결하는 서비스가 교통이며, 이러한 교통은 도로, 철도, 선박, 항공으로 이루어진다. 교통이용자는 이 가운데 이동성, 접근성, 편리성, 쾌적성, 안전성, 경제성, 신속성을 모두 고려하여 가장 적합한 교통수단을 선택한다.

이러한 교통수단에 있어 철도는 레일, 항공기는 공항시설, 선박은 항구시설이 각각 있어야 하지만 자동차는 도로만 있으면 언제나 이용이 자유로워 철도, 선박, 항공기의 양끝 수송을 맡는 보완수단이면서 문간에서 문간(Door to Door)까지 수송이 가능한 종합운송시스템의 근간을 이룬다.

또한 자동차는 운전조작이 쉽고, 이용이 자유로우며 개인 소유와 대중화가 가능하여 20세기 교통혁명의 주역이 되었고 앞으로도 모든 교통 활동의 중심이 될 것이다. 이를 가리켜 역사학자인 A.토인비는 '20세기 문명가운데 인류가 이룩한 최고의 업적은 교통발달' 이라고 지적하였다. 이것은 바로 자동차의 발달을 의미하는 것이다.

도시의 광역화와 기동성 사회로 변화

자동차는 단순히 새로운 교통수단의 출현이라는 차원을 넘어 현대사회의 모든 분야에 영향을 주었다. 무엇보다 도시구조를 광역화하고 교외로 넓히고 현대인의 생활을 기동성 중심사회로 변화시켰다. 자동차가 출현하기 전까지 도시와 마을의 형성은 인간의 행동반경과 도보 속도에 맞추어졌으나 오늘날에는 자동차 속도를 기준으로 이루어져 도시 자체의 규모가 커지고 고속도로로 도시와 도시를 연결하는 선벨트(Sun Belt)라는 위성도시가 대도시 주변에 생겨났다.

02 자동차의 상품개념과 추구가치

자동차의 상품개념

자동차는 본질적으로 다음과 같은 상품요건을 충족시켜야 상품으로서의 존재 의의를 가지고 시장과 소비자 속에서 지속적으로 이용되고 발전되어 갈 것이다.

첫째, 운송기계로서 기능과 주행성능을 갖추어야 한다.

둘째, 안전과 환경조화로 사회성도 충족시켜야 한다.

셋째, 스타일링과 디자인이다. 아름다워야 하고 타는 이의 개성과 신분을 나타내 주어야 한다.

넷째, 편리성이다. 다양한 편의장치가 구비되어야 한다.

다섯째, 품질신뢰성이다. 물건으로서 품질균일성과 내구성이 있어야 한다.

여섯째, 가격이다. 소비재로서 살 수 있는 가격에 시장에서 다른 경쟁제품과의 가격경쟁력도 있어야 한다.

일곱째, 고객지향성이다. 수많은 여러 차종가운데 선택되도록 변화하는 고객의 욕구와 효용을 충족시켜야한다.

이러한 상품성이외에 자동차는 보급시기에 따라 추구하는 상품의 개념이 달라져 왔다. 자동차는 어느 국가나 지역에 처음 도입될 때에는 고가의 사치재로서 신분의 상징(Status Symbol)이 된다. 이 시기가 지나 대중화 보급이 시작되면 자동차는 생활의 편익을 가져다주는 내구 소비재로서 유행성과 실용성이 강조되며, 대중화가 완성되어 성숙시장이 되면 자동차는 다시 구매자 개인의 개성과 욕구를 충족시키는 개성화 상품으로 개념이 바뀌고, 메이커도 다양화하는 시장요구에 따라 사용목적별로 층별 화하는 여러 가지의 스타일과 옵션 등을 선보이게 된다.

또한 생산과 기술의 요구를 반영하는 제품 개념도 처음에는 '중공업 기계'이었지만 전자화가 확대되면서 '전자화 기계'로 바뀌고, 보다 지능화되고 정보화된 자동차가 출현하면서 자동차는 '인텔리젠트 서비스' 제품으로 변화하고 있다.

자동차 컨셉트의 변화

구 분	도입기	대중 보급기	성숙기
▫ 상품 개념	고가 사치재	내구 소비재	개성화 상품
▫ 추구 포인트	신분 상징	생활 편익	개인욕구 충족
▫ 차량 포인트	차체 크기	유행 실용성	다양한 스타일
▫ 제품 개념	중공업 기계	전자화 기계	첨단 서비스

자동차의 추구가치 변화

자동차가 소비자에게 제공하는 가치는 크게 이동가치, 공간가치, 감성가치, 취미가치로 나눌 수 있다. 원래 자동차는 태어날 때부터 A지점에서 B지점까지 힘들지 않게 이동할 수 있는 획기적인 제품(이동가치)이었다. 그리고 시대와 함께 가족이나 연인이 쾌적한 시간을 보내는 공간(공간가치)으로 변모하였고, 다시 신분의 상징이나 라이프스타일을 표현하는 도구나 패션(감성가치)이 더해졌으며 자동차 자체를 취미생활로 즐기는 카 마니아(취미가치)까지 생겨나게 되었다. 여기에 정보통신의 기능이 함께 하는 텔레매틱스가 보편화되면서 새로운 정보공간(정보 미디어가치)이 창출되고 있다.

03 자동차의 매력

어린이들이 많이 가지고 노는 장난감 중의 하나가 자동차이다. 또한 어른들도 가장 갖고 싶고, 타고 놀면서, 여가와 취미생활까지 즐길 수 있는 것이 자동차이다. 그래서 자동차를 '어른들의 값비싼 장난감'이라고도 한다.

자동차 소유는 중산층 의식

어떤 자동차를 가지고 있다는 것은 소유자의 신분을 나타내고 타는 사람의 개성을 표현하기도 한다. 이런 자동차가 대중화되어 빈곤한 계층도 자동차를 갖게 되면 스스로 자기 자신을 중산층이라고 생각하게 된다. 또한 현대인에 있어 자동차의 보유는 고도 대중 소비사회와 문명사회에 참여하고 있다는 의식도 갖게 된다.

심리적 자유와 스트레스 해소

자동차를 왜 사느냐고 물으면 가장 많은 사람들이 편리하기 때문이라고 대답한다. 아무리 대중교통기관이 잘 되어 있어도 자가용의 편리성이 차를 가지려는 가장 큰 이유가 된다. 즉, 언제 어디서나 마음만 먹으면 자유롭게 갈 수 있고 어떤 비상사태가 생겨도 도피수단으로 자동차가 있다는 것은 소유자에게 심리적 자유와 안심감을 갖게 한다. 또한 자동차를 고속으로 운전하다보면 스트레스도 해소되고 무력감에서 벗어날 수도 있게 된다.

자기 자신의 표현 수단이며 분신

'자동차를 산다.'는 것은 '자신의 사람됨'을 표현하는 것이다. 그것은 자기의 지위를 객관적으로 타인에게 나타내는 가장 분명한 수단인 것이다. 운전자는 차와 매우 밀접한 접촉을 한다. 때로는 한 손가락으로 운전하거나 손바닥으로 운전하다가 자신이 무의식적으로 운전하고 있음을 발견하기도 한다. 그래서 자기 차가 친구이상의 의미를 갖고 있다고 생각하여 차를 팔거나 폐차할 때에는 마치 친구를 잃은 기분을 느낄 때도 있게 된다.

오토모빌 신드롬 사회

자동차의 대중화 보급은 인간의 생활모습도 크게 변화시켜가고 있다. 자동차를 이용한 생활문화로 자동차를 타고 은행 일(Drive in Bank)도 보고 영화(Drive in Theater)도 즐기며 쇼핑도 하게 되었다. 더 나아가 출퇴근, 레저 패턴, 쇼핑, 데이트, 외식 등 생활 패턴도 바꾸어놓아 이제는 현대인의 생활자체가 자동차에 중독되는 오토모빌 신드롬 현상이 우리의 생활을 지배하게 된 것이다. 이를 가리켜 '완전 자동차사회'라고도 부른다.

움직이는 거실

자동차라는 작은 공간 내에서 부부, 연인, 가족, 동료끼리 이동하거나 여행을 하면 자연스럽게 대화의 기회가 많아져 자동차는 '움직이는 거실'(Mobile Living Room)이 되기도 한다. 특히 서구 사회에서 자동차는 젊은이에게 '독립과 섹스의 상징'이 된다. 청소년이 운전면허를 따 자기 차를 갖게 되면 부모로부터 독립된 자기 인생이 시작된다. 자기가 선택한 차로 자기만의 라이프스타일을 즐기고 손쉽게 애인과 데이트도 할 수 있어 미국에서 자동차는 프러포즈의 장소로 가장 많이 꼽는 곳이기도 하다.

운전으로 얻는 안정감

운전은 사회적으로 안정감을 구하는 욕구 중의 하나이다. 차에 담겨있는 안정감의 상징은 일반적으로 사회에서 얻을 수 있는 안정감보다 더 매력적인 요소를 가지고 있다. 두꺼운 강철 커버로 둘러싸인 큰 차안에 있으면 마치 자궁에 들어간 느낌을 갖는다. 즉, 보호받고 있다는 느낌을 받으며 안전하다는 행복감을 갖게 된다.

또한 운전자들은 자신의 차를 자유자재로 운전할 수 있으면 자신감을 갖는다. 바로 고도로 복잡하고 기술적인 기계도구를 지배하는 의기양양한 기분을 느끼게 된다. 특히 머리를 흩날리며 고속으로 신나게 달리는 기분이나 길과 하나가 되는 드라이브의 느낌은 기술적 신비감과 함께 뿌듯한 우월감으로 넘치게 한다.

04 자동차의 사회적 비용

자동차의 비인간화

　인류학자인 미국의 에드윈 홀 교수는 '자동차는 인간끼리의 접촉을 막고 오직 경쟁적이고 공격적인 요소만을 허용하고 있기 때문에 미국의 문화는 인간끼리의 접촉에 의한 문화라기보다는 길에서 스치는 문화로 전락해 버렸다'고 우려한 바가 있다.

　자동차를 타면 가장 먼저 느끼는 것이 자신의 능력이 커졌다는 것이다. 보행자보다 빠르고 쉽게 이동할 수 있다는 우월감으로 보행자는 불쌍하고 초라한 존재로 보이게 된다. 외부인에게 무관심해지며 인간적인 교류가 상실되고 인간끼리의 공감대가 사라진다. 더욱이 검은 선팅으로 바깥에서 안을 들여다 볼 수 없으면 복면의 공포까지 느끼게 된다. 이런 우월감이 운전자의 이기심은 타인에게 위협을 주고 어린이들의 놀이공간을 빼앗으며 배기가스와 소음을 내뿜어 모두의 몸과 마음을 해치게 한다.

자동차의 사회적 비용

　자동차산업의 성장과 자동차 보급 확대로 인한 자동차대중화는 국민경제와 사회발전에 기여한 긍정적인 측면이 있는 반면에 자동차가 끼치는 악영향 즉 부정적 측면의 사회적 비용도 무시 할 수 없게 되었다. 이렇게 자동차는 태어날 때부터 환경, 안전, 에너지, 교통 혼잡이라는 근원적 문제를 안고 가야하는 원죄가 있는 것이다.

자동차는 일반국민의 후생증대와 개개인에 있어 효용가치는 대단히 크지만 이를 구입하고 유지하는데 기회비용 개념인 일정한 비용 즉 각종 세금, 통행료, 유류비, 주차료, 정비료 등의 자기부담비용이 들어가고 이밖에 제3자 또는 사회전체가 지불해야 하는 비용이 존재하는데 이를 경제적인 관점에서 볼 때 일반 국민에게 엄청나게 많은 손실을 주기 때문에 이를 외부불경제라고 부른다.

이 손실은 기본적으로 발생자가 부담하는 것이 원칙이지만 오늘날 대부분 사회에 전가(轉嫁)되고 있다. 이것을 갚기 위한 희생비용이 바로 사회적 비용(Social Cost)이다. 즉 자동차사고로 인한 생명과 신체의 손상, 자동차에 의한 대기오염, 소음, 진동의 주거환경 파괴와 건강손상, 교통 혼잡으로 인한 시간적·경제적 손실, 도로의 건설과 보수 등이 사회가 모두 물어야하는 비용인 것이다.

이렇게 자동차의 해악이 커지고 사회적 비용이 증가하면서 자동차를 문명의 이기가 아닌 달리는 흉기로 보고 '반 자동차문화', '자동차 파괴운동' 같은 운동이 나타나고 있어 이러한 부정적 요소를 줄이기 위한 노력과 새로운 선진 자동차문화가 필요하다.

05 자동차 대중화와 자동차문화

자동차 대중화

자동차 대중화(Motorization)란 국민소득의 증가로 구매력이 커지면서 자동차 수요가 폭발적으로 늘어나 '1가구 1차 수준으로 보급이 이루어지는 마이카 시대'를 말한다.

우리나라는 1985년 1백만 대, 1998년 1천만 대 보유시대를 열었고 다시 2007년 2월 1,600만대 넘어 인구 3.0명당 1대를 보유하게 되었다. 이러한 폭발적인 수요팽창에 힘입은 대중화는 다음의 여러 가지 요인이 복합적으로 작용한 데 따른 것이다.

- 자동차의 기동성이 주는 엄청난 편익
- 자동차 소유가 주는 사회적 신분의 과시
- 경제력 향상으로 소득과 구매력의 향상
- 레저문화의 확산과 다양한 용도의 자동차 개발
- 자동차 도로교통의 인프라 확대
- 다양하고 품질 좋은 자동차의 생산과 판매

노벨 경제학상을 받은 미국의 C.로스토우 교수는 '경제발전의 여러 단계'라는 저서에서 '미합중국은 자동차를 타고서야 비로소 달리기 시작했다. 바로 대중의 자동차시대가 열린 것이다. 자동차와 함께 교외에 새로 지은 주택으로 대규모의 이주가 시작되었다. 자동차, 주택, 도로, 가정용 내구재에 대한 대량 소비시장이 1920년대 미국의 경제성장을 이끌었고 이것은 생활양식까지 바꾸어 놓는 혁명이었다.'고 하면서 세계적 이상으로 자리 잡은 미국문화는 바로 자동차 대중화와 함께 열린 것이라고 역설하였다. 이런 자동차대중화는 서유럽과 일본을 거쳐 우리나라로 이어졌고 다시 새로운 수요가 서서히 증가하고 있는 중국, 인도, 러시아, 중남미, 동유럽 등으로 계속 퍼져 가고 있다.

자동차 문화

문화라는 개념은 매우 포괄적이고 다양한 의미를 내포하고 있어 정의하기가 쉽지 않다. 일반적으로 문화는 개인이나 집단의 그 시대 생활방식이나 가치관을 뜻한다. 따라서 자동차 문화란 자동차를 개발, 생산, 유통, 소유, 사용하는 제반활동에서 나타나는 제도와 법규, 도로교통과 질서 그리고 자동차 이용자들의 공유된 가치관이나 행동양식 등의 총체적 집합이라고 할 수 있다.

이러한 자동차 문화는 그 나라나 지역의 자동차공업 수준, 보급 수준, 보급시기, 유통 체계, 도로교통 인프라, 질서 수준, 보험 가입, 국민교육 수준, 국민소득 수준 등의 여러 요소와 관련이 있어 이런 모든 것을 종합적으로 평가해야 그 수준을 가늠할 수 있다.

06 자동차와 환경변화

 자동차는 인간은 물론 경제, 사회, 산업, 문화 등의 모든 분야에 영향을 미치며 또 이러한 환경의 변화는 다시 자동차에 영향을 준다. 궁극적으로 자동차는 인간 생활을 보다 편리하고 풍요롭게 하기 위한 도구로서 사회적 환경과 규제의 울타리 안에서 인간과 사회 그리고 기술이 서로의 요구를 조화시켜 가면서 공존해야 한다. 자동차는 일반제품과는 달리 사용자와 사회 및 산업으로부터 다양한 요구를 받게 되고 또 이를 만족시킬 때 자동차로서 생명을 계속 유지할 수 있다. 특히 안전성, 환경보전성, 연료경제성, 자원이나 에너지절감에 대한 사회적 요구가 높다.

자동차의 미래 콘셉트
 자동차 콘셉트는 자동차라는 상품으로서 가지는 성격, 특성, 위상 또는 지향하는 방향이라고 볼 때 미래 자동차의 콘셉트는 어떻게 정의되어야 할 것인가 매우 어렵다. 21세기 사회에서 미래 자동차가 갖추어야 할 것으로 다음의 과제가 검토되어야 한다.

- 자동차의 원동력이 되는 석유에너지의 가격 상승과 고갈
- 지구적 규모로 진전되는 환경오염 문제
- 정보화 사회에 있어 자동차의 역할과 기능
- 인구 고령화에 따른 자동차와 교통의 질적 변화
- 고도 선진 성숙화시대의 자동차생활과 문화의 정립

사회 환경변화와 자동차 영향

사회 변화	자동차의 영향과 변화
핵가족화	자동차 수요 확대, 고령 운전자 증가
여성의 사회진출	여성 운전자 증가, 여성 밀착형 차량개발
여가 확대	레저 차량증가(SUV, 미니밴 등)
도시화 확대	첨단 교통체계(ITS) 개발 보급
글로벌화 확대	자동차 교역증대, 디자인 동조화
환경 중시	환경 규제 강화, 그린 카 개발
에너지난 심화	저 연비차, 하이브리드 카 보급 확대
소득 수준 향상	프리미엄 브랜드, 럭셔리 카 시장 확대
디지털 진전	카 일렉트로닉스, 텔레매틱스 보급 확대
라이프스타일 변화	개성추구 모델, 다양한 옵션 확대
고객 중심화	자동차 품질, 고객만족 경쟁 격화
인터넷 확산	유통구조 변화와 소비자 주권 확대
고가 고급 고성능화	중대형급, 고급차, 수입차 수요 증대
가족 민주화	주부와 자녀의 구매 결정 참여 확대
선택기준의 감성화	디자인, 엔진, 소리 등의 감성품질 중시
중고차 시장 활성화	중고차 시장 규모가 신차 시장 능가

07 자동차와 교통

사회생활에 유익한 자동차도 잘 사용하지 못하면 교통사고라는 무서운 재난을 준다. 이러한 교통사고의 급격한 증가와 사고피해는 세계 각 국의 심각한 사회문제로 교통전쟁 속에서 살고 있다고 해도 지나친 말이 아니다. 특히 우리나라는 세계에서 가장 높은 수준의 교통사고 발생국의 불명예를 안고 있다.

2005년 말 우리나라의 총 도로 길이는 10만㎞를 넘어섰으나 인구 1인당 도로 길이는 2.2m에 불과해 미국의 3.8m, 일본의 5.4m에 비해 낮은 편이다. 앞으로 2010년 자동차 보급대수가 1,700만대에 이르게 될 때 필요한 적정 도로의 길이는 15만㎞가 된다고 보며 이 가운데 간선도로는 5천㎞ 수준이 바람직하다. 따라서 사회간접자본의 확충에서 가장 시급한 것은 도로망의 확충과 함께 각종 교통수요 관리방안이 마련되어야 할 것이다.

도시교통과 교통안전

도시는 교통이다. 교통은 곧 도시의 동맥이다. 도시기능이 살아 움직이려면 시민의 통행권과 기동성이 보장되어야 한다. 오늘날 도시교통의 문제는 도로부족으로 생기는 교통난, 교통체증, 교통공해, 교통사고로 이 네 가지 문제는 대부분 복합적으로 생긴다.

우리나라는 교통사고 발생건수나 사망자에 있어 선진국의 3배 수준으로 여간 시급한 문제가 아니다. 교통사고는 사람, 자동차, 교통환경의 세 요인으로 발생하는데 운전자에 의한 사고가 가장 많으나 교통안전 시설의 미비와 비과학적인 도로구조, 자동차의 안전도 미비와 비효율적인 교통행정 체계 등도 그 원인으로 지적되고 있다.

주요 선진국의 도로교통 (2005년)

구분	인구 (천명)	자동차보유 (천대)	1인당도로 보급률(m)	1만대당 사고건수	1만대당 사망자수
프랑스	59,625	36,198	5.5	25	1.67
독 일	82,537	53,656	3.7	66	1.23
영 국	59,554	31,950	3.4	69	1.14
미 국	290,810	230,788	3.8	85	1.85
일 본	127,619	80,970	5.4	117	1.10
한 국	47,925	17,519	2.2	137	4.12
OECD평균	36,135	22,084	3.3	80	1.81

주) 자동차 보유대수는 2륜차 포함 / 자료 : OECD

08 자동차의 정의와 분류

자동차 정의

초창기 증기(蒸氣)자동차가 세상에 나오자 이 기계의 이름을 무엇이라고 불러야할 지 고민이 많았다. 처음에는 'Automation(자동장치)', 'Oleo Locomotive(기름기관차)', 'Motor Rig(모터마차)', 'Electro-bat(전기박쥐)' 등이 거론되다가 마침내 1876년 프랑스에서 처음으로 '저절로 움직이는 것'의 뜻인 'Automobile(자동차)'로 부르게 되었다.

자동차는 주로 도로상에서 사람이나 화물을 수송하는 기계로서 우리나라 자동차관리법에서는 원동기에 의하여 육상 (궤도와 가선을 사용하는 것은 제외)에서 이동 할 목적으로 제작된 용구(피견인차인 트레일러 포함)로 정의하고 있어 2륜차도 포함한다.

자동차 분류

자동차의 분류는 용도, 형상, 구조, 크기, 원동기 등에 따라 교통, 운전, 차량관리, 안전기준, 인증, 환경규제, 운송사업, 과세표준, 산업정책, 통계 등의 목적을 위해 각종 법규나 규격에서 정하고 있어 기준에 따른 구분의 실익이 있다. 따라서 차량을 개발하는 메이커나 보유하고 이용하는 소비자의 입장에서도 기준과 분류의 의미는 매우 크다.

우리나라의 자동차관리법은 국가의 행정과 사법 목적 상 승용차, 승합차, 화물차, 특수차, 이륜차를 유형별 규모별로 구분하고 있으며, 기술적인 목적을 위해 한국공업규격은 국제표준에 따라 따로 기준을 정하여 구분하고 있다.

자동차의 용도

자동차의 기본용도는 이동성에 있지만 인간욕구의 다양화와 산업의 고도화로 자동차의 용도도 다양화되고 복합화 하여 자동차의 개념이 새로워지고 모양도 구분이 모호해지고 있다.

자동차의 용도와 종류

용 도	종 류
사람 이동	승용차, SUV/CUV/CDV/MAV, 미니밴, MPV,버스
화물 이동	트럭, 픽업, 특수 화물차
작 업	특수 작업차(믹서, 덤프, 소방차, 견인차 등)
	건설용 차(포크리프트, 불도저, 그레이더 등)
레 져	캠핑카, 캠핑 트레일러, 골프카
전 투	전차, 장갑차, 병기 운반차, 통신지휘차
스포츠	레이스 카, 랠리 카

09 승용차의 그레이드 분류

승용차 분류

승용차 분류의 정확한 기준이나 원칙은 없다. 자동차가 처음 나온 초창기 시대는 말할 것도 없고 앞으로 더욱 다양화되고 세분화되면서 '틈새 차'가 계속 쏟아져 나올 것이므로 구분은 무의미 할지 모른다. 다만 세금을 매기거나 환경과 안전을 위한 국가적 목적에서 분류기준은 메이커나 구매자 모두 중요한 의미를 가진다. 현재 세계적으로 대량생산되는 승용차가 약 6백여 종으로 각 국별로 배기량, 크기, 모양, 사용목적, 성격 등에 따라 여러 분류가 있다.

미국은 마케팅 목적이나 품질 평가를 위해 차의 크기, 배기량, 가격수준 등을 고려하여 다양하게 나눈다. 예를 들어 JD파워의 품질 평가에서는 승용차와 소형 상용차로 나누고 승용차는 일반 차(서브콤팩트, 콤팩트, 중형, 대형), 프리미엄 차(엔트리, 중형, 대형), 스포츠카(콤팩트, 콤팩트 프리미엄, 중형, 프리미엄)로 나누고 소형 상용차는 MAV(Multi Activity Vehicle)와 PICK UP으로 나누고 다시 크기별로 구분한다.

한편 유럽은 일반적으로 승용차를 A, B, C, D, E, F 세그먼트로 나누고 다시 C, D, E, F 세그먼트를 다시 2단계로 나누며 MPV와 SUV는 각각 5세그먼트로 나눈다. 다만, VAN은 Car Derived Van, Medium Van, Heavy Van으로, PICK UP은 Car Derived, Compact, Full Size로 나눈다.

중국의 세그먼트도 유럽과 유사하며 우리나라는 승용차는 경형, 소형, 준중형, 중형, 준대형, 대형으로 나누고 다목적형 승용차인 SUV와 CDV(Car Derived Van)은 크기별로 구분한다.

승용차의 용도와 성격에 따른 분류

분 류	구 분 내 용
Prestige Sedan	권위와 지위의 상징
Luxury Sedan	고급·고성능 개인차
Personal Luxury Sedan	쿠페형 하드탑 고급차
Speciality Car	2인승 또는 4인승의 스포티한 개인용차
Grand Touring Car	고성능 엔진의 4도어 세단(GT-Car)
Sporty Sedan	일반 세단과 GT-Car 중간
Family Sedan	실용성에 중점을 둔 가족용 승용차
Economy Basic Car	경제성에 중점을 둔 기본성능과 사양 차

스포츠카

스포츠카가 대중화 된 것은 50~60년대 서구의 다양한 고객층이 차를 소유하고 스피드를 열망하는 매니어가 생기면서 나타났다. 처음 유럽에서 만들어 질 때는 자동차 경주를 위한 레이싱

슈퍼 스포츠카 페라리

카를 의미하였으나 승용차의 실용성과 경제성이 가미되어 스포티 루킹카 또는 스포츠카라는 개념이 등장했다. 사전적 의미로는 '2인승 또는 4인승 차로 빠른 반응과 손쉬운 방향조정 그리고 고속주행을 위해 설계된 차'를 말하나 현대적인 감각의 스포츠카는 뛰어난 스피드, 자극적인 스타일링 그리고 묘한 매력을 갖는 '스타일(Style), 파워(Power), 핸들링(Handling)'의 3요소를 갖춘 차를 말한다. 이러한 스포츠카를 유형으로 나누면 강력한 성능의 슈퍼 스포츠카(페라리, 람보르기니 등), 세단의 안락성과 기동성을 겸비한 고급 스포츠카(포르쉐 등), 2도어 오픈카 로드스터(벤츠SLK 등), 양산 메이커의 대량 생산형 스포츠 쿠페 등이 있다.

오픈 보디카

오픈 보디카란 지붕이 없는 차를 말하는 데 각 국마다 차종마다 개념이 약간 다르다. 미국은 컨버터블(Convertible), 또는 로드스터(Roadster)로 부르고 영국은 투어러, 프랑스는 Cabriolet, 독일은 Cabrio, 이탈리아는 Spyder로 부른다. 이차의 특성은 스포츠카나 쿠페를 베이스로 고가이고 고성능 엔진을 탑재한다. 대표 모델로 BMW Z3, 포르쉐911 카브리오, 사브9000, 머스탱 컨버터블을 들 수 있다.

플래그십 카

플래그십(Flagship)이란 바다에서 선단이나 전투함단을 이끄는 모함 또는 기함으로 선단을 대표하는 가장 크고 뛰어난 기동력을 가진 배를 말한다. 마찬가지로 자동차 메이커도 소형차에서 대형 고급차까지 풀 라인업의 제품군을 갖추어 세계시장에서 경쟁하는데 이때 각 메이커의 제품라인을 대표하는 대형 고급차 또는 생산차급별 대표 모델을 플래그십 카라고 한다. 메르세데스 벤츠 S 클래스, BMW 7시리즈, 아우디 A8, 렉서스 LS, 닛산 인피니티를 각 메이커의 플래그십 카로 내세운다.

유사한 개념으로 최상급 모델로서 유럽의 F2 세그먼트인 Ultra Luxury Class의 하이엔드카(Hi-end Car)도 있다. 가격, 성능, 품격 등에서 세계 최고급으로 다임러 벤츠의 마이바흐 62, BMW의 롤스로이스 팬텀, VW그룹의 벤트리를 꼽고 있다.

하이엔드카 벤츠 마이바흐 62

미니카

미니카는 경차 또는 국민차라고 부른다. 이런 경차를 유럽에서는 미니카 또는 '마이크로 카'로 부르며 '리터 카' 즉 1리터급 엔진차로 유럽의 국민성과 자동차문화 속에 자연스럽게 대중차로 자리 잡았다. 시내의 좁은 도로에서 주행하기 좋고 단거리 업무나 쇼핑에 적합하여 '시티 카'나 '세컨드 카', '퍼스널 카'로 자동차생활의 한 영역으로 자리 잡고 있다.

SUV(Sports Utility Vehicle)

  SUV는 처음 나올 때 구매자 자신의 라이프스타일을 중시하는 신세대의 자유로운 생활에 어울린다하여 'X-Generation 라이프 스타일 카로 부르고 자신의 취향에 맞는 치장에 관심이 많았고 오프로드 주행에 맞는 4륜구동과 높은 지상고에 프레임 차체가 많았으나 오늘날에는 도심에서도 즐기는 2륜구동의 모노코크 차가 많다.

Crossover Vehicle

  크로스오버 비클이란 '고유영역을 넘나드는 차'로 여러 차의 성격을 한꺼번에 섞어놓은 '복합 기능차'라고 볼 수 있다. 이를 퓨전 카 또는 고유 영역을 파괴한다하여 '카테고리 버스터'라고도 불린다. 예를 들어 세단의 플랫폼에 SUV의 장점을 결합한 CUV(Crossover Utility Vehicle)이 있고, 또 세단의 플랫폼에 밴형을 결합한 CDV(Car Derived Van)로 국내 모델로 라비타, 카렌스, 레조가 있으며, SUV에 고급 장비와 고성능 엔진이 결합한 SAV(Sports Activity Vehicle)도 이런 범주에 속한다. 향후 가장 크게 성장할 시장으로 보고 있으며 도요타 하이랜드, 렉서스 RX300, 어큐라 MDX, 닛산 뮤라노, 인피니티 FX35 등의 모델이 미국시장을 선점해 가고 있다.

MPV(Multi Purpose Vehicle)

  MPV의 차종개념이나 구분도 명확하게 설정되어 있는 것은 아니다. 다만 화물수송의 밴과 승용차의 요소를 가미한 미니밴 또는 콤팩트 밴으로 차체가 세미 보닛형의 모노코크 차체 구조로 많은 승객을 실을 수 있어 'People Carrier' 또는 '패밀리 카'라고도 부른다. 미국은 자녀가 있는 가족용 세컨드 카로 주요 운전자가 여성인 경우가 많아 'Mom's Car'라 고도 부른다.

지프

지프(Jeep)는 대표적인 군용의 전술 지휘차량으로 오늘날 SUV의 효시가 된다. 원래 미 육군 공식장비 리스트에서는 '1/4톤 4×4 트럭'이었으며 지금은 다임러 크라이슬러사의 고유 브랜드이다. 지프는 미군이 2차대전시 기동성 있는

1941년형 윌리스 지프

차량을 개발하고자 입찰공고를 내어 탄생시킨 차다. 처음 밴텀사가 개발하고 나중에 윌리스 오버랜드사에 의해 생산되어 1941년부터 1945년까지 무려 60여만 대가 생산되었다.

콘셉트 카

미래의 자동차 모습을 미리 그려보는 디자이너의 창조물이자 메이커의 이상과 비전을 담은 차를 모터쇼에서 자주 보게 된다. 이렇게 사람들의 관심을 높이고 디자인 능력을 향상시키는 모티브가 되며 메이커가 지향하는 디자인 방향을 알리고 소비자의 관심도를 살피는 차를 콘셉트 카 또는 선행차(Advanced Car) 또는 '실험차'라고 부른다. 또 미래지향적 요소가 많아 'Future Car' 또는 현실이 아닌 '꿈의 차'라는 별명도 있다. 반면에 특별한

콘셉트가 없이 스타일만 멋있게 꾸며서 잘 보이게 하려는 쇼카(Show Car)와는 다르다.

하이브리드 카

하이브리드(Hybrid)는 '잡종'을 뜻하는 말로 자동차에서는 두 종류 이상의 서로 다른 성격의 구동계가 결합한 것을 말한다. 일반적으로 하이브리드카는 내연기관과 전기모터 구동계가 결합된 하이브리드 전기자동차를 말한다.

현재 도요타 하이브리드카는 컴퓨터가 전체 시스템의 작동을 감지하고 엔진과 모터를 어떻게 쓸 것인지를 판단한다. 모터구동 모드에서는 출력이 더 필요할 때나 배터리 축전량이 기준치 이하로 떨어질 때만 엔진이 작동한다.

10 모터 스포츠

　스포츠는 스릴, 스피드, 서스펜스의 3요소가 풍부할수록 인기가 높다. 여기에 모터 스포츠(Motor Sport)는 성능과 운전기술이 스포츠 요소로서 작용하기 때문에 메이커는 차량 성능 경쟁 즉, '기술의 경쟁'이 되며 참가하는 메이커나 선수는 생명을 거는 도박과 같은 이벤트이다.
　모터 스포츠는 아직 우리나라에서는 생소하다. 그러나 세계 최초의 레이스가 1887년 프랑스에서 열렸으니 자동차의 역사와 함께 발전을 해왔다. 자동차 선진국의 모터 스포츠는 가장 대중적인 오락의 하나로 자리하고 있고 메이커도 이 부문을 단순한 홍보의 차원을 넘어서 하나의 이벤트 사업으로 막대한 투자를 하고 있다.

모터 스포츠의 매력
　모터 스포츠는 카 레이서, 메이커, 스폰서, 관객들로 이루어지는 기계와 기술 그리고 인간이 조화를 이루는 스포츠로서 미국에서는 연간 30억 명이 모터 스포츠를 시청하는 3대 인기 스포츠의 하나이며 유럽에서는 F1 그랑프리를 올림픽, 월드컵과 함께 세계 3대 이벤트의 하나라고 극찬하기도 한다. 이와 같은 인기의 비결을 크게 3가지로 다음과 같다.

첫째, 인간은 무엇이든 경쟁하려는 투쟁심이 카 레이서들로 하여금 목숨을 걸면서까지 빠져들게 하는데 있다. 특히 엄청난 스피드와 스릴이 있고 고도의 테크닉과 엄격한 스포츠맨십이 요구되기 때문이다.

둘째, 자동차 산업발전의 밑거름이 되는 기술개발 경쟁의 마당이다. 세계적 메이커가 모터 스포츠 부문에 참가하여 신기술을 선보이기 때문이다. 또한 우승에 따른 판매수익과 이미지 향상의 엄청난 프리미엄이 생기고 패배하면 패인을 분석하여 보다 좋은 차를 만들려는 노력을 계속하기 때문이다.

셋째, 높은 흥행성이다. 남녀노소 누구나 자동차나 자동차경기를 싫어하는 사람은 없다. 경기시작 전의 엔진소리, 응원소리, 레이서의 모습에 경기 중에 벌어지는 박진감과 페어플레이 모습, 시속 300km의 숨 막힐 듯 한 스피드 레이스는 자동차업체 뿐만 아니라 스폰서의 광고시장으로 전 세계 TV로 중계되는 이벤트이기 때문이다.

자동차 경주의 종류

자동차 경주는 매우 복잡 다양하게 펼쳐져 그 구조를 알기가 쉽지 않다. 쉽게 구분한다면 도로의 상태에 따라 온로드, 오프로드, 랠리경기로 나누며 온로드는 포장된 자동차 전용경기장(Circuit)에서, 오프로드나 랠리(Rally)는 비포장도로를 무대로 이루어지는 경기이다. 온로드 경기는 경주용 자동차(Machine)를 이용한 유럽지역의 포뮬러 경기(미국은 인디카 시리즈/ 인디500 시리즈)와 일정량이상 시판된 자동차가 레이스를 펼치는 투어링카 경기로 나누어진다. 포뮬러 경기의 최고봉은 프로야구로 치면 미국 메이저 리그급 경기가 F1이고, 그 아래 단계가 F3000, 다음이 F3 레이스이다. 드라이버는 F3에서 F3000을 거쳐 꿈의 무대인 F1 시리즈에 진출하게 된다. F1 경주는 20여대의 머신이 시속 300km 이상으로 300km의 서킷을 달리는 경기로 연간 전 세계 도시를 순회하며 열린다. F1 한 팀은 레이서와 150여명의 미캐닉(기술자)에 연간 수천만 달러의 돈을 들이는 고비용 투자 사업으로 우승 시 흥행, 광고, TV 방영권 등의 엄청난 수입이 보장되기도 한다.

투어링카 레이스는 시판차를 대상으로 하기 때문에 승용차 판매에 결정적 영향을 미쳐 자동차 메이커가 가장 관심을 갖는다. 경기는 투어링 A(연간 5천대씩 이상 생산차 중 4좌석 이상 차를 모태로 개조한 차량경기로 배기량별로 다시 세분됨)와 투어링 N(일반 시판차 -거의 그대로 경기를 함)으로 구분된다. 오프로드 경기 중 랠리는 산길이나 사막, 계곡 등 비포장도로를 달리는 대회로 전 세계를 순회하며 세계랠리선수권(WRC)이 가장 명성이 높고 다카르랠리, 파라오랠리, 파리-북경랠리 등도 있다.

특히 모터사이클, 자동차, 트럭의 세 부문으로 나누어 사하라 사막을 관통하는 8,708km의 '지옥의 랠리'로 부르는 다카르 랠리는 1979년 이 경주가 시작된 이후 49명이 대회 도중 사망하였고 2007년에도 선수 2명이 목숨을 잃는 죽음의 경주로 유명하다.

15일간 치르며 완주율이 30~50%밖에 안 되어 우수한 자동차와 운전기술, 과감한 결단력, 뛰어난 정비능력, 탁월한 체력까지 고루 갖추어야 출전할 수 있다.

자동차 야영

자동차야영은 인류의 역사와 함께 한 자연발생적 일반야영과 현대문명의 총아인 자동차의 기능적 편익이 결합된 것이다. 즉 야영전용차 또는 일반차량을 각자의 야영지까지 진입시켜 차내에서 숙박하거나 차량주변에 텐트를 설치하고 각종 여가활동을 즐기는 것이다.

유럽에서는 '인생은 여행'이라는 유럽인의 기질을 자극하는 자동차 야영이 1960년대부터 대중화되었고 미국에서도 야영인구가 약 6천만 명이 있으며 'Mobile Home' 'Camping Trailer' 등 캠핑전용 차량이 대중화되어있고 일본도 'Auto Camping' 또는 'Family Camp'가 급속히 확산되고 있다.

11 자동차 이벤트

　자동차산업과 관련된 행사는 모터쇼, 딜러 이벤트, 신차발표회, 기술발표회, 기타행사(애프터마켓전시회, 산업기기전시회, 부품전시회, Fleet/ Lease/ Rent 산업 쇼)등으로 나누어 볼 수 있다.
　이 가운데 모터쇼(자동차 전시회)는 많은 이벤트 행사 중 지상에서 가장 화려하고 기술적으로 많은 사람의 관심을 끄는 자동차 산업의 최대 축제로 '자동차 산업의 꽃'이라고 부른다. 화려한 인테리어와 조명, 미녀 내레이터와 모델, 수준 높은 디자인과 첨단기술의 경연, 미래 모습의 콘셉트 카 등 수백 대의 자동차가 환상적으로 어우러지는 꿈의 무대로서 '자동차와 소비자가 만나는 마당축제'이기도 하다.
　그런 의미에서 모터쇼는 자동차에 관심 있는 일반인뿐만 아니라 자동차를 연구, 개발하는 사람이나 자동차와 자동차부품 생산 판매업체 또는 자동차 관련 산업으로 영향을 받는 정유, 전자, 철강, 컴퓨터. 디자인, 홍보, 보험, 건설, 교통 등 여러 분야에 이르기까지 모두에게 정보교류의 기회가 되고 신기술의 교육장이 되는 것이다.

세계 5대 모터쇼

명 칭 (시작년)	개최시기	주 요 특 징
디트로이트쇼 (1907년)	매년 1월	·북미 국제자동차 쇼가 정식 명칭 ·매년 1월 개최로 신년 인사 성격 ·미국 BIG 3가 주도
프랑크푸르트쇼 (1897년)	승용 홀수년9월 상용 짝수년5월	·전시장 면적, 출품 수, 미디어 주목 등 세계 최대 규모 ·기술적 측면이 큰 테크니컬 쇼
도쿄 모터쇼 (1954년)	홀수년10월	·아시아지역 유일의 세계적 권위 ·매회 최대 입장객 기록 (200만명)
파리오토 살롱 (1898년)	짝수년10월	·프랑스 특유의 화려함 ·전시 면적 도쿄 쇼의 2배정도
제네바오토살롱 (1898년)	매년10월	·신모델/ 컨셉트카 데뷔 무대 ·회사규모와 국적차별이 없는 공평한 출품사 취급

전 세계에서는 매년 약 200여 개의 자동차산업 분야 전시회가 개최되고 있다. 승용차, 상용차, 부품, 용품, 정비기기 등 자동차 관련분야에 걸쳐 별도 개최되거나 함께 개최되기도 하지만 순수한 의미에서 모터쇼는 완성차만의 전시회라고 할 수 있다.

모터쇼는 규모와 내용으로 세계 3대 쇼는 디트로이트, 프랑크푸르트, 도쿄를 일컫고 파리와 제네바를 포함해 5대 모터쇼라고 부른다. 우리나라의 서울모터쇼(홀수년)와 부산모터쇼는 서로 격년제로 열리며 입장객수가 모두 1백만 명에 이르는 국제규모로 자리 잡았다.

SAE 년차 총회와 전시회

SAE(Society of Automotive Engineers, 자동차기술자협회)는 전 세계 6만여 명의 회원을 가진 세계 최대의 자동차 기술단체로 연중 계속하여 자동차 분야의 학술회의와 전시회를 열고 있는데 매년 2월 디트로이트에서 열리는 SAE International Congress & Exposition은 1906년 이래 세계 최대의 자동차 부품 학술회의 및 박람회로 유명하다. 이 행사에는 매년 800여 개의 전 세계 완성차, 부품업체 및 관련업체에서 개발하였거나 개발 중인 선진 부품의 첨단기술이 전시되고 있어 자동차와 부품산업의 미래를 한 눈에 볼 수 있다.

12 자동차의 발달 과정

인류의 위대한 발명 - 수레바퀴

　스스로 움직이는 차에 대한 인간의 꿈은 장구한 인류의 역사와 그 근원을 같이하고 있다. 오늘날 일반화된 가솔린 자동차의 역사는 기껏해야 120여 년이 조금 넘은 정도지만 보다 근원적인 차원에서 자동차의 역사는 인류문명의 태동기였던 기원전 4천년경 남메소포타미아의 수메르 인에 의해 고안된 소나 노새가 끄는 '수레바퀴'에서 시작된다. 기원전 2천년에는 보다 강하고 빠른 말이 끄는 기동력 있는 마차 민족이 세계각지를 정복하게 되었고, 특히 고대 로마제국은 유럽 전역에 도로망을 닦아 '모든 길은 로마로 통한다.'는 마차 운송시대를 열었다.

마차의 전성시대

　이러한 마차는 가장 오랫동안 인류의 육상 교통수단으로써 이용되었으며 자동차가 출현하기 전인 18세기부터 19세기까지의 약 200년은 '마차의 전성시대'를 이루었다. 그러나 마차는 동물의 힘에만 의존하는 한계 때문에 '말없는 마차' '스스로 움직이는 자동수레'에 대한 꿈을 버리지 않았던 인류는 15세기 레오나르도 다빈치가 태엽장치를 이용하여 움직여보기도 하고 바람이나 스프링을 이용해보다 1860년에는 만유인력을 발견한 영국의 뉴턴에 의해 증기분사력을 이용한 자동차의 모형이 처음 제작되었다.

최초의 증기자동차 발명

1712년 토마스 뉴커먼에 의해 증기기관의 제작에 성공하고 이어 1765년 제임스 와트가 회전식 증기기관을 개발하여 기계를 움직이거나 광산용 펌프로 실용화하자 이러한 증기기관을 자동차에 얹혀 증기차를 개발하려는 최초의 시도가 루이 14세 때인 1769년 프랑스 포병장교 N.J 뀌뇨에 의해 대포를 끌기위한 포차(砲車)로 제1호 차를 만들었으나 주행에는 실패하고 말았

세계 최초의 증기자동차

다. 1771년 제2호 차를 다시 만들어 4명을 태우고 시속 3.5km로 빈센느 거리를 달림으로써 인위적인 동력으로 움직이는 세계 최초의 자동차가 되었다.

증기 자동차의 황금시대

그 후 유럽각지에서 증기자동차에 대한 연구가 활발히 행해져 1784년 영국의 윌리엄 머독이 증기 3륜차 모형을 만들어 시운전에 성공하였으나 실용화에 실패하고, 머독 아래서 일하던 기술자 리처드 트레비딕이 1801년 매우 실용적인 증기자동차를 만드는데 성공했다. 이후 증기자동차는 1820년부터 본격적으로 보급이

늘어나 1900년대 초까지 '증기자동차의 황금시대'가 열렸었다. 증기자동차에 이어 1825년 스티븐슨에 의해 발명된 증기기관차는 증기자동차 보다 급속한 발달을 거듭하여 1848년 영국에서는 철도길이가 8천km를 넘었고, 유럽과 미국대륙에서 급격하게 보급되기에 이르러 19세기는 증기기관차와 기선이 근대 산업혁명과 교통혁명의 주역이 되었다.

전기자동차의 보급

영국에서 새로운 에너지로 개발한 전동기가 자동차에 탑재되면서 1830년대부터 전기자동차가 만들어지기 시작하여 19세기 후반까지 증기자동차만큼 보급되었으나 전지의 능력에 한계가 있어 더 이상 발전을 보지 못하였다.

내연기관의 발명

실린더 내에서 직접 연료를 연소시켜 그 폭발력으로 동력을 얻는 내연(內燃)기관은 1860년 프랑스 르노아르가 가스엔진을 처음 완성하였고, 1872년 독일의 N.오토가 4사이클 엔진의 기본원리를 이용한 가스엔진을 실용화

세계 최초의 가솔린 자동차
- 벤츠 3륜차

한 후, 함께 일하던 G.다임러가 1883년 소형의 고효율 가스엔진을 완성하고 이어 1885년에 2륜 목재 자전거에 엔진을 탑재, '사상 최초의 2륜 자동차'인 모터사이클을 만들었다.

세계 최초 가솔린자동차 등장

곧이어 다임러는 1886년 2인승 4륜 마차에 휘발유 엔진을 얹혀 '세계 최초의 휘발유 자동차'를 탄생시키기에 이르렀다. 이 자동차는 최고속도 시속 15km로 스프링, 냉각기, 클러치, 2단 변속기, 자동기어 등 비록 원시적인 형태였지만 현대식 주행장치는 거의 다 갖추고 있었다.

같은 시기 같은 독일 K.벤츠라는 기술자도 1885년 4사이클 휘발유 엔진을 3륜차에 탑재하고 1886년 특허를 취득하게 됨으로써 다임러와 벤츠는 '가솔린 자동차의 아버지'로 부르게 되었고, 생전에 한 번도 만나지 않았던 두 사람이 각자 만든 자동차 회사가 1926년 합병하여 다임러 벤츠사가 되었고, 이후 독일의 다임러그룹은 1998년 미국의 크라이슬러를 합병, 다임러 크라이슬러가 된다.

한편 디젤기관은 1897년 독일의 R. 디젤에 의해 최초로 발명되었으나 공기분사식이었기 때문에 지지부진하다가 1921년 다임러사에 의해 최초로 자동차에 실용화되었고 1926년 독일 보쉬가 자연 압축착화의 고압분사 연료펌프를 개발함으로써 디젤자동차 시대도 본격적으로 열리게 되었다.

자동차의 아버지
- 벤츠와 다임러

자동차 기업의 등장

1886년 가솔린 자동차의 특허를 획득한 벤츠는 곧 이를 상품화하기 시작하였다. 다임러는 프랑스에서 설립된 세계 최초의 자동차 회사인「파나르에 르바소르」에 자동차 제조권을 넘김으로써 자동차기업은 프랑스에서 먼저 시작되었다. 이때를 전후하여 설립한 벤츠, 푸죠, 르노, 포드, 피아트 등 오늘날 세계적 기업은 모두 100년 이상의 역사를 가지게 된다.

1900년 이전의 초기 자동차는 부유한 특수계층의 장난감과 같은 소량의 주문생산에 머물러 1900년 전 세계의 생산규모는 1만대 수준이었다. 한편 유럽보다 뒤늦게 자동차 산업에 뛰어든 미국은 1899년 올즈모빌사가, 1903년 포드와 캐딜락이 모두 디트로이트 주변에서 각각 설립되면서 미국 자동차산업이 개화되기 시작하였다.

포드의 자동차 혁명

1908년 드디어 헨리 포드가 값싸고 튼튼하며 누구나 운전하고 정비하기 쉬운 자동차 '포드 T형'을 개발하였고, 1914년 컨베이어 시스템의 대량 생산방식으로 양산하기 시작하여 단일모델로 1927년 단종 될 때까지 19년간 무려 1,600만대의 판매 기록을 세웠고, 가격도 1908년의 850달러에서 1925년에는 260달러까지 떨어져 '최고 염가의 로드스터'로 대중을 파고들었다. 이때부터 미국의 자동차공업은 산업형성기를 지나 대중보급화 단계로 접어들어 비약적인 발달을 거듭하게 되었다.

자동차의 발달

이후 1차 세계대전으로 자동차산업은 군수산업으로 전환되면서 비행기의 제조기술이 자동차에 도입되어 자동차의 기술발전에 많은 기여를 하게 된다. 엔진의 고출력화, 서스펜션과 브레이크의 개선, 모노코크 차체, 안전유리 개발, 전기식 스타터의 발명 등과 더불어 컨베이어 시스템에 의해 대량생산의 개념이 도입되어 근대 자동차산업의 신기원이 이루어졌다. 이후 자동차는 50년대 디자인 전성시대와 60년대 소형차의 붐을 거치고 70년대 석유파동을 겪으며 에너지, 안전, 환경의 문제에 도전하였고 80년대 모델의 다양화와 전자화시대를 넘어 이제는 다양한 기술과 산업의 고도화로 21세기 새로운 무한경쟁의 시대가 맞이하게 되었다.

자동차의 발달 연표

기원전 4천년경	수메르인 수레바퀴 발명
기원전 2천년경	2륜 전투마차 전성기, 마차 민족의 시대
200년경	8만km 마차도로 건설. '모든 길은 로마로 통한다.'
1712년	뉴커멘(Th.Newcomen), 증기기관 발명
1769년	뀌뇨(N.J.Cugnot), 증기자동차 제작
1860년	르노아르(J.J.Lenoir), 석탄가스 내연기관 발명
1876년	오토(N.A.Otto), 스파크 점화식 내연기관 발명
1886년	다임러(G.Daimler) 가솔린 4륜 자동차, 벤츠(K.Benz)가솔린 3륜차 발명
1892년	디젤(R.Diesel), 디젤엔진 발명
1894년	세계 최초 자동차 레이스(프랑스 파리-르앙)
1897년	미쉘린(E.Michelin), 자동차용 공기 타이어 발명
1898년	제1회 파리살롱 개최(프랑스 세계최초 모터쇼)
1899년	프랑스 르노, 푸죠, 이태리 피아트 설립
1903년	미국 굿이어, 튜브레스 타이어 개발, 포드사 설립
1908년	포드-T 개발, General Motors(GM)설립
1911년	미국 캐딜락사, 최초로 자동차 시동기 개발
1914년	포드자동차 컨베이어 시스템 도입 대량 생산 개시
1921년	다임러사, 세계 최초 디젤자동차 개발
1926년	다임러와 벤츠 합병, 다임러벤츠 출범
1934년	시뜨로엥, 세계 최초 전륜 구동차 개발
1937년	도요타자동차 설립
1938년	폭스바겐 양산 개시(비틀)
1950년	연간 세계 자동차생산 1천만대 돌파
1959년	세계 자동차생산 누계 1억대 돌파
1974년	세계 자동차 보유 3억대 돌파
1977년	연간 세계 자동차생산 4천만대 돌파
1997년	세계 최초 하이브리드 카 시판(도요타 프리우스)
2002년	연간 세계 자동차생산 6천만대 돌파
2003년	세계 자동차 보유 8억대 돌파

2

자동차산업과 경영

자동차산업의 특성을 여러 시각에서 살펴본다.
자동차기업의 경영전략을 이해한다.
글로벌 기업의 성공전략을 벤치마킹한다.
우리 회사의 장단기 전략과 계획을 검토한다.

13 자동차산업의 분류와 범주

자동차산업은 자동차제조에 관련된 모든 기업의 활동을 말한다. 그러나 자동차는 수많은 부품의 결합체(Assembly)로 '자동차제조'라는 경우 무엇을 의미하는지 명확하지 않다. 따라서 기업단위로 자동차산업을 정의할 때에도 그 범위를 정하기 어렵다.

한국표준산업 분류상의 자동차산업

38431 자동차제조업, 부품제외
승용차, 버스, 화물자동차, 특수목적용차, 트레일러 등 완성차를 제조 또는 조립하거나 승용차, 버스, 트럭 등의 차체를 제조하는 산업 활동

38432 자동차부품제조업
기관 및 기관부품, 브레이크, 조향 클러치, 축, 기어, 변속기, 휠 및 새시, 프레임과 같은 자동차전용 부품을 제조하는 산업 활동

우리나라의 산업분류는 국제표준산업의 분류와 체계에 따라 한국표준산업분류(KSIC /Korea Standard Industry Code)를 채택하고 있는데 자동차산업은 세분류「3843 자동차제조업」으로 하고 다시「38431 자동차제조업, 부품제외」와「38432 자동차부품제조업」으로 나눈다.

이러한 산업분류는 기본적으로 기업단위 중심의 분류방식을 채택하므로 자동차제조업 내에서 엔진 등의 기관부품과 변속기 등의 자동차전용 부품을 완성차 업체가 생산하는 것은 제외되어있다. 또한 타이어, 유리, 전기전자부품의 생산 활동이 제외되어 자동차산업의 범위는 비교적 축소되어 있다고 볼 수 있다.

14 자동차산업의 특성

자동차 관련 산업

생산·자재부문
철강, 비철금속, 전자, 전기, 유리, 고무, 타이어, 플라스틱, 섬유, 도료, 제조설비, 연구 기자재, 금형제작

관련부문
정유, 윤활유, 주유소, 보험, 금융, 광고, 운전교습, 의료, 도로건설

자동차공업 자동차부품공업

이용부문
여객 운송, 화물 운송, 렌터카, 리스, 주차장, 창고, 레저, 유통, 세차

판매·정비부문
신차판매, 부품판매, 용품판매, 중고차 판매, 정비, 튜닝, 모터스포츠, 폐차

전후방 연계효과가 큰 종합산업

자동차는 2만여 개의 각종 소재부품으로 만들어지고 자동차의 판매, 이용, 유지에 광범위한 산업이 존재하며 자동차산업은 관련 산업의 중심으로서 전후방 연계효과가 큰 종합산업의 특징을 가진다.

자동차는 가전제품처럼 일반재라고 한다. 이들을 만들기 위해 필요한 산업재를 만드는 산업을 후방산업이라고 한다. 일반재는 이렇게 생산흐름의 맨 마지막 단계에 있기 때문에 일반재에 대한 수요는 조금만 증가하여도 경제에 큰 영향을 미치게 된다. 만일 자동차에 대한 수요가 100대 증가한다면, 자동차 제조공장에서는 100대를 더 만들기 위해 사람을 더 고용하고 여기에 들어가는 여러 부품을 더 구입해야한다. 물론 각 부품회사도 사람을 더 고용하고 소재를 더 구입하며 설비도 늘리고 공장을 새로 짓기도 한다. 이처럼 일반재의 수요가 늘어나면 다시 후방산업에 대한 수요도 늘어나 경제가 성장하는 것이다.

자동차 관련 산업으로는 후방산업으로 철강, 금속, 유리, 고무, 플라스틱, 섬유, 고무 등의 소재산업과 시험연구 및 제조 설비산업이 있고 전방산업으로 이용부문의 여객운송, 화물운송, 렌트/리스, 주차장 등 운수 서비스산업, 판매·정비부문의 자동차 판매 및 부품·용품 판매, 정비 등의 유통서비스 산업이 있고 관련 부문으로 정유, 윤활유, 주유소, 보험, 할부금융, 의료, 스포츠, 레저에 이르기까지 폭 넓은 산업연관성과 파급효과를 갖는 특성을 가지고 있다.

양산효과가 뚜렷한 산업

생산수량의 증가에 따라 나타나는 생산비용의 감소효과를 양산효과(量産效果) 또는 규모경제(Scale Merit) 효과라고 하는데 자동차산업에도 뚜렷이 존재한다.

자동차의 개발과 생산에는 막대한 시설투자와 개발비가 소요되며 이는 적정 수준의 생산규모를 유지해야 비로소 가격경쟁력을 가질 수 있다. 이러한 규모경제는 제조와 구매뿐만 아니라 연구개발, 마케팅, 서비스 네트워크 등 기업 활동의 모든 부문에서 나타난다.

경제규모를 확보하기 위해서는 소품종 대량생산을 해야 하지만 다양한 소비자의 욕구 충족을 위해 다품종 소량생산을 해야 할 필요도 있다. 이를 위해 모델 개발 시 부품의 공용화 비율을 높이기 위한 플랫폼 통합화와 하나의 생산라인에서 복수의 차종을 혼류(混流)로 생산하는 방식으로 단위 생산량을 늘리는 범위의 경제(Scope Merit)효과 개념도 있다.

조립라인의 최적 규모는 경험적으로 약 25만대라고 말한다. 이것은 1분 사이클을 가진 2교대 라인이 생산할 수 있는 연간생산대수(60대×18시간×20일×12월)로서 현재 동일한 플랫폼에서 복수의 차별화 된 모델을 개발하는 기술로 전제하면 약 25만대가 하나의 플랫폼 경제규모로 볼 수 있다.

만약 플랫폼 당 경제규모를 약 25만대로 보고, 포트폴리오 방식으로 4~5개의 플랫폼과 몇 개 파생 모델군으로 구성된 라인업을 가지고 시장을 커버한다면 글로벌 메이커의 기업 최적규모는 150만대에서 200만대로 볼 수 있다.

국가의 기간산업이며 대표산업

자동차산업은 생산액, 고용, 수출 등의 국민경제에 큰 비중을 차지하고 있어 그 나라의 경제발전과 경기순환에 지대한 영향력을 미친다. 따라서 국가는 경제성장 및 고용확대를 위하여 국가 기간산업(基幹産業)으로서 중점 육성하고 있다. 특히 관련 산업과의 연관성이 크고 노동집약적인 조립 산업이기 때문에 고용규모와 비중이 큰 고용창출 산업이다. 또한 한 나라의 자동차산업의 발전은 관련 산업의 생산성과 기술 수준을 선도할 뿐만 아니라 자동차 수출국으로 진입하게 되면 그 나라의 공산품 품질수준을 세계적으로 인정받게 된다. '일본 = 자동차'라는 이미지는 일본 제조업의 세계적 경쟁력이 이루어낸 결과이다.

국가방위의 군수산업

자동차산업의 발달은 평시 군수물자의 원활한 수송과 병력 이동을 용이하게 하여 기동력을 높이고 전시에는 정밀기계공업으로서 설비, 기술, 인력을 군수용 차량과 병기제조는 물론 항공기, 전차 등 전투장비의 생산으로 바꿀 수 있는 군수산업의 성격을 갖기도 한다.

국가의 주요 세수산업

자동차는 '세금을 먹고사는 하마'라고 한다. 구매단계부터 등록, 보유, 운행단계마다 세금이 징수되는 국가의 주요 세수(稅收)산업이다. 우리나라의 경우 2005년 기준으로 총 세금은 약 166조원으로 자동차 관련세금은 약 26조원에 이른다. 자동차 관련세금중 단일 세목으로는 유류특소세(교통세)가 약 12조원으로 자동차 총 세수의 45%를 차지한다.

세계 최대의 초대형 산업

산업의 경제적 크기나 영향력을 보고 자동차산업을 「산업중의 산업(Industry of Industry)」이라고 부른다. 이는 세계 최대의 시장규모를 가지고 모든 산업을 이끌어가기 때문이다. 세계 자동차시장의 연간 신차수요가 6천9백만 대('06년)를 넘고, 금액 규모로는 1조3천억 달러를 상회하며 자동차 보유대수도 8억8천만 대('05년)에 이르러 관련 산업의 규모까지 합치면 세계 최대 규모이다.

자동차산업은 정유산업, 전기·전자산업과 함께 세계 BIG-3 산업을 이루고 있는데 이는 사람과 재화의 이동이 현대의 인간생활과 경제활동에 얼마나 중요한가를 나타내며 주요자원으로 이용되는 정유산업이나 인간생활을 보다 편리하게 하는 전자·전기산업보다도 시장규모가 큰 초대형 산업임을 알 수 있다.

지속적인 안정 성장산업

자동차산업은 120년의 산업 역사를 가진 성숙산업이라기보다는 글로벌 수요측면에서 보면 아직도 지속적으로 완만한 안정 성장(安定成長)산업으로서 향후에도 계속 세계시장은 확대되어 갈 것이다. 일본, 유럽, 한국 등은 성숙시장으로 수요증가가 미미하나 인구 증가가 지속되는 미국과 급속한 경제성장을 이어가는 중국을 중심으로 인도, 브라질, 러시아 등에서 꾸준한 수요증대가 예상된다. 이렇게 자동차는 통제받지 않는 마약과 같은 존재로 한번 맛을 들이면 여간한 노력 없이는 평생 끊을 수 없기 때문이다. 이렇게 자동차 없이는 생활할 수 없는 사회구조인 완전 자동차사회의 확산으로 앞으로도 지속적으로 신차수요의 증가를 뒷받침해 줄 것이다.

세계시장을 무대로 하는 글로벌 산업

자동차산업은 다국적 기업들의 시장지배와 국제시장에서 차지하는 전략적 위치에 크게 영향을 받는다. 이들 기업끼리의 전 세계적 협력체제로 신차개발, 생산, 부품조달, 시장판매, 자본 등 제휴형태가 다양해지는 국제 분업화가 이루어지고 국가 간의 소비패턴도 동질화되어 가는 범세계적 산업(Global Industry) 또는 국제화산업의 특징을 갖는다.

국제화를 나타내는 국제교역 규모에 있어 자동차제품의 교역규모는 세계 최대 규모인 약 7,230억 달러('04년 기준)로 세계전체 교역에 있어 약 10%의 비중을 갖고 있다.

산업지배력에 따른 정치적인 산업

자동차산업은 엄청난 고용효과와 방대한 산업지배력 때문에 고도로 정치적인 산업의 특성을 갖는다. 따라서 소유와 경영의 국적 측면에서 정부는 산업육성에 관여하는 경우도 있다. 프랑스는 자국 산업을 보호하려 르노나 시뜨로엥의 경영권을 가지기도 하였다. 한편 스페인, 브라질은 선진국 메이저에 종속되어 발전하였고 영국은 과거 국적기업(로버, 재규어 ,롤스로이스, 미니 등) 모두가 해외로 넘어가는 정치적 선택을 한 바 있다. 오늘날 세계적 자동차기업의 국적은 미국, 독일, 일본, 프랑스, 한국으로 손꼽을 수 있을 정도이다.

승용차 중심의 선진국 주도산업

통상 한 나라의 생활수준 지표로서 내구소비재의 보급률을 비교하는 경우가 많다. 특히 내구소비재 중에서 승용차의 보급률은 가장 중요한 지표로 그 나라의 국력수준을 상징하며 또 수입에 의한 보급보다도 자국 내에서 생산된 자동차의 보급이 더 큰 의미를 가진다. 이는 승용차의 수요기반 없이 자동차산업이 존재할 수 없기 때문이다. 물론 부가가치 면에서 볼 때 승용차보다 트럭이 유리하지만 생산성이 낮고 상대적으로 코스트가 높기 때문에 내수위주의 특성을 갖는다.

선진국의 자동차 보유 중 승용차 비율은 약 75%~80% 정도로 자동차산업의 중심은 승용차에 있고 수출산업으로 성장하기 위해서는 승용차의 내수기반이 탄탄해야 한다. 또한 자동차산업은 내수시장이 큰 선진 7개국(미국, 독일, 프랑스, 영국, 이태리, 캐나다, 일본)이 생산, 수요, 수출입에서 세계의 7할 이상을 차지하는 선진국 편중현상을 보이고 또 이들이 세계 산업을 주도하는 특성을 갖는다.

투자위험이 큰 자본산업

자동차산업은 르노, 닛산, 폭스바겐, 크라이슬러, 혼다 등의 모든 기업이 도산까지 가는 경영위기를 겪지 않은 기업이 별로 없다. 영국 국적 기업은 모두 도산되어 국외로 넘어 갔으며 심지어 미국의 상징인 GM과 포드도 수차례의 위기를 맞은 적이 있고 지금도 누적적자로 구조조정의 위기를 맞고 있다. 우리나라도 지난 외환위기시 현대자동차를 빼고 모두 부도를 냈거나 그 직전까지 몰린 적이 있었다. 이때마다 각국 정부의 대규모 금융지원으로 회생하였다. 바로 자동차산업은 금융시스템과 불가분의 관계를 맺고 있다. 대규모 투자위험과 자본산업의 특성 때문이다.

또한 자동차생산에는 대규모의 토지와 공장 그리고 생산과 연구 설비가 필요하고 신차개발과 마케팅 투자에도 엄청난 돈이 들어간다. 우리나라의 경우 30만대 승용차공장을 새로 지으려면 약 2조원이 소요되며, 신모델 개발에도 2천~3천억 원이 필요하다. 한편 투하된 자금이 회수되는 데까지 걸리는 투자 회임(懷妊)기간도 10년 정도 걸려 탄탄한 자금력이 뒷받침되지 않으면 안 되는 대표적인 자본집약적(Capital Intensive) 산업이다.

이러한 대규모의 자본투자가 요구되므로 신차 개발의 성패가 기업 경영성과의 결정적 요인이 된다. 따라서 상품력의 좋고 나쁨이 기업의 수익으로 직결되는 대단히 고위험부담(Hi-Risky) 산업의 특성을 갖는다. 따라서 하나의 모델이 판매에 성공하면 고수익이 보장되고 실패하면 엄청난 손실이 나기 때문에 다양한 차종을 갖추어 위험을 분산하는 풀라인 상품(Full Line Product) 전략이 필요하다.

기술집약적 시스템산업이며 혁신산업

자동차는 기능과 소재가 상이한 2만여 부품의 집합체로서 수

많은 기술과 시스템이 요구되는 기술집약적 시스템산업이다. 자동차기술에는 디자인, 설계, 시험의 제품기술과 생산에 필요한 주조, 단조, 기계가공, 금형, 열처리, 도금, 도장, 용접, 조립 등의 제조기술 그리고 생산관리, 품질관리, 원가관리, 물류관리 등의 관리운영기술이 있다.

또한 자동차산업은 매출액에서 연구개발비의 비율인 기술특화계수가 높은 대표적인 혁신(革新)산업으로서 신소재 기술, 일렉트로닉스 기술, 정보통신 기술, 신 생산시스템 등의 혁신적 기술의 개발과 채용 여부가 제품경쟁력의 원천이 되고 있다.

고유기술과 축적된 경험이 중요한 산업

자동차산업은 관리운영 기술(Management Engineering) 또는 생산조업 기술(Operation Technology)이라는 독특한 공장 운영의 기술과 노하우가 사업 성패의 관건이 된다. 다양한 공정구성과 관련기술, 대단위 생산설비와 대단위 생산라인, 다품종 소량생산 추세, 수만 명의 작업자 등을 효율적으로 운영하는 것은 매우 어려운 과제가 된다. 특히 생산의 전문화・표준화・기계화・자동화・평준화에 있어 다른 산업에 앞서고 'JIT(Just In Time) 생산방식'이나 '컨베이어 생산방식'이 자동차산업에서 생겨났기 때문에 자동차산업을 '생산방식의 도장(道場)'이라고 부른다.

철강 다소비 산업

자동차의 재료 중 철강의 비중은 차량 중량의 70%를 넘는다. 중형 승용차의 무게가 1200kg이면 840kg이 철강인 것이다. 세계적으로 트럭을 포함한 연간 7천만대 자동차생산에는 연간 7천만 톤 이상의 철강이 필요하기 때문에 단일 품목으로서는 세계 최대의 철강 다소비 산업이다. 따라서 자동차산업의 발전을 위해서는 반드시 철강산업의 뒷받침이 있어야 한다.

기계와 전자가 결합하는 산업

자동차산업은 차체, 엔진, 기어, 엑슬 등 철강의 생산소재에 많이 의존하고 또 기능과 생산 공정의 특성상 조립금속과 수송기계 제조업이다. 기계는 고도로 정밀성이 요구되는 도구(Tool)가 생산의 중심이며 자동차 자체가 기계공학의 산물이기 때문에 자동차공업은 '기계공업의 꽃'으로 부른다.

그러나 전자공업의 기술발전으로 자동차의 전자화 부품비중이 확대되고 공장자동화의 추세에 따라 기계와 전자기술이 결합한 메카트로닉스(Mechatronics)와 자동차의 핵심부품인 카 일렉트로닉스(Car Electronics)의 비중이 증대되어 자동차공업이 기계공업의 전형이라는 종전의 개념이 바뀌고 있다.

대표적인 조립 산업

자동차는 2만여 개의 부품으로 만들어지는 대표적인 조립 산업이며 자동차 원가의 70% 정도가 재료비로 차지할 만큼 부품의 원가, 품질, 납기, 업체관리 등이 중요한 산업이다. 따라서 자동차산업의 육성과 기업 경쟁력은 부품산업의 튼튼한 하부구조(Infra-Structure)의 구축과 조달체계를 이루는 계열화 구조의 견실성에 달려있다.

한편, 완성차 업체의 내제(內製)율은 계속 낮아지고 있다. GM은 90년대의 70%의 높은 내재율에서 2005년 50%대 수준으로 낮아졌고 포드가 40%, 크라이슬러가 일본과 같은 20%내외, 유럽은 아직도 40~50%에 이른다. 즉, 완성차의 자가 생산비중이 30%면 나머지는 부품업체의 조달에 의존하고 있다는 것이다.

다품종 대량생산의 시장수요 산업

자동차는 항공기, 철도차량, 선박 등의 주문 생산방식과는 달리 시장의 다양한 고객에 맞추어 대량생산방식으로 만든다. 또한, 제품은 전 세계의 다양한 국가별 고객의 요구에 맞추고 또 하나의 차종에 여러 가지의 엔진, 새시, 차체, 편의장치, 옵션, 칼라 등을 선택할 수 있어 한 개 모델에 수백 종의 사양이 생산되는 다품종 시장수요 산업이다.

애프터 마켓의 수익이 큰 산업

자동차산업은 자동차판매 후에 일어나는 보험, 렌트, 리스, 할부금융, 중고차판매, 부품판매, 정비, 용품, 튜닝, 폐차에 이르는 각 단계의 시장규모와 수익의 총 규모는 완성차 생산보다 2~3배에 이른다. 이것은 연간 세계 신차 판매시장이 2006년 6천9백만 대이고 세계 보유대수는 신차판매의 12배에 이르는 8억8천만 대 수준이기 때문이다. 따라서 세계적인 자동차메이커의 대부분은 그룹 내 금융서비스와 유통 사업을 전담하는 자회사를 두고 있으며 수익규모도 완성차 판매에 못지않게 크다. 한편 국내시장 규모를 보면 신차 판매시장은 약 20조원이나 '판매 후 시장'은 주유 포함시 5배나 큰 약 100조원에 이른다.

제품구조상 표준화와 모듈화가 어려운 산업

자동차는 수천 개의 기능 부품으로 구성된 복잡한 기계제품으로 이들 부품의 구조가 기능과 기능 사이에 복잡하게 얽혀 있다. 같은 기계제품으로 부품간 인터페이스의 표준화가 상당히 진행된 퍼스널 컴퓨터나 자전거와는 달리 기업을 넘어 공유화 할 수 있는 범용제품의 비율이 20%를 넘지 않는다.

또한 다양하고 까다로운 고객의 취향에 맞추기 위해 치밀한 설계의 제품 차별화가 요구되기 때문에 데스크톱 퍼스널 컴퓨터와 달리 일방적인 모듈화가 어렵다. 또 같은 자동차라고 해도 트럭처럼 캐빈, 프레임, 엔진, 차축의 구조와 기능이 비교적 모듈화 되어있지만 승용차는 그렇지 않다. 따라서 기업자체의 끊임없는 고유의 능력구축이 요구되며 한편으로는 사내 모델간 공용화와 기업 간 업체 표준화가 필요한 산업분야이다.

고객 밀착성이 강한 산업

자동차는 고객에게 어필하는 특장점이 어느 산업보다 다양하다. 따라서 하나의 나라나 하나의 업체가 전반적으로 압도적 경쟁우위를 보이기 힘들다. 브랜드, 가격, 디자인, 기술, 성능, 품질을 모두 갖춘다는 것은 매우 어렵기 때문이다. 특히 고객의 차별화와 개별화 추세가 빠르게 존재하는 제품특성으로 고객 밀착형 디자인도 중요해져 세계화와 지역화가 동시에 일어난다. 따라서 자동차산업은 어느 산업보다도 고객 밀착성이 강한 산업이다.

15 자동차의 경영 본질과 특성

질 높은 자동차 생활문화 창출사업

인간의 기본적 욕구인 이동은 자동차의 출현으로 의식주와 똑같이 필요한 생활양식으로 자리를 잡았다. 이러한 자동차가 대중화시대를 거치면서 사람들은 개성과 '자동차 삶의 질(Quality of Car Life)' 향상의 욕구를 갖는다. 따라서 자동차를 타는 모든 고객에게 질이 높은 '자동차 생활문화의 창출'이 자동차 기업경영이 추구해야 할 본질적인 목표이다.

사회성이 높은 안전철학의 경영

자동차는 개인의 소유물이면서 사회전체가 공유하는 사회성을 가지고 있다. 따라서 '안전한 차' '깨끗한 차' '편리한 차' '값싸고 품질 좋은 차'가 자동차 경영이 지향해야 할 과제이다. 특히 자동차를 만드는 일은 사람의 생명을 책임지는 일이다. 다른 무엇보다 '안전을 우선해야 한다.'는 경영철학이 생산라인의 작업자에서 경영층까지 철저히 뿌리내려 있어야 한다.

세계고객지향의 글로벌 경영

자동차는 내구소비재로서 인간이 존재하는 한 끊임없이 수요가 생성되는 시장의 영구성과 함께 교통과 통신의 발달로 세계가 하나의 시장이 되는 국제적 상품성을 지닌다. 따라서 고객과 시장 지향적이어야 하며 전 세계 어디에도 팔릴 수 있는 상품요소와 매력을 가져야하는 글로벌을 지향하지 않으면 안 된다.

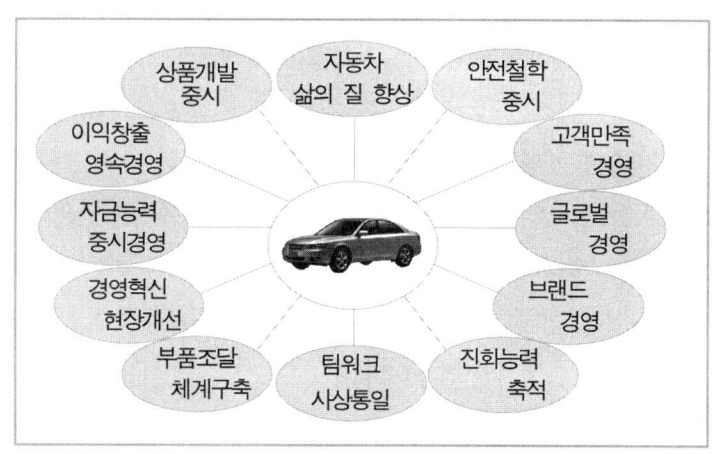

자동차 경영의 추구가치(예시)

개선과 진화능력의 추구 경영

고도의 기술과 노하우를 바탕으로 수만 명의 인적자원과 대규모의 자본과 설비, 수천 개의 부품이 수많은 공정에서 결합하여 만드는 것이 자동차경영의 특성이며, 바로 '물건 만들기'의 전형이다. 따라서 도요타 생산시스템 같은 탁월한 개선능력과 끊임없는 진화능력이 있어야 경쟁력 있는 기업으로 성장할 수 있다.

탁월한 혁신이 필요한 경영

자동차는 일정한 수준의 품질과 고도의 기술력, 자본력, 마케팅 능력을 가져야 세계적 경쟁시장에서 살아날 수 있다. 따라서 변화하는 환경과 고객의 요구 등에 대응하여 경영방식, 조직, 제품, 업무 프로세스 등을 세계적 수준으로 변화시키는 능력, 즉 탁월한 혁신력이 있어야 한다.

조화의 예술이 필요한 경영

자동차 기술은 고객의 요구와 회사의 요구 그리고 자연법칙을 총체적으로 고려해 제품요소 (모양, 재질, 공차, 시험방식 등)를 최적화해내는 기술이다. 다시 말해 상호 모순되는 요구를 타협하고 조화와 균형으로 최종적으로 고객을 만족하는 것을 목표로 하는 조화의 예술이 필요하다.

팀워크와 사상 통일이 중요한 경영

하나의 완성차가 만들어지려면 2만여 개의 부품이 사내·외에서 만들어진다. 승용차 조립공장은 40~60초에 한 대씩 생산되는 라인을 흐르며 수천 명의 작업자의 손을 거쳐야한다. 또 신모델 개발에도 3~4년 동안 수많은 부문의 여러 단계를 거쳐야 한다. 따라서 팀워크와 협력은 자동차 사업성공의 열쇠이다.

특히 제품개발의 경우에 있어서는 수백 명의 마케팅 요원이 판매과정에서 수천수만의 전 세계 고객과 시장의 동향을 읽어내고 거기서 요구하는 스타일링, 내외장 디자인, 성능, 품질을 연구개발과 기획부문에 피드백 한다. 다음 관련자들이 모여 기술적 특성, 보유기술의 한계와 특성, 중장기 기술전략, 투자비, 원가, 요구품질, 생산설비의 한계와 특성 등 수많은 요소를 종합적으로 고려한다. 이어 수백 수천의 관련 임직원이 광범위하고 풍부한 커뮤니케이션과 피드백 과정을 거치며 때로는 CTO(기술부문 최고책임 경영자)나 CEO(최고경영자)의 직관과 통찰력으로 개발 프로젝트를 진행해 간다. 바로 활발한 의사소통과 아이디어의 교환이 성공의 핵심이 된다.

또한 '부품품질은 자동차품질'이며 '자동차품질은 작업자의 품격'이라고 한다. 또한 협력기업과의 파트너십과 노사 간의 화합이 필요하다. 그러나 무엇보다 중요한 것은 기업 내 수천수만 명의 종사자들이 한데 뭉쳐 고도의 시너지효과를 내고 개선 아이디어를 창출해야 한다. 이를 위해 커뮤니케이션의 활성화는 물론 '언어와 용어의 통일'이나 '사상통일'이 이루어져야 한다.

베스트 벤치마킹 경영

자동차산업은 '산업중의 산업(Industry of Industry)'이라고 한다. 이것은 모든 산업에서 가장 앞서 있음을 말하는 것이다. 생산방식의 도장으로서 대량생산과 대량소비로 근대공업을 열었고, 기계공업의 꽃으로 기술 진보와 산업발달에 가장 큰 영향을 미쳤다. 또한 세계 최대 규모의 기업으로 제품개발, 생산시스템, 유통시스템, 관리기술 등 기업경영의 여러 분야에서 베스트 벤치마킹(Benchmarking)사업이 되도록 고도의 경영 노하우를 끊임없이 개발하고 앞서가지 않으면 생존하기 어렵다.

고객의 생애가치가 높은 사업

'한번 거래한 고객의 충성도에 변함이 없다면 한 대에 2만5천 달러의 차를 평생 12대를 사게 되고 부품과 서비스 요금을 더하면 33만2천 달러의 평생 구매액 된다.'고 미국의 렉서스의 유명 딜러 칼스웰이 「평생고객」이라는 책에서 소개하였다. 하나의 고객이 일생동안 구매하는 모든 비용을 고객의 생애 가치(Life Time Value)라고 하는데 자동차는 그 어느 제품보다 크기 때문에 고객 충성도를 높이려면 고객만족도 향상에 주력해야한다.

자금력이 강해야하는 경영

자동차사업은 '투자로 시작해서 투자로 끝난다.'고 한다. 그것은 설비와 신제품 개발에 막대한 투자를 하지 않으면 안 된다. 여기에 부품개발에 필요한 협력회사의 지원이나 판매망 확보에 필요한 투자가 있고 원재료 조달비용, 임금지급, 재고비용, 판매금융 등의 운전자금도 필요하다. 결국 자동차사업의 경쟁력은 자금력에 따라 달라질 것이며 이것은 자금조달능력, 자금운영능력, 수익확보능력 및 원가우위능력에 달려 있다.

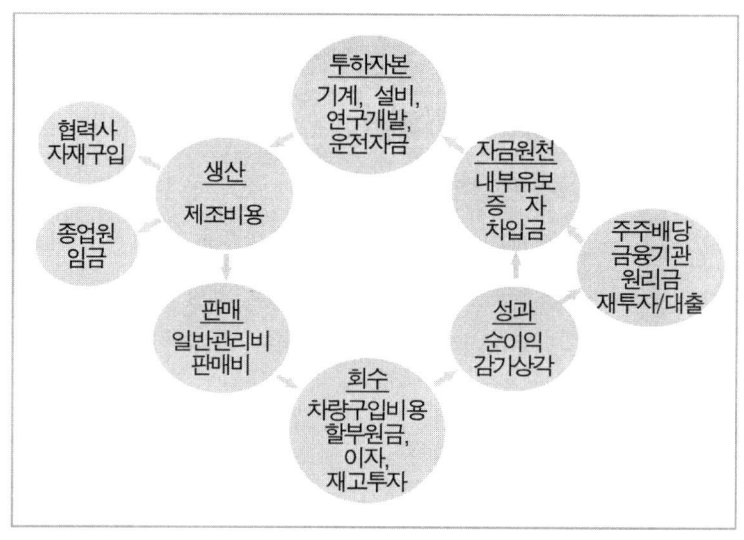

자동차사업의 자본 활동 사이클

고객만족의 서비스 지향

　자동차공업은 물건을 만드는 제조업이다. 그러나 고객은 자동차라는 기계적 기능을 가진 물건을 구매하는 것이 아니다. 자동차가 가져다주는 편익과 개성 창출의 즐거움을 사는 것이다. 이것은 자동차가 삶의 풍요와 자유를 추구하고 고객의 감성을 지향하는 새로운 개념이 자리를 잡아가면서 제조업과 서비스업이 결합한 '복합 산업(2.5차 산업)'으로 새롭게 변화되어야 한다. 이런 개념은 자동차가 기계공업의 기술을 바탕으로 정보통신과 컴퓨터 기술에 의한 고도의 소프트 기술과의 통합화가 이루어지고 고객만족이 제조보다는 판매 후의 완벽한 서비스에 달려 있는 것으로도 알 수 있다.

폭넓은 이익창출 경영

자동차 사업의 이익 풀(Profit Pool)은 제조와 판매뿐만 아니라 할부금융(Finance Service), 중고차 판매, 정비, 부품판매, 렌트/리스, 유류 판매, 자동차보험 등 광범위하며 신차판매 이익보다 할부금용과 같은 애프터마켓에서 더 많은 이익이 창출된다.

자동차 이익창출 사업 영역

할부금융, 중고차 판매, 부품 제조, 완성차 제조, 정비, 신차 판매, 렌트·리스, 부품 판매, 자동차보험

가치창출의 변화 경영

자동차산업은 부가가치 창출 구조상의 역할에 있어 부품업체의 참여 비중이 확대되고 완성차업체의 사업영역이 정비수리, 중고차 매매, 할부금융, 보험, 렌트, 리스 등으로 확장할 가능성이 높아지고 또한 세계주요 메이커들이 할부금융 사업에서 크게 수익을 창출하고 있는 등 새로운 사업을 구축하고 있다. 따라서 가치창출 영역이 제조업에서 서비스업으로 빠르게 진전되고 있다.

이렇게 새로 등장한 비즈니스 모델은 생산은 직접 하지 않지만 판매는 세계 모든 곳에서 한다는 개념의 '플랫폼 기업'이 타

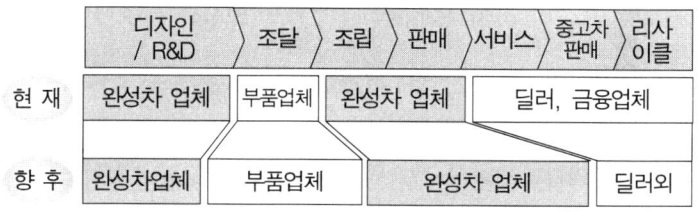

가치창출의 변화 방향

업종에서는 이미 탄생하고 있다. 플랫폼 기업은 R&D, 재무, 그리고 마케팅의 고부가가치 분야만 관리하고 나머지 분야는 외부 생산업체에 아웃소싱 한다. 제품생산에는 거액의 자본이 묶이고 노동 집약적이며 어쩔 수 없이 비싼 재고를 가지고 있어야 한다. 그래서 제품생산은 타사에 맡기고 부가가치가 높은 디자인과 마케팅에 주력하는 새로운 비즈니스의 모델은 향후 자동차업계가 언젠가 가야할 방향일 것이다.

다양한 상품 전개와 사양 관리가 중요한 경영

 자동차는 다양한 고객의 요구에 대응하는 상품전개가 필요하다. 그러나 자동차는 개발기간, 개발비용, 생산비와 관리비용을 감안할 때 이를 잘 기획하고 관리하며 조화시켜야 한다. 하나의 모델에는 차체 형식(Body Type), 엔진, 변속기, 운전석 위치, 인테리어 그레이드 또는 트림 레벨, 옵션 장비, 도색 그리고 각 국별 인증 요구나 고객기호 또는 특정 품목의 부품 장착 요구에 따라 수백 종에서 수천 종에 이르는 사양수가 있기 때문에 사양관리가 매우 중요하다.

디지털화가 빨라야 하는 경영

자동차산업의 디지털화는 슈퍼컴퓨터의 도입으로 R&D능력을 획기적으로 혁신하여 기술발전 속도를 가속화시켰고 생산체제도 네트워크 시스템으로 급속하게 발전하였으며 애프터 마켓의 시장규모도 크게 늘렸다. 여기에 ITS(Intelligent Transportation System)나 텔레매틱스(Telematics)와 같은 새로운 사업영역이 창출되고 있어 디지털 중시경영이 무엇보다 요구된다.

브랜드 가치 중시경영

소비자는 제품보다 브랜드를 구매한다. 자동차는 고가의 내구성 상품으로서 안전성, 일관성, 성능과 품질 등의 보증을 바로 브랜드가 하기 때문이다. 소비자들은 브랜드가 주로 후광효과를 중시하는 경향이 강하여 브랜드 가치에 필요한 품질, 이미지, 인지도, 충성도 등을 체계적으로 구축해야 한다.

부품네트워크 구축이 중요한 시스템 경영

한 대의 자동차는 여러 기업의 수많은 가치 활동이 결합한 시스템 상품이기 때문에 자동차기업을 '조립업체(Assembler)'라 부른다. 대부분의 자동차기업의 내제율은 30% 내외이다. 즉 대부분 자동차부품은 외부 부품업체에 의존한다. 결국 자동차란 단일 업체의 경쟁력이 아니라, 다수 관련기업의 경쟁력이 시스템으로 결합한 것이다. 즉, '자동차의 경쟁력은 부품공급 네트워크의 시스템 경쟁력'이라고 할 수 있다.

16 자동차기업의 경영전략

　기업의 경영전략이란 기업이념과 경영목표를 실현하기 위해 '선택과 집중'의 독자적인 대응 방법이다. 경영전략은 크게 경쟁전략과 성장전략으로 구분된다. 경쟁전략은 경쟁기업과의 경쟁에서 시장우위를 확보하려는 전략으로 M.E.포터는 이를 다시 원가주도 전략, 차별화 전략, 집중 전략으로 구분했다. 또한 성장전략은 H.I.안조프가 시장침투 전략, 시장개척 전략, 제품개발 전략, 다각화 전략으로 구분하였다.

국제경쟁력 확보전략
　자동차는 대표적인 국제화산업이다. 기술, 자본, 판매, 생산 등 기업경영의 모든 분야에서 국경이 무너지고 내셔널리즘은 사라져가고 있으며 '세계'라는 하나의 시장에서 누가 살아남느냐 하는 경쟁이 더욱 심화되고 있다. 이러한 생존경쟁에서 살아남기 위해 가장 중요한 것은 경쟁전략의 핵심인 국제경쟁력의 확보에 있다.

국제경쟁력 구성요소

기업경쟁력 구성 요소 (국제경쟁력 결정 요인)

기업외 요인
- 환율, 물가, 성장률
- 세금체계와 세율
- 금융조달과 이자율
- 국가 신인도
- 국민 소득 수준
- 노동력 노사관계
- 산업 교통인프라
- 외교관계, 정치안정
- 사업투자 여건
- 수출입 정책
- 내수 시장 규모

기업내 요인
- 제품력
  - 디자인(스타일) - 가격
  - 품질(성능, 기술특성)
  - 이미지(기업, 브랜드)
- 생산체제
  - 생산기술, 코스트, 부품조달력, 생산 신축성, 생산성
- 신제품 개발력
  - 개발기간, 개발공수, 품질
- 시장지배력
  - 제품라인업, 브랜드파워, M/S, 판매력, A/S
- 자본력
  - 자금조달, 투자능력, 수익

이러한 국제 경쟁력을 결정하는 요인은 기업내 제품력, 생산체제, 신제품개발력, 시장지배력과 기업외 국가 산업정책, 임금, 환율, 이자 등의 경제여건 등으로 나누어진다.

자동차기업은 무엇보다 제품경쟁력이 있어야 한다. 제품경쟁력이란 '고객이 그 제품의 어떤 매력에 끌려서 선택' 이란 구매행동을 하는 결과로서 이러한 선택이란 고객의 머릿속에서 일어나는

복잡한 형상으로 즉, 기업내외의 모든 요인이 복합적으로 반영된 것이다. 이러한 경쟁력의 평가는 제조비용, 조립생산성, 시간당 노무비, 제조품질, 개발생산성, 고객만족도, 초기품질만족도 등 지표로 나타낼 수 있는 요소 외에 부품조달체계, 기술력, 노사관계, 유통구조, 기업의 유연성과 혁신력, 기업이미지, 브랜드 가치 등 지표로 나타내기 어려운 요소도 있다.

지금 세계 자동차 시장의 경쟁력은 품질, 기술, 연비, 제품 믹스 등에서 대부분의 선진기업들이 동일한 수준에 이르고 있어 앞으로는 제품개발력에서 우열이 나타날 것이다. 즉 새로움이 아닌 차별성을 추구하는 소비자의 욕구에 맞추기 위한 모델의 다양성(Model Mix Complexity)과 생산다양성으로 매출은 늘리고 수익성을 향상시키는 것이 경쟁력의 원천이 될 것이다.

글로벌 전략

자동차산업은 전형적인 글로벌산업이다. 즉, 전 세계시장과 각국의 소비를 대상으로 조향방식과 환경기준 등에 약간의 차이는 있으나 거의 동질적인 제품을 연구개발·생산·판매하는 산업인 것이다.

주요 글로벌업체의 해외 생산비중(2006년)

구 분	GM	도요타	포드	혼다	현대차
총생산(만대)	868.1	857.0	649.5	352.3	250.1
해외생산(만대)	558.1	410.0	381.4	148.2	88.4
해외비중 (%)	64.3	47.8	58.7	62.6	35.3

다시 말해서 세계화란 연구개발, 생산, 부품조달, 마케팅 등을 목적으로 해외투자, 무역, 기업 간 제휴협력 등이 초국적(超國籍) 기업을 중심으로 국경을 초월하여 이루어지는 기업 활동의 발전 패턴을 가리킨다. 이렇게 자동차산업이 범세계화산업으로 빠르게 발전되어 온 것은 다음의 요인에 있다.

첫째, 기술혁신으로 규모의 경제를 크게 증대시켜 저가로 다양한 제품을 대량으로 생산할 수 있게 되었다.

둘째, 정보통신과 교통의 발달로 수요패턴의 동질화가 이루어지고 운송코스트를 낮추어 국제 교역이 용이하게 되었다.

셋째, 원료와 노동시장이 개방되면서 생산비를 낮추기 위한 범세계적 물류조달 활동이 급격히 이루어졌다.

넷째, 미국 자동차기업이 일찍부터 초국적 기업으로서 범세계화를 주도하였고, 신무역 질서로서 WTO체제의 형성과 국제적인 지역 블록화가 촉진되었다.

이러한 세계화가 기업의 생존과 성장력의 잣대가 되는 국제 경쟁체제의 확보가 시급하게 되었고, 이는 바로 국제 분업구조를 진전시키면서 기업간의 다양한 제휴와 협력관계로 더욱 발전하는 계기를 만들었다.

자동차 산업에 있어 국제화 단계는 ▷단순 수출 ▷직접 수출 ▷현지 판매회사 ▷현지 생산공장을 거쳐 발전하면서 한편으로는 전략적 자본제휴인 기업의 인수·합병(M&A)이나 출자 형태가 복합적으로 일어난다.

자동차 기업의 국제화 형태

레 벨	형 태
기본 전략(기업 전략)	합병 매수(M&A), 자본 제휴(출자)
기술개발 제품전략	공동 R&D, Cross-License, 플랫폼 전략
공정 개발, 생산 기술	생산기술 제휴, 설비 금형 공급, 생산지도
부품 외주, 구매	부품 OEM공급, 부품 공동생산, 부품 공용화
완성차 제조	공동 생산, OEM공급, 현지 생산(Transplant)
국내외 판매	판매 위탁, 수출(완성차, 부품, KD),법인 설립

생산체제와 제품전략

　자동차기업은 생산체제와 마케팅으로 저가 대량생산체제와 고가 소량생산체제로 나눌 수 있는데 이들 분류의 차이는 생산력과 제품 성격에 따라 다르다. 일반적으로 저가 대량생산체제는 저가의 소형차 중심으로 대량 판매에 주력하는데 비해 고가 소량생산체제는 고가·고품질·고성능의 소량생산을 그 특징으로 하는데 대표적으로 BMW, 벤츠, 아우디, 사브, 포르쉐, 볼보, 재규어, Rolls-Royce 등이며 유럽 고급차 업체가 대부분이다. 반면 저가 대량생산업체는 푸죠, 르노, 피아트, 시뜨로엥, VW, 오펠, 스즈키, 스바루, 다이하츠 등이 있다.

　세계 자동차시장을 지배하는 대부분의 업체는 대규모 생산체제를 유지하면서도 고가 고품질의 대형차부터 저가 소형차까지 다양한 판매차종을 보유하는 풀라인 제품전략을 쓰고 있다.

　풀라인 제품전략이란 고가격차부터 저가격차까지 폭넓고 완전한 구색상품(Full Product Line Up)을 구비하여 모든 계층의 모든 가치를 커버하는 고객층을 개발하고 제품공간상 빈 공간을 줄여 후발 기업이나 타사가 새로이 진입을 못하게 하는 전략을 쓰는 것이다. 일본은 도요타와 닛산이 이 전략을 써 혼다, 미쓰비시 등 다른 메이커의 진입을 가로 막았고 틈새시장도 허용하지 않았다.

가치사슬(Value Chain) 전략

기업이 경쟁우위를 갖기 위한 전략으로 차별화가 있다. 차별화란 크게 다시 상품과 서비스의 차별화와 사업시스템(Business system) 차별화의 두 가지로 나누어진다. 상품과 서비스의 차별화를 위해서는 우수한 제품, 디자인, 뛰어난 고객관리, 저원가 우위를 위한 효율적인 조립공정, 낮은 원가의 부품조달 등이 있으나 이는 알기 쉽고 타사가 모방하기 쉬우며 경쟁 우위의 지속시간도 짧다. 이에 비해 사업시스템 개념으로 M.E. 포터가 창안한 '가치사슬(Value Chain)'이 있다. 즉 기업의 사업구조를 상류에서 하류에 이르는 사업 흐름에 따라「재료나 부품의 구매조달」, 「제조」,「출하물류」,「판매마케팅」,「서비스」의 5가지

자동차 기업의 가치 사슬(예)

제조원가 78%(재료비 61%, 경비 9%, 노무비 8%)					매출 총이익 22%			
외부품조달	내부가공	개발비	노무비	일반 관리비	판매비	딜러 마진	기업 마진
48%	18%	4%	8%	4%	7%	7%	4%
(조달활동)	(생산활동)	(R&D)	(관리활동)		(마케팅활동)		

본원적 활동으로 나누고 이를 지원하는 「조달」, 「기술개발」, 「인사노무관리」, 「전반적 관리」의 지원활동으로 나누어 가치창출활동을 하는 것이다. 자동차산업에 있어 가치창출은 외부 부품조달과 사내 가공조립부문이 가장 큰 비중을 차지하고 있어 결국은 재료비절감이 가격경쟁력 확보의 핵심이 된다는 것이다.

부품조달 전략

● 코스트 원류(原流)관리에 주력

자동차 메이커의 코스트절감은 2개 주축 즉, 신차의 완성 후에 현행차를 대상으로 VA제안이나 생산공정의 낭비제거 등의 개선을 통해 원가를 절감하는 활동과 신차개발 시 설계단계부터 원류로 파고 들어가 부품별로 원가기획을 하고 목표원가를 달성하는 활동으로 나누어진다. 여기서 중요한 것은 코스트의 8할이 설계에서 결정되고 기본사양은 자동차메이커가 정하지만 상세한 부품 도면은 약 85%를 부품 메이커가 작성하고 있다는 점이다. 즉 승인도(承認圖) 방식의 개발이 확대되는 추세에서 부품메이커의 역할이 커지고 있다는 것이다.

● 성과는 부품 메이커와 동등 배분

부품 목표가격은 자동차 메이커의 이익계획을 바탕으로 결정되기 때문에 목표를 달성하면 자동차 메이커는 이익을 획득하게 된다. 그러나 동시에 부품 메이커의 이익으로도 연결되도록 해야 한다. 부품 메이커와 동등하게 성과를 나눈다는 것이 지속적으로 코스트 다운하는 동기이면서 원동력이 된다.

● 세계 최적의 조달전략을 추구

자동차 메이커의 구매는 이제 글로벌 서플라이어(부품메이커)와 거래하고 세계 최저가격으로 결정하며 구매업무의 세계표준화를 추진하는 세계 최적 조달전략을 실시하고 있다. 소위 도요타 자동차가 말하는 '절대(絶對)원가' 즉, 세계 부품 메이커로부터 견적을 받아 'Best in Cost'를 찾아내는 도요타의 조달시스템이 전형적인 사례이다.

● 거래의 집중화와 오픈화 추진

계열구조라는 시스템을 일본의 자동차 메이커와 부품 메이커 쌍방의 합리적인 체제로 인정되었지만 버블 붕괴와 계열의 폐쇄성에 문제가 생기면서 현재는 매력적인 조건만 된다면 세계 어느 업체나 계열업체라도 거래를 맺는 것이 새로운 흐름이 되고 있다. 자동차 메이커의 1차 거래사가 단독형에서 타사도 거래하는 산맥 형으로 바뀌고 있는 것이다. 즉, 서로의 거래 상대가 자동차 메이커, 부품 메이커 모두 늘어나고 있다. 동시에 구매기능의 본사 일원화나 1차 거래업체에의 집약화가 빠르게 진전되고 있다. 또한 일부 철강이나 범용 수지원료는 1차나 2차 부품메이커 구입양도 모두 자동차 메이커가 함께 가격교섭을 하는 집중화 현상도 일어나고 있다.

● 모듈화와 M&A로 대형화 유도

부품의 모듈(Module)화는 기존 부품을 여러 회사가 단품으로 납품하던 것을 한 회사가 시스템화하여 조달하는 것으로 모듈화는 '서플라이어의 집약화'를 유발하며 집약화는 M&A를 통한 부품업체의 대형화를 유도하고 있다. 앞으로 부품업체는 모듈화 방향에서 탈락하면 단품 전문업체로 전락할 수도 있게 된다.

브랜드 전략

볼보는 안전의 대명사다. 도요타 렉서스는 완벽한 품질을 지향한다. BMW는 최고의 핸들링과 주행성능을 자랑하는 자동차다. VW은 독일 엔지니어링이 만들어낸 작지만 빈틈없는 차로 평가된다. 벤츠하면 명예와 부의 상징이다. 이렇게 모든 자동차메이커는 자사의 독특한 이미지 즉 브랜드이미지를 가지고 있다.

한 조사기관에 따르면 소비자들이 자동차를 살 때 85%는 브랜드를 보고 구매결정을 하고 단지 15%만이 가격을 보고 결정한다고 한다. 요즘처럼 수백 개의 모델이 경쟁하는 자동차시장은 엔진과 같은 기본 성능이 상당히 평준화되어 소비자는 브랜드를 보고 차를 더욱 선택하게 된다. 소비자는 이제 제품 자체의 기능보다 감성이나 개성창출 가치의 표현수단으로 구매한다. 바로 브랜드 이미지를 산다고 할 수 있다. 브랜드가 기업의 미래 수익을 창출하는 척도가 되면서 기업경영에 있어 브랜드 전략은 더욱 중요해지고 있다.

브랜드 가치를 돈으로 환산하여 매년 발표하는데 2006년 인터브랜드에 따르면 자동차 기업은 1위로 도요타(279억 달러), 2위로 메르세데스(218억 달러), 3위 BMW(196억 달러), 4위 혼다(170억 달러)에 이어 포드, VW, Audi, 현대차, 포르쉐, 닛산 순이다. 르노-닛산 회장인 카르로스 곤은 브랜드 파워 부족으로

■ 2006년 주요 자동차업체 브랜드 평가 ( )은 2005년 순위

업계 순위	브랜드명		가치(달러)	전체순위
1	TOYOTA	도요타	279억	7(9)
2	(벤츠)	벤츠	218억	10(11)
3	(BMW)	BMW	196억	15(16)
4	HONDA	혼다	170억	19(19)
5	Ford	포드	110억	29(22)
6	(VW)	폭스바겐	60억	56(56)
7(8)	(아우디)	아우디	42억	74(78)
8(9)	(현대)	현대차	41억	75(83)
9(7)	(포르쉐)	포르쉐	39억	80(76)
10	NISSAN	닛산	31억	90(84)

자료: 인터브랜드사

닛산 차는 미국시장에서 천 달러 정도 저렴하게 판매되고 있다고 언급하였다. 바로 동급의 차라도 브랜드에 따라 저평가되어 있다는 것이다. VW은 유럽에서 동급차종인 Opel 이나 Ford 보다 10%정도 비싸다. 이는 디스카운트하지 않아도 브랜드 이미지가 강하기 때문에 비싸게 해도 잘 팔린다. 바로 강력한 글로벌 브랜드 구축은 장기적인 수익의 원천이 된다.

브랜드 이미지를 향상시켜 브랜드 충성도를 올리려면 글로벌 브랜드를 전략적으로 구축하여야 한다. 먼저 브랜드 핵심가치를 견고히 형성해야 한다. 즐거운 드라이빙, 핸들링, 디자인 등 기본요소의 품질수준을 향상시킬 필요가 있다. 여기에 강력하고 호의적이며 차별적인(Unique) 브랜드로 인식시켜야하며 이를 각 지역별 속성을 고려하여 차별화해야 한다. 그리고 광고를 포함한 장기적 마케팅 전략을 체계적으로 추진해야 한다.

17 렉서스의 글로벌 전략

새로운 개념과 글로벌로 성공한 렉서스

렉서스 엠블럼과 LS-460

'렉서스와 올리브나무'라는 책에서 나오는 렉서스(Lexus)는 글로벌의 상징으로 표현된다. 1989년 베를린 장벽이 무너지고 자유사상과 민주주의가 세계 속으로 확대되면서 과학기술의 힘이 지리적 경계를 무너뜨리고 글로벌이라는 새로운 무대가 생긴 것을 말한다. 바로 기존 세계 고급차 시장에 새로운 콘셉트로 등장한 렉서스는 오늘날 글로벌의 상징처럼 되었다.

1983년 도요타자동차는 미국시장의 럭셔리 카 분야에 참여하겠다는 의지를 갖고 세계 최고 수준의 자동차를 만들기 위한 팀을 구성하였다. 2년간의 시장조사를 마치고 1985년 개발비 10억 달러, 3,700여명의 개발팀, 460대의 테스트 카, 시험 주행거리만 100만 마일을 넘게 해서 1989년 미국을 깜짝 놀라게 한 렉서스 LS400을 탄생시켰다.

타의 추종을 불허하는 품질, 기존 고급차의 절반가격, 유례를 찾기 힘든 초강력 서비스, '렉서스'라는 전혀 새로운 브랜드 이러한 조건은 현존하는 자동차업계의 상식을 완전히 뒤엎는 것으로 소비자의 입 소문을 타고 '렉서스'는 순식간에 톱 브랜드로 등극하였다.

렉서스 브랜드의 이제까지 총 판매대수는 이미 250만대를 넘어섰고 라인업도 럭셔리로 LS400에서 LS460, LS430, ES330 스포츠카로 GS300/430, SC430, IS300 SUV로 LX470, GX47, RX330 그리고 RX330 하이브리드카까지 확장되었다. 렉서스는 일본이 낳은 최고의 '프리미엄' 브랜드이다. 프리미엄 카 시장이란 말은 일본의 고급 브랜드인 혼다 아큐라, 닛산 인피니티, 도요타 렉서스가 미국에서 판매되고 나서부터 생겨났다.

What is Lexus?

렉서스의 모든 종업원은 주머니에 항상 렉서스의 철학과 딜러와의 서약 카드를 가지고 다닌다. 핵심 내용은 다음과 같다.

- 렉서스는 정교한 기술력이며 뛰어난 품질입니다.
- 렉서스는 최고급이며 최고의 성능입니다.
- 렉서스는 우수함의 상징이며 기준입니다.
- 렉서스는 고객 한 분 한 분을 VIP로 모시는 것입니다.
- 렉서스는 고객이 원하는 대로 처리해 드리는 것입니다.
- 렉서스는 프로의 결정체로 만족을 향한 진실한 약속입니다.
- 렉서스는 고객에게 기대이상의 만족을 드리는 것입니다.
- 그리고 바로 제 자신이 렉서스입니다.

렉서스의 성공요인은 무엇일까?

첫째, 탁월한 새로운 브랜드 전략이다. 당시 미국인이 형편없는 회사로 생각한 도요타와 전혀 관계없어 보이는 브랜드, 완전히 새로운 브랜드 'Lexus'로 미국 고급차 시장에 진출한 것이 대성공의 큰 원인이었다. 아마도 TOYOTA라는 이름을 내걸었다면 전혀 다른 결과가 나타났을 것이다.

둘째, 밸류 브랜드(Value Brand)로서 가격대비 가치(Value for Money)가 뛰어나다. LS400은 같은 배기량, 같은 장비의 메르세데스 벤츠보다 만 달러 이상 싸고 품질도 더 좋아 미국차 시장인 특징인 디스카운트에서 GM과 포드 차는 평균 3~4천 달러인데 렉서스는 평균 2백 달러로 미국 소비자들은 그 가치를 인정해 주고 있다.

셋째, 상식을 뛰어넘는 섬세함에 있다. 상상을 초월하는 제품인 것이다. '소리가 안 나는 자동차'라는 개념이 없었는데 이것을 깨버렸다. '고장은 어느 자동차나 흔히 있는 것이다' 라는 고정관념도 없애버렸다. 렉서스가 나오고 나서 자동차에 새로운 개념이 생겼다. 그때까지만 해도 도어 패널 틈새나 구석구석의 마감 질까지는 미처 신경 쓰지 않았다. 그러나 LS400의 정밀함에 놀라고 나서부터는 라이벌 브랜드와의 비교 점검이 필수조건이 되어버렸다. 이러한 섬세함이 바로 품질이며 세계 최고의 고객만족으로 이어지고 있는 것이다. '렉서스라이크(Lexus-like)'는 최상의 품질을 뜻하는 형용사로 표현하기까지도 한다.

넷째, 렉서스의 서비스는 혁명적이다. 대부분의 미국인은 '자동차딜러를 찾아가느니 차라리 치과에 가겠다.'고 한다. 그만큼 딜러를 싫어한다. 그런데 렉서스 딜러는 친절하고 호의적인 서비스에 감동했다. 딜러 건물에 수리공장도 겸비해 지금까지 지저분한 공장 이미지를 쇄신했다. 렉서스의 수리를 위해 렉서스 서비스센터를 찾는 고객이라면 한 점의 먼지도 없어 보이는 깨끗한 접수공간에 차를 세워놓고 나중에 차를 받으러 가기만 하면 된다. 자동차 전시장에는 원하는 커피와 과자가 준비된 커피바가 있고 대기실 가죽소파 옆에는 신문과 잡지 그리고 TV와 인터넷이 있으며 수리가 끝나면 기술자가 고객 옆에 무릎을 꿇고 앉아 세부적으로 무엇을 어떻게 수리했는지 설명한다. 물론 깨끗하게 세차까지 된 차가 되돌려진다. 자동차 수리 기간을 기다리기 힘든 고객에게는 임시로 다른 차가 제공되며 차주가 그 차를 전시장으로 몰고 올 시간이 없으면 직원이 수리가 끝난 차를 가져다주고 대여차를 받아온다.

다섯째, 렉서스에 대한 고객의 구전효과가 컸고 이미지가 우호적이다. 고객은 주변사람에게 내가 현명한 선택을 했다는 자랑을 자주 늘어놓고 다닌다. '렉서스 참 대단해', '차가 수리되어 왔는데 가솔린이 가득 채워져 있고 또 세차까지 해서 말이야.'

끝으로, 다음과 같이 고급차의 개념을 나름대로 명확하게 정의하고 충실하게 개발에 반영하였다.

- 고급차는 구입했을 때, 타고 있을 때, 오래 보유했을 때 항상 사용자의 기분이 풍족해지는 자동차다.
- 고급차는 해마다 애착이 더 깊어지는 자동차다.
- 고급차는 고도의 기능을 추구하는 자동차다.
- 고급차는 인간에 대한 따뜻함이 넘치는 자동차다.

18 쏘나타 신화의 창조

쏘나타 신화의 창조

제 5세대 NF쏘나타

1985년에 첫 선을 보인 후 올해로 22년째를 맞이하는 쏘나타는 국산자동차중 단일 브랜드로서는 가장 오랜 기간 판매되고 지속적으로 후속모델이 개발되는 현대자동차의 대표차종이다. 특히 신형 NF쏘나타는 현재 세계시장에서 현대차의 수출과 해외 생산을 주도하며 한국 자동차산업의 대표아이콘으로서 한국자동차의 이미지를 한 단계 도약시킨 신화적 모델로 불리고 있다.

1990년대 후반부터 내수위주의 경영방식에서 벗어나 본격적인 글로벌경영을 시도해온 현대자동차가 이제는 점차 글로벌 브랜드로서의 위상을 갖추고 있지만, 수출 초기에는 기술력 부족과 품질문제에 디자인도 취약하여 각종 조사에서 항상 바닥 수준이었다. 그러나 제4세대 EF쏘나타부터 외국 언론과 유명한 자동차 전문기관의 평가에서 잇따라 좋은 성적을 거두며 이제는 디자인과 품질에서 세계 최고의 차를 바짝 추격하며 현대자동차를 세계에서 가장 빠르게 성장하는 자동차브랜드로 만들어 놓았다.

쏘나타 모델의 발전과정

현대자동차는 1985년 10월 스텔라 모델에 2.0시리우스 엔진을 얹히고 외관장식을 일부 고급화하고 고급 장비를 갖추어 이름만 소나타로 시판하였으나 2년 간 3만대 밖에 못 팔고 시장에서 사라졌다. 다시 쏘나타로 이름을 바꾸면서 스타일과 성능을 개선해서 출시했지만 1년여 약 2만 6천여 대를 팔고 단종 되었다. 이리하여 보는 사람에 따라 이견이 있지만 1세대 소나타는 내수는 물론 수출시장에서도 별다른 성과 없이 막을 내리고 말았다.

2세대는 스텔라형 소나타로는 안 되겠다고 판단하여 1984년부터 수출전략형 중형모델로 Y2를 개발하여 기존 이름을 쓰기로 하고 1988년 6월 1.8, 2.0, 2.0 DOHC엔진을 탑재해 출시하였고 특히 1989년 캐나다 브로몽의 현지공장에서도 생산, 북미로 수출되었으나 큰 성공을 못 거두었다. 그러나 국내에선 중형차시장을 석권하여 3세대 쏘나타가 나올 때까지 총 55만대가 팔린 인기 차종이었다.

3세대는 1993년 쏘나타II는 디자인을 혁신하고 고급 장비를 갖추어 중형차의 수준을 한 단계 높이며 출시 2년 만에 60만대 가깝게 팔리는 베스트셀러 카로 자리 잡고 다시 훼이스 리프트로 쏘나타III까지 이어졌다.

제 4세대인 EF쏘나타는 1998년 3월 출시되었다. 과감한 스타일 변신과 V6 2.5 델타엔진을 더해 2000년 8월까지 19개월 동안 자동차판매 1위의 대기록을 세웠고 그 해 쏘나타시리즈 생산 200만대를 돌파했다.

이어 2001년 1월에 나온 뉴 EF쏘나타는 벤츠 뉴 C클래스를 닮은 헤드램프로 스타일을 바꾸고 첨단장비를 더해 미국에서도 월 1만대가 팔리며 JD. 파워의 신차 품질조사에서 중형차 세계1위를 기록하기도 했고 국내판매도 4년 연속 1위를 지켜 나갔다.

5세대 쏘나타로 분류되는 NF쏘나타는 혁신적인 신모델에 현대자동차가 46개월 간 독자적 기술로 개발한 '쎄타'엔진을 탑재하였다. '쎄타'엔진은 고성능, 저연비, 내구성, 친환경성으로 과거 기술을 가르쳐주었던 다임러 크라이슬러와 미쓰비시가 현대자동차에 로열티를 지불하고 기술을 이전해 가는 첨단 엔진으로 평가하고 있다.

현대자동차는 NF쏘나타를 글로벌 경쟁력 및 브랜드 정체성 강화 전략의 일환으로 향후 신차개발에 디자인의 일관성을 부여하는 패밀리 룩을 본격화하는 첫 모델로 소개하고 있다.

19 세계 최고의 패밀리 세단 – 캠리

쏘나타의 영원한 라이벌 도요타 캠리

도요타 신형 캠리

'모터 트렌드' 잡지가 선정한 '2007년 Car Of The Year'인 캠리는 1983년 데뷔이래, 전 세계에서 1천만 대 이상 팔린 세계적인 베스트셀러이다. 특히 미국시장에 판매를 시작한 이래 20년 넘는 동안 모두 6백만 대를 팔았고 지금도 5백만 대가 운행 중이다. 또한 미국에서 지난 10년 중 9년 동안 베스트셀러였으며 2006년에는 미국에서 30년 만에 처음으로 한 해 45만대가 팔렸다.

캠리는 '컨슈머 리포트'의 평가에서 매년 높은 점수를 받고 있다. '컨슈머 리포트'가 1980년대에 이 차를 주목한 이래 꾸준히 높은 평가를 내린 덕분에 캠리는 혼다 어코드와 현대 쏘나타, 닛산 알티마 등의 도전에도 불구하고 줄곧 미국 패밀리 세단 시장을 지배 할 수 있었다. 이렇게 캠리가 많이 팔린 이유 중 하나는 중고차 가격 때문이다. 에드먼즈닷컴의 산정방식에 의하면 보통 5년 된 캠리는 첫 판매가의 52%를 유지한 반면 미국차는 평균

40%도 받지 못한다.

도요타에게 캠리는 하나의 자동차 모델 그 이상의 의미를 가진다. 캠리는 미국시장용 자동차개발의 토대이기도하다. 도요타는 캠리의 플랫폼을 활용해 그동안 쿠페, 미니밴, 크로스오버 카, 대형 패밀리세단을 포함 총 6개의 다른 모델을 개발해냈다. 이 6개 차종은 미국시장 내 도요타 매출의 44%를 차지한다.

세계 패밀리 세단의 최고봉

캠리는 실내공간, 품질, 성능, 가치 등 자동차가 요구하는 모든 조건을 갖춘 마켓리더이며 패밀리 세단의 최고봉이라고 한다. 미국 소비자의 기호에 맞게 미국에서 설계되었고 역시 미국에서 만들었다. 성능과 능률의 조화, 공간과 조종성의 균형, 럭셔리와 경제성 사이의 조화는 가히 마술에 가깝다는 평이 있다.

캠리는 값에 비해 뛰어난 가치를 가지고 있다. 제 6세대 신형 캠리 기본형은 158마력 엔진에 7개 에어백을 갖추어 1만 9천 달러 수준이고 AT와 가죽시트 사양은 2만 4,500달러를 밑돈다. 여기에 268마력 엔진이 옵션으로 있어 경쟁차인 혼다 어코드의 6기통 244마력을 압도하고 있는 데다 하이브리드 버전까지 갖추고 있다. 2006년부터 중국에서도 생산되고 2007년에는 러시아 공장에서도 나오기 때문에 현대차 쏘나타와 혼다 어코드는 미국시장은 물론 다른 세계시장에서 서로 영원한 라이벌로서 모두 치열한 경쟁에서 피해갈 수 없을 것이다.

20 자동차기업의 경영계획

 기업경영은 기업의 비전(Vision)을 달성하기 위하여 한정된 경영 자원(인력, 물자, 자본, 설비, 기술, 노하우, 정보, 시간, 고객, 협력인프라, 브랜드, 기업문화 등)을 끊임없이 개발하고 변화하는 환경에 적응하면서 시장의 확대와 고객만족 추구를 통하여 기업의 새로운 가치창출과 이익실현을 추구함으로써 영속(永續)기업을 꾀하는 제반활동을 말한다.

 기업비전은 자사의 미래 존재성격을 분명히 하고 조직구성원에게 꿈과 이상을 던져주는 미래의 좌표이다. 따라서 기업비전은 사명(Mission)과 성장성을 지향하는 기업의 전략과 철학을 함께 담고 있어야 한다. 이러한 기업비전과 사명은 도요타자동차가 명확히 세우고 전파하는데 있어 벤치마킹 포인트라고 할 수 있다.

 자동차기업의 비전과 계획은 이를 구현할 장기 경영계획을 수립하는 데서부터 시작한다. 이 계획을 바탕으로 기간별 프로젝트계획을 세우고 사업 단위별로 세부적인 제품개발, 투자, 생산판매, 지원관리계획을 수립한다.

자동차 경영계획 체계(예)

기업비전과 사명
- 경영전략 / 제품전략
- 장기 경영계획

장기프로젝트계획
- 제품계획 · 설비계획
- R&D계획 · 투자계획
- 인원계획 · 판매계획

선행연구
- 기술예측 / 기초연구
- 신기술 개발

개발 기본계획
- 마케팅조사
- 차량기본 / 기술계획
- 제품 Target 설정

상품계획
- 마케팅 조사 분석
- 유통정책 / 가격

제품계획
- Styling · 선도
- Target의 구체화

R&D 계획

지원관리계획
- 자금조달, 인력개발
- 자재조달, 설비구매

공장 설비계획
- 생산기술, 설비계획
- 시험 생산 (PP)

판매계획
- 판매망, 인력계획
- 정비 / 부품계획

양산(Mass Production)　　판매(Sales/Export)

신형차 개발에는 적어도 기초연구를 포함하여 5년 이상의 기간이 소요된다. 따라서 장기개발 기본계획에는 대개 5년 이상 10년 이내의 장기간에 걸친 경영전략에 바탕을 둔 연구개발 방침과 설비, 자금, 인력계획을 포함하여야 하며 장기간에 걸친 계획이므로 시장 환경변화와 사내여건에 맞추어 매년 한두 번 정도 조정하여야 한다.

3

세계 자동차산업

세계 자동차산업의 흐름과 미래를 이해한다.
자동차산업의 발전의 동력과 혁신을 이해한다.
세계 자동차기업의 생존전쟁을 생각한다.
세계 속의 우리 기업의 생존전략을 강구한다.
도요타자동차를 집중 연구한다.

21 세계 자동차산업의 발전과정

자동차산업의 생성

　가솔린 자동차 발명의 영예는 독일이 갖고 있었지만 당시 독일에서는 자동차를 위험물로 취급하여 여러 가지 규제가 가해짐으로써 산업의 발전은 기대할 수 없었고 1889년 프랑스 르왓손이 독일 다임러로부터 특허를 사들여 세계 최초의 자동차 메이커가 되면서 산업이 생성되기 시작하였다. 곧 오늘날 세계적 메이커인 프랑스의 르노, 푸죠, 이태리의 피아트 등이 이때 설립되어 수공업 형태로 생산이 이루어졌고 수요도 부자들의 오락용으로 소량에 불과하였다.

　1900년 전 세계 자동차의 연간 생산대수는 1만대를 넘지 못하였고 당시 자동차는 증기, 전기, 가솔린으로 세 종류가 경합하였는데 부유층이 가장 선호한 것은 전기자동차였다.

　1890년 프랑스와 독일에서 자동차산업이 본격화되고 있을 때 영국에는 '적기조례법'이라는 것이 있었다. 자동차가 길에서 달리려면 앞에서 초롱불이나 빨간 깃발을 흔들면서 자동차가 온다고 외쳐야했다. 이렇게 깃발을 흔들면서 앞에서 달리는 사람을 자동차가 뒤에서 따라가야 한다면 자동차를 살 이유가 별로 없다. 이러한 제도적인 이유로 영국에서 자동차산업은 발전할 수 없었다. 이를 대변하듯 세계 생산에서 영국이 차지하는 비중은 30년이 지난 1900년에 20%로 뚝 떨어지고 말았다.

한편 미국은 1840년대 서부개척으로 철도가 크게 발달하여 1850년에는 이미 철도 총 길이가 1만 4,520km에 이르렀고 20세기 초에는 40만km를 넘어서는 철도대국이 되어 있었다. 그러나 미국대륙은 너무나 광활하고 개인주의적 국민성과 풍부한 석유자원에 힘입어 자동차산업도 급격히 발전하게 되는 기반이 함께 조성되었다. 특히, 1899년 올즈모빌이 '세계 자동차의 메카'인 미시건주 디트로이트에 자리 잡아 오늘날 제너럴 모터스(GM)로 발전하게 된다.

「포드 혁명」과 GM의 세계 제패

포드자동차는 1909년 세계 자동차 사상 초유의 1,600만대 판매기록을 갖는 「포드 T-Model」을 개발하고 '포드 생산방식'이라는 컨베이어 시스템의 도입으로 자동차산업의 혁명이 일어나 자동차 가격이 대폭 낮아져 누구나 살 수 있게 되면서 미국은 세계 최초로 '자동차 대중화 시대'를 열어 나갔다.

1920년대 들어 미국시장에는 이상한 변화가 나타났다. 1923년 미국 총생산 362만대 중 포드가 167만대를 기록한 이듬해부터 포드 T-Model에 싫증을 느낀 수요자가 이탈하면 GM의 추격에 밀려 오늘날까지 GM을 따라잡지 못하게 되었다.

1908년 GM을 창업한 W. 듀란은 「Buick」, 「Cadillac」 등 25

개사를 흡수합병하면서 비약적인 발전을 거듭하였고 1923년부터 A.슬로안의 탁월한 경영능력에 힘입어 오늘날 세계 최대의 기업으로 성장하는 기반을 다졌다.

BIG-3의 세계진출과 유럽시장의 확대

미국은 BIG-3(GM, Ford, Chrysler)는 1920년대부터 유럽을 중심으로 세계에 진출하였다. 유럽에 진출한 미국의 현지조립 공장은 유럽의 높은 관세 장벽 때문에 현지에서 일괄 생산할 수 있도록 전략을 바꾸면서 미국의 제조기술에 유럽 메이커의 최고 기술을 향한 노력이 더해지면서 유럽시장은 생산규모가 커지고 다양한 제품개발이 이루어져 1970년부터 오늘날까지 세계 최대의 시장으로 등장하게 되었다.

1950년대 초 유럽경제가 회복하기 시작할 무렵 미국은 세계시장의 86%를 차지한 반면 유럽은 13%밖에 되지 않아 세계시장의 변화에 둔감하였다. 그러나 유럽메이커들은 제품차별화와 시장세분화 전략으로 서서히 세계 자동차산업의 강자로 등장하기 시작하였으며, 일본도 급속한 경제성장과 독특한 생산방식을 바탕으로 경쟁 대열에 진입하였다.

일본의 세계제패와 미·일·유럽의 3극화체제 형성

일본의 자동차산업은 1920년 GM과 Ford의 일본 진출로 이루어졌고, 1936년 외국기업을 배제하는 법규로 일본 독자의 자동차산업이 새롭게 형성되었으나 군사목적과 트럭중심의 구조로 산업은 매우 취약하였다.

1950년대에 한국전쟁에 따른 특수경기, 외국차 진출제한, 승용차 중심으로의 산업전환 등에 힘입어 비약적인 성장의 기반을 다지고 1960년에는 수출시장에도 뛰어들었다. 특히 일본은 새로운 산업조직과 특유의 생산방식으로 '도요타 생산방식'으로 대표되는 '간판방식'과 'JIT방식'에 TQC'의 확산으로 일본 특유의 제조철학이 뿌리를 내려 국제 경쟁력을 갖춘 산업기반을 이루었다.

이러한 제조기술이 가일층 개선되고 여기에 1968년부터 불붙은 자동차대중화로 내수 기반이 확장되면서 1970년 530만대 생산기록을 세우면서 현재까지 세계 최대 수출국이면서 미국, 유럽과 함께 세계시장을 지배하는 3극화체제를 형성하게 되었다.

한국의 세계 진출

미국 · 일본 · 유럽의 3극체제 속에서 1980년대부터는 한국이 새로운 세력으로 세계시장에 진출하였다. 한국은 1962년 완성차 수입을 금지시키고 국산화정책, 중화학공업 육성, 수출산업화 전략을 강력히 추진하고 80년대 고도성장에 따른 자동차대중화로 소형차 수출기반을 구축하고 90년대 중반에는 세계 5대 자동차 생산국으로 부상하여 신흥 공업국가 중 가장 크게 성장하였다.

21세기 주도권 다툼과 새로운 산업 환경

2000년 이후 자동차업계는 미국 · EU · 일본 외에 한국이 가세한 다극화된 무한 경쟁체제에서 다국적기업의 인수합병이 마무리되었다. 선진국의 소비자는 감성화 · 차별화로 다양화되고 또한, 새로운 거대시장으로 떠오르는 중국, 인도, 브라질, 러시아

세계자동차산업의 변화과정

구 분	제1차 개편	제2차 개편	제3차 개편	제4차 개편
기 간	1910~1940	1950~1960	1970~1990	90년대 이후
콘셉트	단순수송기관	이동 생활공간	국제화 성장	세계 경쟁
변화 주도	미국	미국, 유럽	미,EU,일	미,EU,일,한
변화 요인	대량생산방식	제품 다양화	신생산 체제	환경, M&A
경쟁 환경	제조공정	기술, 디자인	품질, 원가	혁신

(BRIC'S)들의 수요 증대에 누가 어떤 사업전개 방식과 생산방식으로 경쟁력을 갖느냐에 따라 앞으로 자동차산업의 주도권에 변화가 올 것이다.

산업발전과 생존원리는 혁신

이러한 산업발전과 끊임없이 변화하는 환경 속에서 살아남기 위해 생존원리는 혁신이다. 경쟁관계가 치열해 졌을 때 산업은 새로운 혁신을 낳는 것이 역사적 교훈이다. 근본적인 혁신이 나타나면서 새로운 경쟁력을 갖는 승자가 정해지는 것이다. 앞으로도 자동차산업은 새로운 기술이 혁신을 주도하고 기업간의 협력과 경쟁이 자동차산업의 변화와 발전을 이끌어 갈 것이다

22 세계 자동차산업의 환경변화

패러다임적 변화와 무한경쟁

　세계 자동차산업은 시장, 기술, 상품 등의 측면에서 패러다임적 변화가 일어나고 있다. 생산능력의 과잉으로 인한 가격과 제

세계 자동차산업 환경변화

요 인	변 화 방 향	
생산능력 과잉 글로벌 경쟁	구조조정 ·비용절감 지속 부품업제의 역할증대	새시 플랫폼 통합 확대 부품 모듈화 확대 공장폐쇄 · 인력감축 추진
고유가시대 환경규제 강화 디지털 진전	고효율 ·친환경시대로전환 지능형 ·첨단미래차수요 확대 차세대기술선점 경쟁격화	하이브리드카 양산판매확대 연료전지차 연구개발 확대 자동차전자화 확대 텔레매틱스 수요증대
고객수요 다양화 세계화 진전	신흥시장의 수요증가 여성수요, 고령화 수요증가	중국인도등 수요확보 경쟁치열 중국,저가소형차 세계수출 글로벌생산,네트워크구축강 화

품 경쟁력의 중요성이 커지고 있으며, 경쟁력 확보를 위한 인수·합병과 전략적 제휴는 앞으로도 계속 이어지고 경쟁력이 약한 메이커는 비용절감을 위한 공장 폐쇄와 구조조정이 계속 추진될 것이다.

또한, 환경규제 강화와 고유가시대의 진입으로 고효율 친환경 자동차시대로 빠르게 전환되고 있다. 이미 하이브리드카는 도요타를 선두로 실용화를 넘어 새로운 시장기반을 확보하였고 수소에너지의 연료전지차도 2010년 이후 양산을 목표로 개발이 빠르게 진행되고 있다. 이와 함께 자동차전자화 확대와 IT·통신 기술이 접목된 지능형·미래형 자동차가 텔레매틱스의 등장으로 더욱 빠르게 실용화되고 있다.

23 세계 자동차산업의 재편 전망

세계 자동차산업의 재편론 전망

1980년대부터 '200만대이상 못 팔면 살아남지 못한다.'며 '세계에서 10개 자동차회사만이 살아남는다.'는 글로벌 과점화 논란은 다시 1990년대 말 '연간 4백만대 이상 생산하지 못하는 기업은 살아남지 못한다. 앞으로 5, 6개회사만 살아남는다는 ' Big-6 생존설 '이 계속 지배해왔다. 그 후보로 GM, 포드, 다임러 크라이슬러, 도요타, 폭스바겐은 누구나 확실한 생존가능 그룹으로 분류하지만 나머지는 BMW나 혼다 정도로 보았다. 이어 2001년 이후에는 6대 메이저와 4개 중간그룹으로 재편된다는 전망도 있었다.

이런 논란 속에서 90년대 후반 사브가 GM으로, 볼보와 마쯔다가 포드로 인수되고 다임러가 크라이슬러를 합병하였고 르노의 닛산 인수가 이루어졌으며 한국도 현대기아차그룹의 출범이후 GM의 대우차 인수, 타타그룹의 대우트럭 인수, 영안모자의 대우버스 인수, 르노의 삼성차 인수, 쌍용차의 상하이차그룹 편입으로 구조개편이 마무리되었다.

이러한 합종연횡의 구조개편은 궁극적으로 메이커의 수익률 저하에 있으며 바로 코스트 경쟁력의 상실에 있다고 할 수 있다. 특히 세계수요가 크게 늘지 않는데도 시설능력은 계속 늘려 2천만 대에 이르는 공급과잉이 주요 요인이 되었다는 주장도 있다.

양산효과의 과대평가

자동차에도 양산효과는 확실히 존재한다. 하나의 메이커가 플랫폼 당 최소 최적규모를 25만대로 보고 5개의 플랫폼을 갖는 모델군을 라인업으로 삼으면 기업생존의 최소규모는 150만대면 충분하다고 볼 수 있다. 따라서 '2백만 대' '4백만 대'라는 생존규모는 너무 과다하다고 할 수 있다. 또한 '공급과잉설'의 생산능력의 기준은 연간 가동시간을 선진국 기준으로 4,000시간(하루 16시간 250일)으로 따지지만 우리나라와 같은 경우 5,400시간(하루 20시간 270일)가동을 전제로 최대 생산능력을 잡아왔다. 실제 세계 메이커의 평균 가동률을 보면 약 80% 수준에 있어 공급과잉은 다소 과장되었다고 할 수 있다.

시장독점 현상은 일어나기 힘들다.

제조비용 측면에서 지난 80년대부터 보다 작은 양의 생산으로도 돈을 버는 유연한 생산기술이 발달해 왔다. 또한 표준적인 프로젝트 한 개당 개발 코스트도 꾸준히 절감되었다. 동시에 기업들도 전략적 제휴로 공동개발, 공동생산, 생산위탁 등을 이용하여 코스트를 절감하고 수익률을 늘려왔다.

자동차는 네트워크 재화가 아니다.

　자동차는 기본적으로 독점적인 제품. 즉 그 자체로 고객을 만족시켜야 팔리는 재화이다. 따라서 고객은 자신의 기호와 라이프스타일에 맞는 모델을 고르는 경향이 있다. '다른 많은 사람이 고르기에 그 제품이 자신에게도 매력이다'라는 네트워크 재화가 아닌 것이다.

자동차의 경쟁 요소는 많다.

　자동차는 규모의 효과를 능가하는 경쟁력 요소가 많다. 상대적으로 설비투자비는 적고 품질, 성능, 디자인, 기술동향 예측, 제품기획, 마케팅 등 다른 경영 요소에서 경쟁력을 갖추어 가도 충분히 수익을 내며 기업의 생존과 성장을 유지할 수 있다. 다만, GM의 경영악화로 인한 자본제휴나 일본 중소형 메이커의 향방 그리고 중국 메이커의 본격적인 세계시장 진출과 자국내 구조조정 등의 요인에 의해 세계 자동차산업은 새로운 방향으로 재편될 것으로 보인다.

세계 자동차 그룹현황(2005년)

그 룹	메이커	생산대수(만대)
GM	GM, OPEL, VAUXHALL, HOLDEN, SAAB, GM대우	8,769,855
TOYOTA	TOYOTA, DAIHATSU, HINO	8,467,544
FORD	FORD, MAZDA, VOLVO LAND ROVER, JAGUAR, ASTON MARTIN	7,802,186
르노-닛산	RENAULT, 닛산, DACIA, 르노삼성	6,021,344
VW	VW, AUDI, SKODA, SEAT, BENTLY, LAMBORGHINI	5,238,970
다임러 크라이슬러	CHRYSLER, M-BENZ SMART, MAYBACH, 벤츠상용차	4,650,898
현대·기아	현대자동차, 기아자동차	3,716,888
HONDA	HONDA	3,400,677
PSA 그룹	PEUGEOT, CITROEN	3,399,545
스즈키	SUZUKI	2,133,28
FIAT 그룹	FIAT, ALFA ROMEO LANCIA, MASERATI FERRARI, IVECO	2,052,387
BMW 그룹	BMW MINI, ROLLS-ROYCE	1,341,340
미쓰비시	MITSUBISHI	1,297,180
Avto Vaz	LADA	795,373
이스즈	ISUZU	594,042
후지 중공업	SUBARU	588,520
기타 메이커	-	6,501,949

세계 유명 메이커 / 브랜드 엠블럼

24 세계자동차의 판매 트렌드

2006년 세계 자동차 판매대수는 신흥지역의 시장성장으로 전년비 470만대 증가한 6,863.8만대가 되었다. 국가별로는 중국이 전년비 145만대가 증가한 721만대로 일본을 제치고 세계 2위의 소비국으로 등장하였고 일본은 574만대로 3위로 내려갔다

2006년 세계 자동차 판매대수 상위 10개국 (대)

순위	국가	2004	2005	2006
1	미 국	17,298,483	17,444,081	17,048,981
2	중 국	5,071,648	5,758,189	7,215,972
3	일 본	5,853,005	5,851,940	5,739,506
4	독 일	3,550,227	3,614,898	3,770,500
5	영 국	2,957,192	2,825,686	2,731,832
6	이탈리아	2,527,461	2,494,221	2,579,017
7	프랑스	2,473,560	2,547,911	2,498,946
8	러시아	1,663,170	1,834,871	2,030,000
9	스페인	1,891,334	1,959,044	1,953,047
10	브라질	1,626,232	1,711,261	1,927,738

25 세계 자동차의 생산 트렌드

2006년 10대 자동차 생산국 순위

(단위:만대)

순위	2005년		2006년	
	국가	대수	국가	대수
1	미국	1,194	일본	1,148
2	일본	1,080	미국	1,126
3	독일	575	중국	728
4	중국	570	독일	582
5	한국	369	한국	384
6	프랑스	354	프랑스	327
7	스페인	276	스페인	277
8	캐나다	268	캐나다	257
9	브라질	252	브라질	240
10	영국	180	멕시코	204

자료 : 한국자동차공업협회

세계 자동차생산 추이

세계 자동차 생산국(41개국)의 2006년 생산대수는 전년비 3.4% 증가한 6,950만대로 사상 최고를 갱신하였다. 국가별로는 일본이 미국을 제치고 1148만4천대 (세계시장 16.5%)로 1위로 올랐고 미국이 1,126만대로 2위, 내수가 급증한 중국이 27.7% 증가한 728만대를 생산, 독일(584만대)을 여유있게 따돌리고 3위로 자리 잡았으며 5위는 한국이 384만대를 생산하였다.

세계 생산능력 추이

세계 46개국의 자동차 생산능력은 일본의 세계적 자동차산업 전문업체인 FOURIN사가 자동차메이커 계획(2006년 8월까지 발표분 포함)을 합치면 2006년 8,884만대에서 2011년에는 726만대가 증가한 9,610만대로 확대될 것으로 보인다. 중국, 인도와 동유럽을 중심으로 하는 신흥국은 생산능력을 증강시키지만 북미와 서유럽은 삭감을 추진하고 있다.

북미 생산능력은 2006년 2,031만대에서 2006년에는 171만대가 감소한 1,860만대로 보일 것이다. 그러나 이것은 과잉 생산능력을 조정하여 가동률을 향상시키는 것으로 생산대수의 삭감으로 직결되지는 않는다. 한편 2010년 이후 현대차그룹과 혼다의 현지 신 공장이 가동되면 2011년 1900만대 수준으로 회복 될 것이다. 특히 아시아의 생산능력은 2006년 3,440만대에서 2011년에는 4,080만대로 확대되고 중국의 생산능력이 1,100만대에서 2011년이면 1,454만대의 생산능력을 갖추게 될 것이다.

26 세계 자동차의 수요전망

　세계자동차 총수요는 2008년이면 7천만대를 돌파하고 다시 2011년이면 7,600만대를 넘어설 전망이다. 지역별로는 중국, 인도 등의 신흥 아시아지역이 주로 성장을 주도 할 것이다.

세계자동차 수요전망 (단위:천대)

구 분	2007	2008	2009	2010	2011
중동, 아프리카	3,082	3,192	3,199	3,249	3,337
아시아	19,569	20,855	21,641	22,622	23,621
동유럽	4,102	4,195	4,332	4,397	4,499
북 미	19,314	19,612	19,947	20,392	20,736
중남미	4,375	4,461	4,508	4,582	4,604
서유럽	16,416	16,662	16,953	17,066	16,948
세계 승용·경트럭 계	66,858	68,977	70,580	72,308	73,745
세계 중대형 트럭버스	2,111	2,267	2,403	2,294	2,480
세계 총수요	68,969	71,244	72,983	74,602	76,225
(전년비증가율 %)	(1.9)	(3.3)	(2.4)	(2.2)	(2.2)

자료 : Global Insight World Car Industry Forecast Report. June 2006

27 세계 자동차의 보유 트렌드

세계 자동차보유대수는 2004년 말로 승용차 6억3천4백만 대, 상용차 2억3천3백만 대, 총 8억3천7백만 대에 이른다. 1950년 7,040만대, 1980년 4억대, 1990년 5억8천만대, 2000년 7억4천만대로 늘어나 연간 약 2~3천만대씩 증가추세를 감안하면 2008년 9억대를 돌파하고 2012년 10억대에 이를 것이다.

주요 국가별 보유대수 (05년 말)

국가	보유대수/천대	국가	보유대수/천대
미국	271,506	러시아	30,990
멕시코	22,506	프랑스	36,298
캐나다	18,909	독일	49,223
일본	75,686	이태리	38,941
중국	31,596	영국	34,594
인도	12,069	스페인	25,158
한국	15,396	호주	13,457
폴란드	15,272	브라질	23,023

28 세계 자동차메이커의 전략 변화

무한경쟁에 대응하는 전략

　세계 자동차시장의 경쟁은 이제 '전면전쟁', '무한전쟁'의 단계에 접어들었다. 지난 80여 년간 세계 최대 자동차업체인 GM은 제1위의 자리를 도요타에게 곧 넘겨줄 것으로 보이며 고급차 판매 1위 자리도 벤츠에서 BMW로 이미 넘어가고 말았다. 이러한 본격적인 생존경쟁은 구조조정, 플랫폼 전략, 신제품 전략, 브랜드 전략, 신흥시장 선점프로젝트, 전략적 제휴, 친환경차 개발 등으로 이어지고 있다.

코스트 절감 추진

　GM은 지난 2002년부터 2005년까지 5개 공장을 폐쇄하여 100만대 생산능력을 감축하였고 또 다시 2008년까지 조립 4개 공장, 부품 5개 공장을 폐쇄하여 100만대의 생산능력을 삭감함으로써 종업원 3만 명을 감축할 계획이다. VW도 노동조건을 변경하여 인건비를 줄이고 M-Benz도 2007년까지 35억 유로의 수익개선을 위한 비용절감 프로그램을 추진하고 있다.

부품조달 코스트 절감을 위해 GM은 서플라이어 300개사와 구매부품의 절감목표를 설정하고 구매창구를 세계 단일팀으로 일원화하고 있다. 포드도 현재 2,500여 거래사를 1천여개사로 압축하고 장기 구매계약을 체결, 설계단계부터 공동으로 신차개발에 참여토록 하고 있다. 도요타는 세계에서 제일 싼 것보다 다시 10%를 삭감하는 'Value Innovation'을 추진하고 있다.

플랫폼 신규개발

글로벌 플랫폼은 2002년 이후 주요그룹의 실적을 보면 플랫폼 단위당 연산 100~200만대가 되었고 2006년 이후 제 2기로 넘어와 그룹 내 각각의 메이커가 나누어 개발하고 생산은 각 메이커의 기존 거점에서 참여하는 형태로 더욱 확대되고 있다.

고급 브랜드 전개 방향

도요타, 혼다, 닛산의 일본 고급 3사는 브랜드채널을 일본, 한국, 중국으로 확대하고 있는 가운데 GM은 캐딜락을, 포드는 Jaguar, Volvo, Land Rover, Aston Martin을 주력으로 고급차 브랜드 전략을 전개하고 있다. 독일의 Audi, BMW, M-Benz는 SUV/ CUV제품을 신규 투입하여 시장 확대를 꾀하고 있다.

세계 주요메이커 개요(2005년)

메이커	설립연도	본사소재	종업원수(명)	생산대수(대)	매출액
GM	1908	Michigan(미)	335,000	8,769,855	1,926억$
FORD	1903	Michigan(미)	300,000	7,802,186	1,770억$
VW	1938	Wolfsburg(독)	344,902	5,238,970	952억유로
DCX	1998	Stuttgart(독)	382,724	4,650,898	1,498억유로
P.S.A	1896	Daris(프)	208,500	3,399,545	562억유로
RENAULT	1898	Billancourt(프)	126,584	2,514,074	413억유로
BMW	1916	Munchen(독)	105,798	1,341,340	466억유로
FIAT	1899	Turin(이)	173,695	2,052,387	465억유로
TOYOTA	1937	아이치(일)	285,977	8,467,544	2,103백억엔
NISSAN	1933	도쿄(일)	183,607	3,206,493	943백억엔
HONDA	1948	도쿄(일)	144,785	3,400,677	990백억엔
MITSUBISHI	1970	도쿄(일)	35,655	1,297,180	212백억엔
MAZDA	1920	히로시마(일)	36,655	1,044,978	292백억엔
SUZUKI	1954	시즈오카(일)	40,798	2,133,268	275백억엔
FUJI	1953	도쿄(일)	26,115	588,520	148백억엔
DAIHATSU	1907	오사카(일)	33,011	692,236	135백억엔
현대자동차	1967	서울(한)	54,115	1,683,760	27조4천억원
기아자동차	1944	서울(한)	32,745	1,105,170	16조원

29 세계 최대 자동차생산국 일본의 위상

2천만대 생산의 자동차 대국

　일본의 자동차산업은 도요타를 비롯한 11개의 자동차메이커와 이륜차만 만드는 야마하를 합치면 모두 12개사로 2005년 매출은 55조 9,300억 엔으로 전년 비 12%가 증가하였고 영업이익도 4조 1,200억 엔으로 전년에 비해 16%가 증가하여 5년 연속 최고 수익기록을 이어가고 있다.

　일본 자동차 메이커의 글로벌 생산대수 (일본 국내생산 + 해외생산)도 2005년 약 2,197만대로 세계 최대의 생산국의 위상을 굳건히 이어가고 있다. 「일본경제 = 자동차」는 기간산업이며 경기선도 산업으로서 침체했던 일본의 경기회복을 일으켜 세우고 세계경제에서 2위 자리를 굳건히 지키는 국가 대표산업이다.

　특히 세계 최대의 미국시장에서 도요타, 혼다, 닛산의 일본차 Big-3은 2006년 507만대를 팔아 '마의 벽이라는 5백만대'를 돌파 35%의 시장점유율에 근접하고 있으며 도요타는 250만대를 넘어 크라이슬러를 제치고 미국시장 Big-3가 되었고 2006년의 12% 판매 증가세를 이어간다면 뒷걸음질 치는 GM을 제치고

2007년 세계 1위의 메이커가 될 것으로 보인다.

한편 일본국내의 생산대수는 1990년경 1,360만대에 달하였지만 1998년 이후는 1,000만대 수준으로 피크 때와 비교하면 약 350만대가 감소하였다. 그러나 해외생산은 1990년 326만대에서 꾸준히 증가하여 2005년에는 1,050만대로 역전현상이 일어났다. 앞으로 2008년이면 1,200만대가 되어 해외생산이 계속 국내생산을 크게 앞질러 갈 것이다. 한편, 일본의 국내 자동차수요는 완전한 성숙시장으로 2006년 574만대로 중국에 밀리고 말았다. 이렇게 일본 자동차메이커가 세계최고의 경쟁력을 갖춘 배경에는 다음과 같은 몇 가지 이유가 있다.

▫ 높은 품질과 성능에 집착한 생산시스템의 진화능력
▫ 충실한 애프터서비스로 고객만족도 향상
▫ 개발자금을 유효하게 활용하여 기술진보에 대응
▫ 자동차 부품메이커와의 협력관계 유지발전
▫ 다양하고 적절한 글로벌 전략의 전개

일본 자동차 메이커의 생산대수

구 분	1990	1995	2000	2005
국내생산/만대	1,348	1,020	1,014	1,080
해외생산/만대	327	556	629	1,117
세계생산/만대	1,675	1,576	1,643	2,197

30 가장 존경받는 자동차메이커-BMW

 1970년대 중반 미국 광고회사가 창안한 "최고의 드라이빙 머신(Ultimate Driving Machine)"이라는 BMW 브랜드는 진정성과 일관성으로 세계에서 가장 존경받는 자동차회사로 부른다. BMW (Bayerische Motoren Werke AG)는 꾸준히 높은 수익률, 지속적으로 잘 팔리는 제품, 일관되고 분명한 마케팅 메시지를 가지고 진정한 '자동차'를 만드는 탁월한 회사로 손꼽힌다.

BMW그룹은 2005년 BMW, Mini, 롤스로이스의 판매는 역대 최고 기록인 132만대를 팔았고 매출액도 사상 최고치인 466억 5천만유로를 거두었으며 세후 순이익도 22억4천만유로로 잉여 현금자금만 56억 유로를 가진 초우량 그룹이다.

승용차 1,3,5,6,7시리즈와 스포츠카 Z4, SUV X3, X5로 BMW 브랜드 판매는 112만 6천대로 전 세계적으로 각 프리미엄 세그먼트에서 선두를 차지해 메르세데스 벤츠를 따돌려버렸다. 프리미엄 브랜드의 소형 미니(Mini)브랜드도 20만대를 넘어섰고 세계 최고 럭셔리 클래스인 '롤스로이스 팬텀'도 796대가 팔려 세계 고급차 브랜드 메이커의 위상을 공고히 했다.

프리미엄 브랜드 - BMW Way

BMW는 제품개발과 마케팅 분야에서 독특한 지위를 차지하고 있다. 경쟁사들이 디자인, 엔지니어링, 품질, 마케팅 등 모든 면에서 BMW를 벤치마크 한다. 이렇게 다른 자동차회사들이 BMW에서 해답을 찾게끔 만드는 이유는 무엇일까? 바로 BMW는 프리미엄 브랜드의 자부심으로 그들 스스로 진정한 '최고'라는 정의에 따라 혼신의 힘을 기울여 최고의 제품을 만들겠다는 일관된 투지와 뿌리 깊은 정신에서 찾아야 한다.

지난 30여 년 간 최고의 브랜드 이미지에 먹칠하는 어떤 제품도 생산한 적이 없다. 1990년대 중반 영국 로버그룹을 인수하여 수십억 달러의 손해를 보면서도 BMW의 핵심 모델에는 그 여파가 미치지 않았다. 또한 BMW가 적어도 40년 간 지속적으로 추구해 온 목표는 즐거운 드라이빙이다. 그래서 BMW의 원칙은 "재미있게 만들어라, 무엇이든 그것은 즐거워야한다"라는 것이다. 그들이 이러한 원칙에 전념하기 때문에 한결같은 존경을 받는 것이다.

BMW의 제품개발의 정점에는 마케팅이 있고 또 마케팅 매니저가 그 과정을 지배한다. BMW의 신제품개발은 네 단계로 나누어진다. 즉 전략수립 단계 (어떤 시장에 포문을 겨냥할 것이며, 그 시장의 상황은 어떠한가? 자동차가 출시되는 7년 뒤에 시장을 움직이는 동력은 무엇이 될까? 그리고 누군가 10년 된 BMW를 타고 있을 17년 뒤에는 무엇이 시장을 움직일 것인가?), 시작단계 (디자인 스케치와 기술적인 아이디어), 컨셉트 단계 (보통 적어도 3개의 컨셉트가 승인을 받는다), 시리즈 개발단계 (이사회가 승인한 컨셉트 개발)로 구분된다.

BMW는 스포티함과 역동성이라는 브랜드 가치는 민첩성과 제어 가능한 신나는 운전이라는 역사적 가치와 관련되어 있다. BMW의 모든 차는 후륜구동 방식을 고수한다. 자동차 앞쪽과 뒤쪽의 무게를 거의 50대 50으로 정확하게 배분해서 균형 잡힌 몸매로 움직이는 최상의 승차감과 핸들링을 갖는 것이다. 또한 마력 당 하중비(Power to Weight ratio)에 있어 BMW는 무게를 줄이고 엔진 출력을 조정하는 기술이 예술적인 수준이다. 자동차의 수직축 주변의 절대적 무게와 관성은 가로 세로, 수직상의 다이내믹에 아주 핵심적인 부분이다. 이 비율은 자동차의 브레이킹, 회전, 완전 정지상태에서의 가속성능을 결정한다. 힘을 최대화하고 무게를 최소화하여 이루어진 균형 값으로 BMW는 다른 차보다 훨씬 민첩성과 스포티함을 느끼게 한다.

'규모의 경제론'이 지배하는 세계 자동차업계에서 최소 300만대로 생존을 추구하는 10대 메이커와는 달리 BMW는 규모의 확대를 위한 목표를 세우기보다는 프리미엄 브랜드의 명성과 가치를 일관되게 지키면서 다양한 고객의 요구에 신속하게 대응하는 독자적인 길을 가고 있다.

31 새로운 세계 강자 - 현대차그룹

 현대·기아차그룹의 약진은 실로 경탄할 정도이다. 2006년 370만대의 판매실적으로 일본 혼다를 제치고 세계 7위의 자동차 그룹이 되었으며 2009년이면 세계생산은 500만대, 2011년에는 600만대를 넘을 것으로 보고 있다. 그룹매출은 자동차 부문 52조원을 포함하여 85조원('05)에 이르며 2008년이면 100조원에 이르는 초대형 그룹으로 도약할 것이다.

2000년 이전까지 현대자동차는 세계 자동차시장의 주류에서 벗어나 일본차의 아류에 불과한 싸구려 차를 만드는 회사로만 인식되었다. 기술은 일본 미쓰비시의 원천기술에서 겨우 벗어나고 있었고 품질도 J.D파워 품질조사에서 기아차와 함께 최저의 평가를 면치 못했으며 제품도 쏘나타와 같은 한 두 인기차종을 제외하고는 모든 모델의 브랜드 인지도는 바닥 수준이었다.

현대차그룹은 이러한 모든 과제를 단시일 내에 극복하고 세계 자동차업계 주류로 등장하자 세계 자동차업계도 사실 놀라고 있다. 그러나 아직도 현대차그룹에는 강성노조와의 불안정한 노사관계, 70~80%에 이르는 독과점 내수시장 의존, 프리미엄 브랜드의 부재, 저가 소형차 세계시장에의 중국 참여, 친환경 미래 차 개발에서의 기술 격차 등의 문제를 안고 있다. 그럼에도 불구하고 앞으로 다음과 같은 강점과 성공 요인을 바탕으로 세계적 경쟁력을 갖춘 기업으로 성장할 것으로 보고 있다.

첫째, 오너십을 바탕으로 한 강력한 리더십의 현대시스템이다. 오너십(Ownership)이란 먼저 자신이 그린 꿈을 실현하기 위한 강한 열정이 있어야 한다. 또 리스크를 감수할 수도 있어야 한다. 그룹 전체의 조직에 위기감을 조성하고 임원인사에서 보듯 탄탄한 긴장감으로 목표도전을 독려하며 부단한 개선노력을 이끌어가는 현대 특유의 돌파 정신과 스피드하게 움직이는 정몽구회장의 리더십이 압축성장의 배경이라고 할 수 있다.

둘째, 1998년 기아자동차 인수이후 그룹경영체제를 구축하고 R&D 통합, 플랫폼 공동개발, 부품공유화와 모듈화 확대 등의 규모의 확대 성과와 통합 시너지가 극대화되었기 때문이다. 그 결과 현대차 브랜드가치가 급격하게 증가하여 2004년에는 닛산을 추월하였고 이에 힘입어 수출이 증가하고 또 규모의 효과가 저비용 고수익으로 나타나는 선순환 구조가 형성되었다.

셋째, 품질경영의 성공으로 브랜드가치가 올라가고 재구매율이 높아지면서 수출 단가도 함께 높아져 글로벌기업으로서 성장하는 원동력이 되었다. 이러한 성공의 기반은 2000년부터 그룹 경영의 핵심전략으로 품질경영을 선언하고 확고한 신념으로 믿고 나갔기 때문에 5년 만에 각종 품질조사 전문기관과 전문지로부터 세계적 수준이라는 평가를 받기에 이르는 것이다.

넷째, 자동차에 대한 제품기술과 공장운영의 축적된 역량을 충실하게 구축하고 진화시켰기 때문이다. 세계 최대의 단일 공장인 울산공장의 운영 경험과 기술을 국내 신 공장 건설과 해외 현지공장에 이전 확산시키는 기술의 축적과 진화 능력이 탁월하기 때문이다.

다섯째, '현대속도'라 부를 만큼 신속하게 글로벌 전략을 전개하였기 때문이다. 미국 현지공장 진출, 중국 합작사업 확대, 동유럽·인도의 생산시설 확충이 성공적으로 추진되고 있어 2010년경에 가면 현대·기아차그룹은 국내 300만대 해외 300만대 생산을 갖출 것으로 보인다.

여섯째, 북미시장에서의 성공적 전략으로 기사회생한 것이다. 1990년대 중반 워낙 싼 가격에 할인과 인센티브에도 고객은 멀어져갔고 딜러는 불만이 쌓여 1년에 겨우 9만여 대를 파는 벼랑 끝에 몰린 상황에서 나온 '10년 10만 마일 품질보증' 전략과 '가격에 비해 많은 것을 제공한다는 가치(Value)' 전략이 받아들여졌기 때문이다.

끝으로 최근 몇 년간 세계시장에 내놓은 그랜저, 쏘나타, 투산, 스포티지, 산타페 등의 신차 수출이 성공하고 있기 때문이다.

32 세계 초일류기업 도요타의 원동력

도요타자동차는 2006년 매출액은 한화로 대략 180조원, 순이익은 17조원으로 5년 연속 사상 최고의 실적을 기록하며 곧 세계 1위의 자동차메이커로 부상할 일본 경제의 자존심으로 평가받는 위대한 세계기업이다.

1937년 창업하여 1949년 부도위기를 경험하고 대규모 정리해고를 한 후 지난 57년 간 한 번도 적자를 기록하지 않았고 현금자산만 2조 5천억 엔을 갖고 있어 도요타 자금부를 '도요타은행'으로 부를 만큼 엄청난 여유자금을 가지고 무차입 경영을 해오고 있으며 1950년 정리해고 후 단 한 명의 인원도 정리하지 않은 일본식 경영을 선두에 서서 실천하고 있다.

도요타자동차는 일본 상장기업 가운데 시가 총액이 약 1,500억 달러로 1위를 지키고 있으며, 일본에서 대학졸업자가 가장 취업하고 싶은 회사로 손꼽히고 있고, 58년간 무쟁의 기록의 노동조합을 가진 회사이다.

도요타는 '낭비추방의 경영 모범생'으로서 '현지 현물주의 경영'의 원조이며 '마른 수건도 짜는 구두쇠 상법'으로도 유명하다.

철저한 낭비제거와 합리화로 창안한 JIT시스템과 간판방식으로 대표되는 도요타생산방식의 원조로 물건을 만드는 데는 세계에 가장 탁월한 기업이다. 이러한 도요타 방식을 배우려고 일본열도는 물론 전 세계기업을 도요타 학습 열기에 빠지고 있으며 도요타 연구 서적만도 연간 수십 종에 이르고 서점에는 도요타 코너가 자리 잡고 있을 정도로 벤치마킹할 만 한 초일류기업이다. 이러한 성장의 비밀은 조직 곳곳에 스며있는 스스로 진화할 수 있는 특유의 유전자와 DNA를 지닌 기업으로서 누구도 따라잡기 어려운 명실상부하게 일본 경제를 대표하고 이끌어가고 있는 일본의 최고 자랑거리이다.

도요타는 일본 자동차산업의 발전을 이끌어 나가고 있는 독보적 존재이자 세계 자동차산업의 중심축의 하나로서 창업정신을 '물건 만들기, 자동차 만들기를 통하여 사회에 공헌한다.'는 것을 되새기며 21세기에 들어와서는 「풍요로운 사회의 창조에 정열을 바쳐 - Innovation into the Future」라는 2010년 글로벌 비전을 세웠다.

도요타 힘의 비밀 - 도요타 DNA

세계 수천 개 기업의 수만 명 전문가들이 도요타를 방문하여 도요타의 생산방식과 경영에 관한 노하우를 배워갔지만, 세계 어느 기업도 도요타에 필적할 만한 성과를 올리지 못하고 있다. 왜 다른 기업에서는 도요타만큼의 성과를 올릴 수 없는 것일까?

도요타를 들여다보면, 인간존중, 전 직원의 끊임없는 개선, 회사를 중심으로 하는 강한 공동체의식 등 도요타만의 특징을 쉽게 발견할 수 있다. 이러한 도요타만의 특징을 총칭하여 '도요타 DNA'라고 부르고 있으며, 이는 진화를 거듭하며 새로운 도요타, 보다 강한 도요타를 계속 만들어 가고 있다.

도요타 DNA의 형성에 기여해 온 주요 지도자로는 '일본은 좁다'라고 외치며 커다란 이상을 실천에 옮기고자 용기를 불어넣은 직물왕 도요타 사키지, '일본인의 머리와 팔로 국산자동차를' 주창하면서 '저스트인 타임'을 처음으로 제창한 창립자 도요타 키이치로를 들 수 있다. '개선은 일본 특유의 지혜의 결정체로서 무한히 계속 된다'라는 간판방식의 원조 오노 타이치, '물건 만들기는 창조, 도전, 용기다'라며 새로운 도요타의 창출을 이끌었던 카리스마를 지닌 도요타 쇼우 이치로, '변하지 않는 것이 가장 나쁘다'며 '타도 도요타'를 기치로 내세우면서 경상이익 1조엔 시대를 실현시킨 일본 경단련회장 히로시 오쿠다 등을 들 수 있다.

제조업 진화의 전형 - 도요타

도요타는 변화하는 환경 속에서 끊임없는 자기변신을 통해 언제나 보다 진보된 생산방식, 경영방식을 실천해 왔으며, 앞으로도 끊임없는 변화를 추구하고 있는 제조업 진화의 전형이라고 할 수 있다. 지금도 도요타는 환경, 안전, IT기술을 중심으로 미래 자동차 개발을 선도하면서 시장을 이끌고 있으며, 자동차를 통해 확보된 핵심역량을 기반으로 금융 사업에 진출하여 자동차사업과 금융 사업의 시너지효과를 창출하는 융합화를 시도해 나가고 있다.

도요타는 사람을 키우고 지킨다는 철학을 바탕으로, 최고 경영층이 조성한 강렬한 위기의식으로 종업원을 결속시키고, 전 사원이 끊임없이 문제를 찾아내고 개선하는데 전력을 바치며, 모든 제도를 언제나 도요타식으로 소화하여 도요타의 방법으로 만들어 버리는 시스템을 구축해왔다. 도요타의 강력한 힘은 강한 공동체 의식을 바탕으로 회사를 숭배하는 도요타시스템으로부터 나온다고 할 수 있다.

과연 도요타의 끊임없는 전진은 어디까지 계속될 것인가? 이에 대한 대답은 매년 종업원 1인당 12건에 해당하는 65만 건의 제안과 그 제안의 90%이상이 채택되어 활용되고 있다는 사실에서부터 찾을 수 있을 것이다. 지금까지 혁명보다 더 어렵다는 개선을 끊임없이 성공적으로 실천해 온 도요타는 앞으로도 도요타 고유의 방식으로 개선을 지속하여 끊임없이 새로운 제조업의 모습을 보여줄 것이다.

33 세계가 주시하는 중국의 자동차산업

인구 13억6천만 명의 거대한 인구대국인 중국의 자동차산업은 2006년 721만대의 내수판매로 세계 2위의 소비시장으로 떠올랐다. 앞으로 차 가격이 떨어지고 개인 소득이 더욱 늘어나며 2008년 베이징 올림픽과 2010년 상하이 세계박람회 개최로 인프라가 크게 확충되면 대중화 보급이 보다 빠르게 진행될 것으로 보인다. 2010년에는 내수시장의 규모가 1천만대에 이르고 2020년에는 2천만대를 돌파해 미국을 제치고 세계 최대시장으로 성장할 것으로 보여 세계 대부분의 자동차업체는 세계 최대의 신흥시장인 중국을 놓치면 2류 업체로 전락할 수 있다고 보고 중국 사업을 강화하고 있다.

한편 세계 최대의 제조업 국가인 중국은 자동차의 수출산업화를 위해 트럭과 저가 소형차를 중심으로 동남아시아와 아프리카 등의 후진국에 이미 수출시장을 키워가고 있으며 머지않아 선진국시장의 소형차 시장에 참여하여 치열한 가격경쟁이 예상된다. 특히 2007년 북미 디트로이트 모터쇼에 처음으로 출품하여 세계시장의 진출을 알리기 시작하였다.

산업의 성장과정

중국의 자동차산업은 1950년대 '1성 1공장제'에 근거하여 지방정부가 독자적인 소규모 자동차공장을 설립하여 오다 1978년부터 개혁개방 정책 추진으로 수요가 급격히 늘어나자, 다시 전국적으로 소규모 공장이 생겨났다. 이 때 자동차 생산 중 70%가 상용차이고 또한 10만대 이상을 생산하는 그룹은 8개회사뿐으로 대형 자동차메이커의 육성에 실패함으로써 중국의 자동차산업은 기형구조와 비효율성이 심화되었다.

이에 중국 정부는 2001년 WTO가입에 즈음하여 2001년 7월 [10·5계획] (2001년~2005년)을 통해 21세기 중국자동차 산업 발전의 청사진을 제시하게 되었다. 주요 내용을 살펴보면 2005년 자동차를 320만(승용차 110만대) 생산하고 상해기차, 제일기차, 동풍기차를 3대그룹으로 집중 육성하여 시장점유율을 50%미만에서 70%이상으로 확대함으로써 글로벌 경쟁력을 확보한다는 것이다. 그러나 첫해부터 성장속도와 예측이 빗나가고 다국적 기업의 투자확대로 당초 계획대로 되지는 못하였다.

현재 중국 자동차산업의 발전에 있어 다음과 같은 몇 가지 특징이 있다.

첫째, 생산과 판매가 세계에서 유례가 없을 정도로 급속 성장한다는 것이다. 2001년 235만대에서 2006년 728만대 생산으로 폭발적인 증가를 보였다. 이는 WTO가입 후 중국 자동차의 생산과 판매 증가의 대부분이 승용차에서 이루어진 것이다.

둘째, 세계의 유명 자동차 회사들이 경쟁적으로 중국에 투자하기 시작하여 중국 국영자동차 기업의 독점구조가 무너지고 국영,

민영, 외자의 삼각구조가 형성되었으며 앞으로 국영 기업의 비중은 점점 하락할 것으로 예상된다.

셋째, 중국 자동차시장내에 신제품이 매년 약 60여종 쏟아지고 소비구조도 10~20만 위엔의 중형차에서 40만 위엔의 고급차와 10만 위엔 미만의 소형차로 다양해졌다.

중국 자동차산업의 이런 성장에도 불구하고 투자과열에 따른 공급과잉으로 기업 간 경쟁이 더욱 격화되어 머지않아 수익성이 크게 떨어질 것으로 보인다. 또 2006년 중국은 세계 제3대 생산국이 되었지만 기술수준으로 보면 세계 유명 자동차의 조립공장에 불과하고 자동차 시장도 다국적 기업이 지배하여 단순히 소비시장으로 보고 중국에 진출하고 있다. 더군다나 판매 서비스 체계가 엉성하여 소비시장의 구축과 성장에 장애가 많다는 문제를 안고 있다.

중국의 자동차메이커는 전국에 120여 회사가 있다. 이 가운데 3대 기차그룹이 50%이상을 차지하고 있고 기업을 경영형태로 나누면 국가 직할기업, 지방정부 관할기업, 군수산업전환 민간기업, 순수 민영기업, 외자계 기업이 있다.

중국 5대 자동차 그룹 현황

그룹명	기업형태	생산대수(06)	승용차생산	승용차 제휴
第一汽車	국가기업	1,176,814	959,910	VW, 도요타, 마쯔다
上海汽車	지방기업	1,253,609	1,192,708	VW, GM
東風汽車	국가기업	939,176	657,295	시뜨로엥, 닛산 기아
長安汽車	군수전환민영	713,395	533,459	포드, 스즈키
北京汽車	지방기업	682,407	319,870	DC, 현대

상해기차 그룹

중국의 대표적인 3대 자동차그룹의 경쟁력은 한국의 현대자동차나 기아자동차에 비해 절대적으로 낮다. 하지만 상해기차(上海汽車) 계열사로 승용차생산에 집중하고 있는 상해VW과 상해GM의 1인당 매출생산성과 총 자산측면에서는 현대자동차나 기아자동차보다 대등하거나 오히려 우위에 있다고 할 수 있다.

1984년 중국 최초의 승용차 합작회사로서 승용차 대량생산시대를 처음으로 상해VW은 중국 최대 규모의 승용차 생산기지로 3개 완성차 공장에서 연산 40만대 생산능력을 갖춘 Santana 등 5개 계열의 승용차를 생산한다. 한편 1997년 중미 최대 합작 사업으로 출범한 상해GM은 대우 라세티를 베이스로 한 Buick Excel과 중형 고급차를 주로 생산하며 전체 생산능력은 50만대에 달한다.

1997년에는 상해기차그룹(SAIC)으로 재편하여 6개의 완성차 기업과 수십개의 부품합작기업 그리고 연구센타를 가지고 있으며, 한국의 쌍용자동차 주식지분을 51%를 확보하여 글로벌 기업의 위상을 갖추어가고 있다.

수출이 수입을 앞지른다.

2006년 중국의 자동차 수출은 전년에 비해 80% 증가한 311,613대, 수입은 25%가 증가한 201,113대로 수출대수가 수입을 2년째 앞질렀다. 트럭이 수출물량의 4분의 3을 차지하고 수출지역은 아프리카, 중동, 동남아시아 등 개발도상국에 치중되어 있다.

향후 전망

중국의 내수시장은 경제성장에 힘입어 마이카시대가 곧 도래될 것으로 보인다. 2006년말 자동차 보유대수가 3,600만대를 넘어섰고 승용차 내수규모가 520만대를 넘어 2010년에는 800만대를 돌파할 것으로 보인다. 기업 간 치열한 생존경쟁이 벌어지며 경쟁력 없는 기업은 시장에서 퇴출되고 가격은 급격히 하락하여 3~5년 후엔 업체의 수익성이 크게 악화 될 것이다.

현대기아차그룹의 중국사업

현대자동차는 2002년 북경기차와 절반 출자한 베이징현대기차에 소나타, 아반떼, 투산 모델을 투입하고 향후 신모델을 추가하며 생산능력을 2003년 5만대에서 2006년 30만대, 2008년에는 60만대로 확대할 계획이다. 한편 기아자동차는 2002년 동풍기차와 합작으로 東風悅達汽車를 만들고 중장기적으로 40만대 생산체제를 구축할 계획이어서 현대기아차 그룹은 '2010년 100만대 중국 생산체제를 갖추고 승용차 점유율 20%, 매출 200억불을 달성한다.'는 목표를 이룰 것으로 보인다.

4

한국 자동차산업

한국자동차 산업의 발전과정을 알아본다.
자동차산업의 구조 조정과 교훈을 검토한다.
한국자동차산업의 과제와 비전을 이해한다.
각 메이커의 경쟁력을 분석한다.

34 한국 자동차산업의 발전과정

자동차 시대의 개막

자동차가 이 땅에 처음 상륙한 적은 1903년 고종의 즉위 40년을 기념하는 칭경식 때 미국 공사에게 부탁해 포드 자동차를 들여와 바친 것으로 기록되고 있다. 그러나 자동차보다 먼저 1899년 우리나라 최초의 전차가 서대문과 청량리 간을 다녔고 또 인천 제물포와 노량진 간 33km의 철도가 개통되어 자동차보다 철도에 의한 교통혁명이 먼저 일어났다.

자동차는 이후 황실용 2대와 총독부 1대가 도입되어 1911년에는 우리나라 보유대수는 3대가 되었다. 이후 부유층의 자가용과 운수산업용으로 들여오기 시작하고 판매와 서비스 회사까지 생겨나 1945년에는 7,386대로 보유대수가 늘어나면서 광복을 맞이하였다.

자동차공업의 태동 '시발' 자동차와 '새나라' 승용차

광복과 한국전쟁을 거치면서 미 군용차를 재생하는 공장으로 1955년 하동환공업사(쌍용자동차의 전신)와 신진공업사(GM대우의 모태)가 생겨났고, 특히 국제차량공업사를 운영하던 최무성 삼형제가 전형적인 수공업형태로 지프형 승용차「시발」을 만들어 1955년 8월 광복10주년기념으로 열린 산업박람회에 출품, 대통령상을 받으며 우리나라 자동차공업의 태동을 알렸고 이를 계기로 한국 자동차산업의 역사('자동차의 날 /5월12일' 제정)가 시작된 것으로 기록되고 있다.

자동차 공업육성의 기틀 마련

1960년대 들어 5.16 군사정부의 강력한 경제정책에 힘입어 1962년 4월 자동차공업 5개년 계획이 발표되고 자동차보호법이 제정되면서 국내 최초로 대규모 자동차조립공장(생산능력 6,000

우리나라 자동차 산업의 발전단계

구 분	도입기 (1960년대)	성장 잠재기 (1970년대)	성장 도약기 (1980~97)	구조 조정기 (1998년이후)
발전단계	KD조립 국산화	국산차개발 양산기반확보	대량수출 국제경쟁력확보	글로벌경영 산업구조조정
정부정책	수입금지	국산화추진	수출전략화	완전시장개방
수요	관용차 수입차	고급차 부유층자가용	자동차 대중화완성	수요구조다양화 SUV, 수입차
실적(대) 생 산 내 수 수 출 보 유 1대당 보유	(1970년대) 28,819 21,851 – 127,201 253.5명	(1980년) 123,784 102,879 25,253 527,729 72.2명	(1996년) 2,812,714 1,644,132 1,210,157 9,553,092 4.8명	(2005년) 3,699,350 1,173,438 2,585,088 15,397,095 3.1명

대/년)인 새나라자동차가 설립, 같은 해 일본 닛산의 블루버드 승용차의 부품을 SKD 방식으로 수입하여 조립·생산한 최초의 국산승용차가 탄생하였다.

다시 1965년 새나라자동차를 인수한 신진공업사는 1966년 신진자동차로 상호를 바꾸고 일본 도요타자동차의 기술제휴로 국산화율 20% 수준의 코로나를 생산하였다.

제2차 경제개발계획이 시작된 1967년 중화학공업정책이 본격화되면서 1967년 12월 현대자동차가 설립되어 자동차산업에 뛰어들었다. 현대자동차는 1968년 포드사와 기술제휴로 '코티나' 이듬해에는 '포드20M' 생산에 들어갔고, 1965년 설립된 아시아자동차도 피아트와 기술제휴로 1970년 초부터 '피아트 124'를 생산하였고, 1962년 기아산업은 3륜 트럭 'K-360', 'T-1500' 시작으로 1969년 4륜 트럭 '타이탄'을 생산하여 자동차공업은 4원화체제를 이루게 되었다.

고유국산차 개발 - 현대 포니

1972년 도요타자동차가 중국 진출을 위해 신진자동차에서 철수하고 대신 GM과 합작으로 GM코리아가 세워졌고, 현대는 포드와 자본협력에 실패하고 독자적인 자체모델 개발과 종합자동차공자 건설에 착수하는 가운데 기아도 마쯔다의 '브리사'를 1974년부터 국산화 생산을 개시하였다. 한편 고유모델 개발에 나선 현대자동차는 1975년 최초의 국산 고유모델 '포니'를 개발하여 대량생산과 처녀수출로 우리나라 자동차산업을 한 단계 끌어올리는 견인차 역할을 해냈다.

GM코리아는 1972년 '시보레'와 '레코드'를 양산하였고, 1976년 한국 측 지분을 산업은행이 인수하여 새한자동차로 회사명을 바꾸었고, 다시 1978년 산업은행의 보유지분을 대우그룹에 넘기고 또 다시 GM이 인수, 오늘날 GM대우가 되게 된다.

양산체제와 수출기반 확립

1980년 제2차 석유파동의 후유증으로 자동차공업은 한때 위기를 맞았으나 1981년 자동차공업 합리화조치로 승용차생산은 현대와 대우가, 중소형 트럭은 기아가 독점 생산하게 됨에 따라 각 사의 경영이 정상화되었다. 1986년 합리화조치가 해제되자마자 기아는 '프라이드'로 현대는 '포니'에 이은 '엑셀'과 '프레스토'로 대우는 '르망'을 앞세워 수출전략기지인 미국을 비롯하여 전 세계 시장에 진출하는 발판을 만들었다.

국제 경쟁체제와 구조 개편

세계시장에 본격적인 대량 수출이후 기술의 자립화와 산업구조의 고도화가 이루어졌고 1996년에는 280만대 생산체제로 세계 5위의 생산대국으로 부상하였다. 그러나 1997년 IMF 쇼크로 내수시장이 붕괴되었고 자동차업계의 대대적인 구조조정이 일어나 바야흐로 자동차업계는 1997년 기아차 부도를 신호탄으로 1998년에는 쌍용차의 대우그룹 인수로 이어졌고 이어 현대자동차가 기아를 인수하여 현대기아차그룹이 탄생되었다.

2000년에는 르노가 삼성자동차를 인수, 르노삼성자동차를 출범시켰고, 2002년에는 GM이 대우자동차를 인수하여 GM대우가,

2005년에는 중국 상하이자동차그룹(SAIC)이 쌍용차를 인수하여 기나긴 구조조정을 마무리하였다. 이제 자동차업계는 국적기업으로는 현대자동차, 기아자동차, 대우버스가 외자기업으로 GM대우, 르노삼성, 쌍용자동차, 대우타타가 있다.

우리나라 자동차 산업 연표

년도	산업내용
1903	고종황제 캐딜락 4기통 1대 도입
1944	경성정공 설립(기아자동차 전신)
1955	신진공업사 설립(GM대우 전신) 국산1호차 시발 자동차 생산(자동차산업 원년) 하동환자동차제작소 설립(쌍용자동차 전신)
1962	새나라자동차, 닛산과 기술제휴로 블루버드 생산
1966	신진, 도요타 기술제휴로 코로나 생산
1967	현대자동차 설립
1968	현대, 포드 기술제휴로 코티나 생산
1975	현대 고유모델 포니 개발
1985	국내 자동차 보유 대수 1백만 대 돌파
1987	자동차 수입 자유화
1988	한국자동차공업협회(KAMA) 발족 연간자동차 생산 1백만 대 돌파
1995	연간 자동차 수출 1백만 대 돌파 제1회 서울모터쇼 개최
1997	국내 자동차 보유대수 1천만대 돌파
1998	현대자동차, 기아 자동차 인수('97년 기아 부도)
2000	르노, 삼성자동차 인수(르노삼성자동차 출범)
2002	GM대우 출범, 대우버스(03년 영안모자 인수), 대우상용차(04년 인도 타타그룹 인수) 분리
2004	자동차의 날 제정(5.12) 기념식 개최
2005	상하이자동차그룹(SAIC), 쌍용자동차 인수 국내 자동차 보유대수 1,500만대 돌파

35 한국 자동차산업의 현황과 수급전망

자동차산업은 「국민산업」

'세계 5위의 자동차 생산국', '세계 시장점유율 6.7%로 5위'의 한국 자동차산업은 국가 기간산업으로서 한국 경제를 이끌어 가는 선도적 산업이다. 판매, 정비, 유통, 운수, 자재부분을 뺀 자동차 제조부문에만 25만 명의 고용규모를 갖고 있으며, 생산액과 부가가치에 있어서도 제조업의 10%를 넘어 국민경제에서 차지하는 비중도 더욱 커지고 있다.

국내 보유대수 추이와 전망

국내 자동차 보유대수는 2006년 말 1,589만대를 넘어 섰으나 내수판매가 2002년 160만대 수준에서 2006년 116.4만대 수준으로 떨어지면서 향후 자동차 보유대수의 큰 폭 증가가 어려울 전망이다. 2006년 말 현재 전체 승용차 등록대수 1,160만대 중 10년 이상 된 차량이 308만대로 26.5%를 차지하여 '고령(高齡)차 시대'가 도래하고 있다. 저성장과 고유가로 자동차 대체기간도 늘어나 내수 판매증가도 둔화될 것이다. 따라서 연평균 40만대씩 증가한다고 보면 2010년 자동차 보유대수가 1,700만대에 이르고 2017년경이면 2천만 대를 돌파할 것이다.

국내 승용차 평균 보유기간(차령/년)

1996	1998	2000	2003	2005	2006
3.8	4.3	5.2	5.9	6.5	6.8

자료 : 한국자동차공업협회

한국 자동차 수요와 생산 전망

국내 자동차 수요는 완만한 성장세를 보여 2007년 122만대 수준으로 회복하고 2011년 이후에나 150만대를 넘어 설 것으로 보인다. 반면 국내 2008년 생산대수는 2007년 408만대보다 소폭 증가한 420만대로 보이나 이후는 해외 생산의 증가에 따라 2010년 440만대를 정점 수준으로 머물 것으로 보인다.

생산 370만대 - 세계 5위 생산국

한국의 자동차 생산은 2007년 408만대로 전년보다 소폭증가하며 사상 최대실적을 보였다. 승용차는 252만대, SUV/MPV는 121만대, 버스는 11만대, 트럭/특장차는 25만대를 각각 생산하였다. 수출 호조로 전반적으로 생산 증가를 보였으나 버스는 내수 부진으로 약 4% 감소하였다. 국내 판매는 수입차를 포함하여 127만 2천대를 보여 전년보다 3% 증가하였다. 차종별로 승용차는 4%증가하였으나 SUV/MPV는 10%나 감소하였다.

한국의 자동차 생산·판매·수출대수 추이

(단위:대)

구 분	2003	2004	2005	2006	2007
생 산	3,177,870	3,469,464	3,699,350	3,840,102	4,086,308
국내차 판매	1,318,312	1,093,652	1,142,562	1,164,254	1,219,335
수입승용차	19,481	23,345	30,901	40,530	53,390
수 출	1,814,938	2,379,563	2,586,088	2,648,220	2,847,138
수출/생산	57.1%	68.6%	69.8%	69.0%	69.0%

자료 : 한국자동차공업협회(KAMA), 한국수입차협회

업체별 생산대수 추이

(단위:대)

구 분	2003	2004	2005	2006	2007
현대자동차	1,646,385	1,673,728	1,683,760	1,618,268	1,706,727
기아자동차	852,263	1,019,741	1,105,170	1,150,289	1,118,714
GM대우	400,578	555,143	646,788	779,630	942,805
쌍용자동차	151,696	130,783	135,901	117,123	122,857
르노삼성	117,629	80,906	118,438	161,421	177,742
기 타	9,319	9,163	9,145	13,371	17,463
합 계	3,177,870	3,469,464	3,699,350	3,840,102	4,086,308

자료 : 한국자동차공업협회(KAMA)

업체별 국내 판매대수 추이

(단위:대)

구 분	2003	2004	2005	2006	2007
현대자동차	630,489	550,317	570,814	581,092	625,275
기아자동차	313,331	251,646	266,508	270,597	272,330
GM대우	127,759	104,457	107,583	128,332	130,542
쌍용자동차	129,078	97,851	75,532	56,068	60,616
르노삼성	110,249	82,220	115,425	119,088	117,204
기 타	7,406	7,161	6,763	9,077	13,368
합 계	1,318,312	1,093,652	1,142,537	1,164,254	1,219,335

자료 : 한국자동차공업협회(KAMA)

업체별 수출대수 추이

(단위:대)

구 분	2003	2004	2005	2006	2007
현대자동차	1,012,134	1,124,207	1,131,211	1,032,052	1,076,084
기아자동차	528,750	761,637	838,513	871,233	840,822
GM대우	256,147	456,639	543,528	640,539	807,729
쌍용자동차	15,406	32,533	65,521	60,035	64,073
르노삼성	1,127	2,878	3,610	41,320	54,971
기 타	1,374	1,669	3,705	3,041	3,459
합 계	1,814,938	2,379,563	2,586,088	2,648,220	2,847,138

자료 : 한국자동차공업협회(KAMA)

수입차 시장의 동향과 변화

　수입차의 판매가 4만대를 넘어서고 국내점유율이 4%대까지 늘어나면서 빠른 속도로 판매가 증가하고 있다. 1987년 수입차 시장개방 이후 시장점유율 1% 돌파에 15년이 걸렸지만 2004년 다시 2년 만에 2% 다시 1년 만에 3%. 그리고 2006년 4%까지 늘어난 점유율은 금액으로 환산하면 10%대를 넘어섰고 3000cc급 이상 고급차 시장은 금액기준으로 45%에 달한다.

수입차 브랜드/메이커별 판매대수(2006년)

메이커	2006년 판매	점유율(%)	메이커	2006년 판매	점유율(%)
AUDI	3,987	9.84	Lexus	6,581	16.24
BMW	6,101	15.05	MINI	667	1.65
Bentley	8	0.02	Maybach	9	0.02
Cadillac	262	0.65	M-Benz	5,026	12.40
Chrysler	2,606	6.43	Peugeot	1,496	3.69
Ford	1,688	4.16	Porsche	209	0.52
Honda	3,912	9.65	Rolls Royce	8	0.52
INFINITI	1,712	4.22	Saab	195	0.48
Jaguar	440	1.09	VW	3,649	9.00
Land Rover	223	1.09	Volvo	1,751	4.32
			합계	40,530	100

그동안 국내 자동차시장은 세계 어느 나라도 유례가 없을 만큼 국산차의 천국이었다. 자동차 생산에 있어 최고의 경쟁력을 가진 일본도 수입승용차의 시장 점유율이 7%대에 이르러 약 27만대의 수입차 시장규모를 갖고 있다. 우리나라도 일본과 같은 추세로 간다면 2007년에는 수입차의 점유율이 4.5%로 4만5천대에 이르고 2010년 7만여 대가 될 것으로 보인다.

36 한국 자동차메이커의 현황

현대자동차주식회사

현대자동차는 1967년 12월에 창립한 한국 자동차의 대표기업이요, 국내 2위의 그룹이고 세계 7위의 자동차그룹이다. 종업원 수가 5만4천명에 이르며 22개 관계사로 현대모비스, 기아자동차, 현대캐피탈, 현대카드, 현대제철, 현대하이스코, 위아, 다이모스, 글로비스, 현대오토넷, 케피코 등 자동차제조의 수직 계열화와 애프터마켓까지 일관된 사업 협력 체제를 가지고 있다.

현대자동차의 자본관계는 현대모비스가 14.5%를 출자하였고 또한 현대자동차가 기아자동차 38.67% 지분을 소유, 3사가 서로 순환출자 구조를 이루고 있다. 한편 해외 출자로는 중국 광주현대와 북경현대에 각 50%의 지분을 소유하고 있다.

국내 공장은 세계 최대의 단일공장인 울산공장(생산능력144만대), 아산공장(26만대), 상용차 전문의 전주공장(6만대)이 있고 해외에는 미국 앨러버머(30만대), 유럽 체코(30만대), 중국 ,터키, 인도에 각각 현지 및 합작 공장을 가지고 있다.

현대차그룹은 2011년 세계생산 600만대로 세계 6위의 그룹으로 도약하는 목표를 추진하고 있으며 이를 위해 글로벌 생산 확대와 고가 브랜드 개발에 집중하고 있다.

기아자동차주식회사

기아자동차는 1944년 12월 설립되었고 지난 2001년 4월 현대차그룹으로 계열지정 되었다. 종업원이 3만3천여 명에 이르며 국내 공장으로는 소하리공장(35만대), 화성공장(55만대), 광주공장(35만대), 서산공장(의장조립 15만대)이 있고, 해외 공장은 미국 조지아공장 (30만대, 2010년 가동예정), 유럽 슬로바키아공장(30만대), 중국 합작공장(2007년 43만대 증설 예정)이 있다.

현대차 모델과 플랫폼 공유 확대로 경영여건이 크게 개선되었으며 해외생산을 100만대로 확대하는 글로벌전략을 추진하는 한편, 현대자동차와 독립된 독자 경영전략을 추진하고 있다.

GM대우 오토앤테크놀로지

GM대우는 2002년 10월, 호주 홀덴(50.9%), 스즈키(11.24%), 상해자동차그룹(9.8%)에 인수되어 현재는 종업원 1만 5천여 명의 국내 3위 기업이며 GM그룹 내에서는 그룹생산의 10%를 담당할 정도로 비약적인 성장을 하고 있다. 국내공장은 부평공장(50만대), 군산공장(30만대), 창원공장(24만대)이 있고 GM의 중소형차 글로벌 R&D 및 생산기지로 자리매김하고 있으며 칼로스(시보레 아베오)는 미국 소형차시장 판매 1위를 기록하고 있고 라세티도 KD를 포함하면 최대 수출모델이 된다.

쌍용자동차주식회사

 1954년 설립되어 1998년 외환위기 이후 대우차 계열사와 워크아웃기업을 거쳐 2005년 상하이기차집단(SAIC, 지분50.9%)으로 편입되었다. 종업원 수가 7천7백여 명에 이르고 평택공장(21만대)과 창원 엔진공장(36만대)을 가지고 프리미엄 고급 승용차와 SUV를 주력 생산하고 있다. 2010년까지 글로벌 메이커로 도약하기 위하여 SAIC와 세계시장을 겨냥한 신규 모델을 개발하는 다양한 협력 체제를 확대해 가고 있다. 이런 협력방안의 하나로 국내 중형승용차 시장에 참여하기 위해 SAIC이 영국 로버의 고급 중형세단'75'의 설비로 2006년말 개발한 로위750 (Roewe)의 플랫폼을 들여와 2008년말경이면 쌍용차 평택공장에서 생산 판매하고 또 쌍용차의 SUV차종을 중국시장에 진출시키는 계획이 추진 중이다.

르노삼성자동차주식회사

 2000년 9월 르노(80.1% 출자)로 인수되어 현재는 5천8백여 명의 종업원을 가지고 부산공장(생산능력 24만대)에서 닛산자동차의 기술협력(블루버드 실피, 티아나)으로 SM 3/5/7 시리즈를 생산하고 있다. 2007년 신형 SUV(C베이스)를 생산하여 유럽시장에는 르노 브랜드로 국내는 르노삼성 브랜드로 판매할 예정이다. 또 2009년까지 2개 모델을 추가하여 생산규모를 25만대까지 늘리며 수출비중을 40%까지 높여 갈 계획이다. 또한 2010년까지 차세대 가솔린 엔진도 양산하며 생산능력을 50만대까지 확장하는 계획을 추진 중이다. 2002년 이후 5년 연속 영업이익을 이어가며 (2006년 매출 2조6천억 원 / 영업이익 2천억 원) 안정적 성장의 기반을 구축하고 있다.

대우버스주식회사

2002년 10월 영안모자(100%출자)가 대우자동차 부산버스 공장을 인수하였다. 현재는 6백여 명의 종업원이 이전한 울산공장(1만대)에서 2006년 5,900대의 중대형 버스를 생산, 판매하고 있다.

타타대우상용차주식회사

2004년 3월 대우자동차 트럭부문을 인도 최대의 자동차기업인 타타자동차(100%출자)가 인수하여 현재는 7백여 명의 종업원이 군산공장(중대형 트럭생산능력 2만대)에서 2006년 7,471대를 생산하였고 2010년에는 소형트럭까지 개발해 세계 5위의 상용차메이커로 도약을 꾀하고 있다.

37 한국자동차 산업의 역량과 과제

한국 자동차산업의 역량과 발전가능성

한국 자동차산업의 비전은 '2015년 세계자동차 4강'으로 끌어올리는 것이다. 이러한 비전을 실현시키려면 그만한 역량이 구축되어있어야 한다. 현재 우리나라는 다음과 같은 세 가지의 역량이 축적되어 있다고 보고 있다.

첫째, 중소형 부문에서의 가격 품질의 경쟁력을 확보하였다. 한국산 자동차는 중소형차 부문에서의 가격경쟁력을 바탕으로 북미·서유럽 등 선진시장 진입에 성공하였으며, 최근에는 품질 및 브랜드 이미지 제고로 미국, 유럽시장에서의 점유율이 급격히 증가하고 있다. 이는 한국산 자동차 품질에 대한 해외 언론 및 품질평가 기관의 호평이 이어져 현지 소비자들의 구매심리를 자극한 결과이기도 한다.

둘째, 중국, 인도 등 해외 현지공장의 성공적 진출 및 확대를 들 수 있다. 현대 기아차는 중국, 인도, 터키, 유럽, 미국 등에 해외공장에서 2006년 88만대를 생산하여 급속하게 증가하는 등 해외생산이 지속적으로 증가하고 있다. 또한, 2005년 현대차 미국 앨라배마 공장이 완공되었고, 2006년 기아차 슬로바키아공장이 완공되었으며 중국·인도의 생산능력이 확충되는 2009년경에는 총 200만대가 해외 생산될 예정이다. 이는 자동차 수요가 큰 중국, 인도의 현지 생산 확충을 통한 기업의 수익 증가, 국산차 브랜드이미지의 제고 및 완성차의 직접 수출증가 등에도 기여할 것으로 보인다. 특히 중국과의 지리적 인접성은 중국시장의 점유율을 크게 확대하는 기회요인이 될 것이다.

셋째, 세계 최고 수준의 IT 인프라 및 기술력을 가지고 있다
세계 최고수준인 IT 인프라를 바탕으로 향후 급격한 성장이 전망되는 텔레매틱스 등 지능형 자동차 관련기술에서 경쟁력 확보에 유리한 입장이다. 특히 무선네트워크, 디지털방송 등을 차량기술과 접목시켜 자동차의 새로운 부가가치 창출에 선도적 역할을 할 것으로 예상된다.

한국자동차 산업의 과제

● 브랜드 이미지 및 품질 부문의 경쟁력 약화
지금까지 국산차는 해외시장에서 품질대비 가격이 저렴한 중저가 차량으로 시장점유율을 확대해 왔다. 최근에는 해외 시장에서 국산 브랜드 이미지가 대폭 제고되었고 품질에 대한 평가도 나날이 향상되고 있으나, 아직까지는 국산차는 '가격대비 성능이 좋은

중저가 브랜드 이미지'가 강한 상황이다. 특히, 2015년경 중국이 중소형차 부문의 가격경쟁력을 바탕으로 본격적인 생산, 판매를 할 것으로 예상되는 바, 한국 자동차업계가 중소형차 부문의 경쟁력을 유지함과 동시에 고급 중대형차 부문의 경쟁력을 강화하여 중국의 추격을 뿌리칠 수 있는 여건을 조성해야 한다.

● 미래형 · 친환경 자동차 개발 미흡

미래형 · 친환경 자동차 관련 연구개발 투자규모는 주요 자동차 선진국과 대비 시 상당히 낮은 실정이다. 또한, 하이브리드 · 연료전지 자동차의 기술수준은 선진국의 70~80% 수준에 머무르고 있다.

● 자동차 부품업계의 취약한 R&D 능력

국내 부품업체의 기술수준은 일본 부품업체 대비 80%수준이며, 이는 부품업체의 글로벌 경쟁력 약화로 이어진다. 부품업체의 기술경쟁력이 취약한 것은, △대형화·전문화되지 못한 부품업체들의 기술개발투자가 부족하고, △부품업체의 전문 기술인력 확보가 미흡하며, △완성차업체와 연계한 공동기술 개발 및 공조체제가 미흡한 것이 주요 원인으로 꼽힌다.

● 낮은 해외생산 비중 및 글로벌 소싱 미흡

최근 국내 완성차업체와 부품업체의 해외 동반진출을 통해 해외 생산기반 확대가 활발히 이루어지고 있으나, 세계 주요 완성차업체의 해외생산 비중에 비해 여전히 낮은 상황이다. 이로 인해 생산의 유연성확보, 부품의 글로벌 소싱 확대, 신흥 자동차시장의 수요와 소비자 선호대응에 상대적인 약점을 지니고 있다.

● 업체간 전략적 제휴의 미흡

최근 세계 주요 업체들 간의 다양한 지분 출자, 생산 및 기술제휴 등이 활발히 이루어지고 있으나, 국내 업체들의 전략적 제휴는 미미한 수준이다. 특히, 미래형・친환경자동차 개발비용의 절감 및 투자 리스크 완화 차원의 전략적 제휴가 세계 주요 완성차업체를 중심으로 점차 확대되고 있는 바, 이에 대한 국내 업체들의 대응이 필요한 실정이다

● 대립적 노사관계로 인한 생산 및 수출차질

자동차산업의 비효율적인 노사관계로 인한 파업에 따른 생산차질, 높은 교섭비용, 노동비용의 빠른 상승 등이 자동차산업 발전에 장애로 작용하고 있다. 특히, 매년 임금 및 단체협상 시 파업으로 인한 생산 손실, 극도로 제한적인 생산인력의 배치전환 등은 직접적으로 생산 및 수출차질로 이어져 글로벌 경쟁력 약화와 해외 시장에서 국산차 이미지를 하락시키는 요인으로 작용한다.

38 한국 자동차산업 2015년 비전

한국자동차산업의 비전과 전략

비전
"2015년 세계 자동차 4강"
- 글로벌 자동차시장에서의 'Made in Korea Premium' 구축
- 국민소득 3만 달러 시대 국가기간산업의 선도 역할 수행

목표

	2004년	2015년
자동차 생산(국내)	347만대	520만대
– 해외생산	44만대	240만대
세계시장 점유율	5.5%(6위)	11%(4위)
세계100대 부품업체	4개	12개
자동차 수출액(부품 포함)	327억 달러	580억 달러
– 부품수출액	59억 달러	160억 달러
고용 창출	22만 명	28만 명

발전전략
- 미래형, 친환경 자동차 개발강화 및 상용화
- 자동차 부품의 세계 공급 기지화
- 자동차 산업의 글로벌 역량 강화
- 자동차 산업의 지속적인 성장 기반 조성

자료 : 산업자원부, 전국경제인연합회, AT커니 「2015년 산업발전비전과 전략」

● 글로벌 생산 760만 대 및 세계시장 점유율 11% 확보

2015년 우리 자동차업계는 국내에서 520만대, 해외에서 240만대 등 총 760만대를 생산하여 세계시장 점유율 11%를 확보할 것으로 전망된다. 현지 생산 및 직접 수출의 지속적인 확대를 통해 한국산 자동차가 미국·유럽 시장의 7.5%, 중국시장의 13%를 점유할 것으로 예상된다.

● 세계 100대 자동차 부품업계 12개 확보

국내 부품업체의 대형화·전문화를 통해 세계 100대 부품업체(매출액 7억달러 이상)를 12개 확보할 수 있을 것으로 전망된다. 참고로 2004년 매출액 기준으로 현대모비스, 만도, 한라공조, 위아(6.8억달러 이상)가 세계 100대 부품업체에 해당된다.

● 자동차 수출액 580억 달러 달성

자동차 520만대 국내 생산, 국산차의 품질 제고 및 고부가가치에 따른 수출단가의 증가, 부품업체의 글로벌 소싱 확대 등에 힘입어 2015년 자동차 수출액은 완성차 420억 달러, 부품 160억 달러를 합하여 580억 달러 수출이 전망된다.

● 자동차업계의 고용 28만 명 달성

2004년 자동차업계 종사자는 22만 명이나 국내 생산의 지속적 증가, 하이브리드·연료전지차 등의 개발·생산에 따른 전기·전자 분야인력 고용확대 등으로 인해 2015년에는 28만 명 고용달성이 예상된다.

● 친환경·미래형자동차의 상용화 및 시장점유 확대

중·단기적으로 세계 자동차시장을 선도할 하이브리드 자동차의 내수시장 확대 및 주력수출 상품화를 달성하고, 수소연료 인프라 구축과 함께 연료전지 자동차의 조기상용화를 실현할 것이다. 또한, 자동차업계 및 IT·정보통신업계가 지능형 자동차를 연계 개발하여, 텔레매틱스, 지능형 안전시스템 보급을 확대하고 관련 업종의 동반 성장을 도모할 것으로 전망된다.

● 세계 자동차시장에서 Korean Premium 확보

가격대비 성능이 좋은 중저가 차량이라는 기존의 이미지를 탈피하여, 현지 소비자들의 감성품질을 만족시키는 국산차만의 차별화된 브랜드 이미지를 구축할 것이다. BRICS 등 신흥공업국 시장에서는 현지 소비자들이 친밀감을 느끼는 대중적인 브랜드 이미지를 확보하여 국산차만의 차별화된 가격경쟁력 및 품질경쟁력을 구축할 것이다. 예를 들어 중국시장 점유확대를 위해 중국인이 좋아하는 붉은 색 계통의 디자인, '꽌시'를 강조하는 중국 문화의 이해, 한류 스타를 활용한 광고 등으로 '중국인과 가장 친숙한 자동차'로 인식되는 현지 마케팅과 현지 밀착형 제품을 생산할 것이다. 한편 선진국 시장에서는 국산차 품질 및 브랜드 파워 제고를 통해 한국 차 마니아층 형성, 딜러의 선호도 증가, 판매 증가의 선순환 구조를 형성할 것이다.

● 자동차산업의 새로운 가치창출 영역 확장

자동차의 생산, 판매뿐만 아니라 자동차 구매시 금융 서비스,

체계적 차량관리, 중고차 매매 지원프로그램 등 새로운 가치창출 영역을 확보하여, 내수·해외시장에서 국내 업계의 이익창출 구조가 다양해지고 이에 따라 브랜드 이미지를 강화할 것이다.

● 전문화·대형화된 부품업계의 글로벌 소싱 확대

대형화·전문화된 부품업체들의 기술경쟁력 제고, 부품의 글로벌 소싱 확대, 기술개발 투자확대의 선순환 고리를 형성할 것이다. 특히, 해외 현지시장에서 수요 적합도가 높은 부품을 중점 공급하여 고부가가치를 창출하는 등 부품업계의 역량이 대폭 제고될 것으로 보인다.

● 글로벌 생산 네트워크 완성에 따른 글로벌 베스트 도약

글로벌 생산 네트워크 강화를 통해 물류비 최소화, 현지 밀착 마케팅 및 제품 개발, 차량 품질의 밀착 모니터링 및 피드백용이 등 현지생산의 이점을 극대화하여 해외시장 점유 확대에 기여할 것이다 또한, 부품업체들의 해외시장 동반진출이 더욱 활성화되어 현지 완성차 시장에서 수요 적합도가 높은 부품공급이 가능한 여건이 조성될 것이다.

5
자동차부품산업

자동차부품의 분류와 특성을 이해한다.
자동차 부품산업의 성장전략을 알아본다.
각 자동차 부품회사의 경쟁전략을 리뷰한다.
자동차 부품산업의 환경변화를 이해한다.

39 자동차 부품의 분류와 소재

자동차 부품산업을 명확히 구분하는 것은 어렵다. 왜냐하면 자동차부품 제조기업도 자동차전용(專用) 이외의 부품을 생산하는 경우가 많고, 자동차 전용부품이라도 타이어와 같은 것은 재료특성상 고무제품 관련 산업으로 분류되고 있다. 한국표준산업 분류 기준에 따르면 자동차 전용부품의 생산 활동만을 자동차부품으로 분류하기 때문이다. 따라서 타이어, 유리, 전기전자 부품은 제외하고 있다.

자동차 부품의 분류

제조공정	주조품, 단조품, 기계가공품, 프레스가공품, 조립품
투입소재	철강품, 비철품, 고무, 섬유제품, 플라스틱, 전장품
사용호환성	자동차 전용품, 일반 범용품, 요소품
생산주체	자작부품(MIP), 외주부품, 수입부품
용 도	생산용부품(OEM), 보수용(A/S)부품
품질보증	순정부품(Genuine Part), 비순정부품
조립단위	완성품(CBU), 중간분해부품(SKD), 완전분해부품(CKD)

자동차 소재와 부품

비철금속
- 구리 – 전장품, 레디에이터
- 알루미늄 – 엔진부품, 차륜
- 귀금속 – 배기가스정화장치
- 납. 주석. 아연 – 엔진부품

스프링, 베어링 요소부품
- 펌프 등 기계가공부품
- 배터리
- 잭(Jack) 등 공구류
- 소화기, 스노체인

철 강
- 선철 – 실린더 블록
- 보통강 – 차체, 프레임
- 특수강 – 기어, 엑슬, 크랭크축

원료 · 유틸리티
- 페인트, 실러
- 전력, 석유, 가스, 물
- 용접기 재료, 접착제
- 엔진오일, 기어오일

전기 · 전자
- 전자부품(ECU, 센서)
- 모터류(엔진전장), 소형 모터
- 램프 · 전선, 퓨즈
- 에어컨 · 계기류
- A/V   · 내비게이션

- 플라스틱 – 범퍼, 계기판
- 유리 – 창문, 전조등, 미러
- 고무 – 타이어, 방진부품
- 섬유 – 내장재, 시트, 벨트
- 피혁 – 시트, 패킹
- 종이 – 에어크리너

40 자동차 부품산업의 특성

자동차산업의 인프라

자동차 부품산업은 자동차산업과 분업적 생산체제를 형성하고 있으며, 소재공업, 전기전자공업, 석유화학공업 및 기계공업 등과 긴밀한 관계를 가지고 자동차산업 발전에 중요한 역할을 하는 기초 산업적 특징을 가진다.

중간재 공업

자동차 부품산업은 소재산업을 전방으로 하고 완성차 산업을 후방산업으로 하여 폭넓은 산업연관 효과를 발생시키는 '중간재 공업'으로서 자동차의 생산과 보유에 전적으로 의존하게 되며 수요자인 완성차업체와 생산, 판매, 가격결정, 기술지원 등에 있어 밀접한 관계를 갖는다.

다양한 업종과 기술

자동차는 단순부품에서 고도의 정밀가공부품에 이르기까지 다양한 품목이 있어 소재, 공정, 규격, 정밀도, 공학적기초가 다종

다양하다. 따라서 분업구조와 전문화를 필요로 한다.

기능부품 공급 기업은 엔진부품, 변속기, 차축, 제동장치, 조향장치 등을, 요소부품 공급 기업은 스프링, 볼트, 너트, 와셔, 와이어, 오일씰 등을, 전문부품 공급 기업에서는 유리, 배터리, 베어링, 전장품, 내장재, 호스, 타이어를, 공정중심 공급 기업은 단조, 주조, 금형, 프레스, 도장, 열처리 등을 분업 생산하고 있다.

중층의 분업구조

완성차업체는 전략적, 경제적 이점을 고려하여 자체생산과 외주생산을 결정하고 거래관계에 있어서도 외주 부품업체가 완성차업체에 직접 납품하는 1차 업체가 있고 1차 업체에 납품하는 2차 업체, 3차 업체가 있다. 또 완성차 업체에 직접 납품도 하고 1차 업체에도 납품하는 경우도 있어 1차, 2차의 구분도 반드시 명확한 것은 아니다. 이러한 분업구조를 계열구조라고 부른다.

부품업체규모의 다양성

기업규모는 종업원이 50명이하의 소규모 영세기업부터 1만명이 넘는 대기업까지 격차가 대단히 크다. 또 부품의 전업도에 있어서도 전문 메이커가 다수 있는 반면, 전기전자 메이커나 기계부품 메이커가 사업 일부로 참여한 경우도 있고, 자동차 전문메이커도 타 분야의 사업에 참여하는 경영 다각화 사례도 많다.

외주조달과 계열화

완성차 업체를 정점으로 자동차부품의 생산 분업구조를 구축하고 여기에서 효율적인 생산체제를 형성한 것이 오늘날 일본자동차산업의 국제경쟁력 원천이다. 일반적으로 완성차 업체의 내·외제의 분업구조는 각국의 역사적·사회적 배경과 정부정책, 완성차 업체의 생산규모, 기술수준, 경영전략, 부품공업의 발전수준, 차량의 종류와 품질에 따라 다르다.

내·외제 정책과 구분

완성차업체의 입장에서 외주정책과 비율은 생산전략, 기술개발, 투자전략상 중요한 경영정책으로서 자가 생산(MIP/Made In Plant)부품은 자동차의 성능에 직접 관계되는 엔진, 변속기 등의 주요 기능부품과 자동차 외관 품질에 영향을 미치는 차체 중 스킨 패널, 그리고 자체 생산 시 수익성이 높은 부품이다. 반면에 외주조달 부품은 주로 노동집약적 특성의 중소기업 생산이 코스트 절감효과를 가져오는 부품과 전장품, 요소부품, 고무제품, 유리제품과 같이 해당분야의 전문기술업체가 생산하는 것이 경제적인 부품이다.

부품개발 방식의 다양화

자동차 부품업체의 부품개발 방식을 크게 4가지가 있다.

첫째, 설계대여도 방식으로 완성차업체가 상세 설계도면을 소유하고 부품업체에게 대여하는 방식이다.

둘째, 위탁도 방식으로 완성차업체가 기본설계를 하고 부품업체가 상세설계 행하는 방식으로 도면을 완성차업체가 소유한다.

셋째, 승인도 방식으로 완성차 업체가 부품의 기본설계를 하고 부품업체가 상세설계를 하여 설계도면을 소유하고 완성차업체의 승인을 받는 것으로 부품업체는 부품품질에 대해 책임을 진다. 국내의 자동차업계는 주로 승인도 방식을 많이 채택하고 있는 추세에 있다.

넷째, 시판품 방식으로 부품업체가 독자개발 후 판매하는 방식이 있다.

관계유지가 중요한 사업

부품산업의 생존과 발전은 주로 제조용 부품(OEM : Original Equipment Manufacturing)에 있고 부차적으로 애프터서비스용 부품에 있다. 배터리, 타이어, 필터 류 등 유지용 부품의 성격이 강한 부품은 애프터마켓(After market)에 더 큰 비중을 둘 수 있다. 따라서 제조용 부품은 특정 모기업의 요구를 적절하고 효과적으로 만족시키며 관계를 발전시키는 관계특유 기술(Relation Specific Skill)을 필요로 하는 사업이다.

생산의 동기화와 서열공급

완성차의 생산에 맞추어 부품공급을 '동기화(Synchronization)' 하는 것은 오랫동안 자동차산업이 추구해온 이상이다. 여기서 생산의 동기화란 차량 투입순서에 따라 완성차의 생산 공정과 부품공급 간의 유기적인 정보전달이 이루어져 부품의 생산 공급과 완성차의 생산이 연속적으로 이루어지는 것을 말한다. 이렇게 되면 재고가 필요 없을 뿐만 아니라 생산효율을 극대화할 수 있게 된다. 도요타의 JIT 조달방식이 생산의 동기화를 통해 재고를 없애고 부품공급시스템의 효율성을 높인 대표적 사례이다.

동기화를 위한 부품공급시스템은 정보시스템의 지원이 전제가 된다. 완성차업체의 정보시스템에 의해 생산계획을 생산라인에 전달하는 ALC 시스템이 모든 부품업체까지 전달된다. 특히 부품을 생산라인에 바로 투입하는 서열공급(Sequence Delivery)은 부피가 커서 재고비용이 많이 드는 시트, 크래시 패드, 도어트림, 머플러, 사이드 미러에 이제는 소형품목까지 확대되고 있다. 현대자동차의 경우 일일 납입지시에 의해 납품이 이루어지는 서열부품이 전체 부품의 약 80%수준에 이르고 이 가운데 MRP방식이 30%, 서열방식이 50%를 차지한다. 물론 서열(序列)방식도 사내서열과 부품업체 직서열로 구분되는데 그 비율은 반 반 정도이다.

원가인하에 대응하는 능력 구축

자동차업체는 매년 부품공급자에게 납품가격의 인하를 요구하고 엄격한 품질수준을 요구하고 있다. 부품업체의 광범위한 내부 구조조정의 혁신 노력과 원가절감 프로그램에 의한 수익성 증가가 요구되지만 한편으로는 모기업과 교섭확보가 중요하다. 즉, 시장상품이 아닌 모기업의 고객 상품이므로 고객의 요구품질, 요구가격, 요구납기의 충족능력을 언제 어떠한 상황에서도 가져야 생존하고 성장할 수 있다.

41 자동차 부품산업의 변화 전망

자동차부품은 1조 달러의 거대시장

 세계 자동차 부품시장의 규모는 OEM이 2005년 약 6천억 달러, 보수용이 약 4천억 달러로 합치면 1조 달러에 이르는 거대시장을 이룬다. 한국의 완성차 생산은 2006년 기준으로 384만대로 전 세계 생산 6,900만대의 약 5.5%에 이르지만 부품 산업의 비중은 약 2%내외로 약 2백억 달러의 매출을 올리고 있다고 본다. 이것은 완성차 수출비중의 18%로 일본의 48% 미국의 205%에 비해 현저히 낮은 수준이다. 우리나라는 일본이나 미국과는 달리 과도한 내수 지향적 공급 패턴을 보이고 있기 때문이다. 한편으로는 세계 5대 생산국에 걸 맞는 세계적인 부품메이커가 없다는 사실이다.

 세계 자동차 산업은 구조개편을 겪으면서 21세기에 들어 플랫폼의 통합, 개발기간의 단축, 부품업체의 감축, 모듈화의 확대, 치열해지는 고품질과 가격경쟁, 중국 등의 신흥시장 확대 등으로 자동차 부품산업에도 커다란 영향이 미치고 있다.

 주요한 변화로서 글로벌화, 모듈화, 전자화, 네트워크화가 될 것이다. 이러한 변화를 우리나라의 부품산업측면에서 살펴보면 다음의 몇 가지 큰 흐름이 보일 것으로 예상된다.

첫째, 글로벌화의 진전이다. 글로벌화란 우리 기업의 글로벌 진출과 글로벌기업의 한국 진출을 말한다. 우리기업은 IMF이후 구조조정 속에서 글로벌 기업인 Bosch, Delphi, Visteon 등의 자본참여로 2005년말 외국인지분이 50%를 넘는 외자업체만 130여 개가 넘었고 또 국내 OEM 시장규모의 약 40%를 점유하게 되었다. 국내의 완성차 메이커가 현대기아차그룹이외 모두 해외로 넘어간 것과 같이 국내 부품업체의 글로벌화가 이루어졌고 앞으로는 더욱 빨라질 것이다.

둘째, 모듈화의 확대이다. 모듈화는 단위 부품의 통합화, 기능의 융합, 중량경감, 소형화, 비용절감 등의 측면에서 획기적인 부품공급방식이며 생산방식의 변화이다. 현대기아차 모델의 모듈화는 현재 약 20% 수준도 안 되지만 앞으로 새로운 모델부터 확대 적용되면 수년 내 30%~40%까지 확대될 것이다. 이런 모듈화는 대형 부품업체나 경험과 기술을 축적한 글로벌기업에게 집중될 것으로 보인다.

셋째, 전자화의 진전이다. 전자화는 차량 한 대당 전기·전자 부품(Electrical & Electronics Components)의 평균 금액으로 알 수 있다. 세계 평균대당 2,800달러 수준에서 2015년에는 5,200달러로 증가하고 전체 산업규모도 현재 1,900억 달러에서 4천억 달러로 성장할 것이라고 예측한다. 이런 성장세로 간다면 2010년경 자동차 부품원가의 40%가 전기 전자부품이 될 것이라고 한다. 따라서 기존의 전통적인 부품기업들은 핵심경쟁력을 전자화분야로 재정의 하고 전환할 준비를 서둘러야 할 것이다.

넷째, 계열구조의 변화이다. 일본식 계열구조라는 모기업과 하청관계를 머지않아 사라지고, 여러 완성차 기업이 다른 완성차 기업의 1·2차 부품 기업과 거래하는 형태로 바뀌어 갈 것이다. 지금까지 1·2·3차라는 공급구조보다는 새로운 기술과 부품을 보유한 경쟁력이 기업이 광범위한 네트워크형 거래구조에서 새로운 비즈니스 기회를 얻게 될 것이다.

다섯째, 부품 조달전략의 변화이다. 완성차 업체는 세계적으로 OEM조달과 부품가격 인하로 가격경쟁력을 확보하려면 글로벌 조달(Global Procurement)확대와 부품의 공용화(공유화)를 늘릴 수밖에 없다. 부품의 공용화가 확대되려면 플랫폼을 통합하고 플랫폼 당 모델 수를 최소화해야한다. 그래야 개발비도 줄이고 부품의 가격인하도 가능해지기 때문이다.

42 세계 자동차부품 메이커의 현황

세계 주요 자동차부품메이커의 매출액 순위를 보면 Bosch가 2년 연속 1위를 이어간 반면 GM의 부진으로 Delphi는 전년비

세계 10대 부품메이커의 매출순위(2005년)

순위	업체명	매출액 (백만달러)	주요생산제품
1	Robert Bosch(독)	32,707	연료분사, 전장, 섀시
2	Denso(일)	27,077	공조, 전장, 엔진제어
3	Delphi(미)	24,494	조향, 섀시, 엔진제어
4	Magna International(캐)	22,811	의장, 섀시, 차체
5	Johnson Controls(미)	21,762	시트, 의장, 전장, 계기판
6	Aisin Seiki(일)	17,896	제동, 섀시, 전장
7	Lear(미)	17,089	의장, 시트, 계기판
8	Visteon Corp(미)	16,976	공조, 전장, 의장
9	Faurecia(프)	13,646	시트, 도아, 계기판, 모듈
10	TRW Automotive(미)	12,643	조향, 제동, 현가, 엔진
25	Hyundai Mobis(한)	7,370	모듈, ABS, 에어백

자료 : Automotive News (2006.6.26)

15% 감소하여 3위로 밀리고 파워트레인까지 영역을 넓힌 덴소(Denso)가 2위로 올랐다. 매출증가율이 가장 높은 기업은 도요타방직으로 합병에 의해 83%나 증가하였고, 이어 현대자동차의 증산에 힘입어 현대모비스가 31%나 증가하여 세계 25위 부품메이커로 올라섰다. 특히 Delphi와 Dana는 모두 파산 신청으로 M&A와 구조조정이 단행될 것이며 Visteon과 Lear도 대규모의 구조조정을 추진 중이다.

현대모비스의 미래

국내 자동차 부품업체로서 한국을 대표하는 현대모비스는 아직도 세계 수준에는 상당한 격차를 보인다. 사실 현대모비스는 과거 갤로퍼와 산타모의 조립사업과 철도차량, 컨테이너, 방위산업 등의 사업을 가지고 있었으나 거의 모두 정리하고 1997년부터 만도기계 등으로부터 사업을 이양 받아 모듈 공급체제로 전환하기 시작하였다. 물론 현대·기아차의 A/S용 부품을 공급하는 사업이 있었지만 과거의 사업을 모두 구조 조정하는 것은 대단한 모험이었다.

그럼에도 현대모비스는 '세계 톱10 서플라이어'를 목표로 모듈사업을 확대하고 카트로닉스와 모듈시스템 설계 및 에어백, 오디오, 조향, 서스펜션 등의 사업을 위한 연구소를 설립하고 기술제휴를 통한 사업기반의 확장을 착실하게 다지고 있다. 물론 서비스용 부품사업은 15%이상의 영업이익을 바탕으로 안정적 수익기반을 확보하여 매년 4~5천억 원 이상의 수익이 예상된다. 그러나 현대모비스는 고객의 다변화가 전혀 이루어지지 않았고 고도의 핵심기술도 가지고 있지 못한 것이 사실이다.

 현대모비스는 앞으로 모듈사업에 모든 역량을 집중시켜 빠르게 성장할 것으로 보인다. 현대차와 기아차의 국내 사업은 물론 해외사업에도 주도적으로 참여하고 있고 이미 모듈화사업의 성과도 나타나고 있다. 특히 현대모비스는 산하에 저 코스트의 부품업체를 많이 거래하고 있어 궁극적 목표로 하는 보쉬나 덴소와 같이 세계적 부품업체로 성장해 갈 것으로 보인다.

43 한국 자동차부품 산업의 현황과 과제

자동차 부품메이커(1차 부품업체)는 2006년 말 기준으로 902개사로 대기업은 91개사로 10.1%에 불과하고 종업원 수 50인 이하의 소기업이 259개사로 29%를 차지한다.

종업원 규모별 부품업체수(2006년)

소기업 (~50인)	중 기 업				대기업	합계
	~100인	~300인	~1000인	계		
259	191	289	72	552	91	902

연도별 매출액은 2006년 46조1천억 원으로 2001년 이후 연평균 약 13%의 성장을 지속하였으며 주로 완성차 수출증가에 따라 OEM 부품의 매출이 증가하였기 때문이다.

모기업별 거래 부품업체수는 2006년 총 1,777개사로 납품총액은 36조1천억 원이며, 모기업 매출액의 57.1%에 이른다. 납품업체는 기아자동차가 372개사를 거래하고 있어 가장 많고 납품액은 현대자동차가 16조원으로 가장 크다. 1개사 당 납품액은 202억 원이며 실제 업체수를 902개로 보면 390억 원이 된다.

국내자동차 부품매출 추이

(단위:억원)

연도	OEM	A/S	수출	합계
2002	237,622	15,445	20,890	273,957
2003	260,602	18,242	42,350	321,194
2004	292,361	20,242	52,812	365,638
2005	326,834	22,878	67,610	417,322
2006	360,004	23,400	76,704	461,108

자료 : 한국자동차공업협동조합

모기업별 부품업체수 및 납품액 비중(2006년)

회사	납품업체	납품액(억원)	납품비중
현대자동차	366	155,853	54.8
기아자동차	372	108,761	61.5
GM대우차	304	64,178	63.6
쌍용자동차	220	13,755	45.5
르노삼성	133	11,461	46.1
대우버스	186	3,227	76.7
타타대우	196	2,769	53.7
합계	1,777	360,004	57.1

자료 : 한국자동차공업협동조합 / 주) 납품액 비중은 모기업 매출액 대비임

한국생산기술연구원이 최근 1차 부품업체(154개사)를 대상으로 설문조사 한 바에 따르면 분야별 경쟁력은 선진국 경쟁업체를 100으로 볼 때 납기수준 91.8, 가격수준 87.7, 노동생산성 84.0만 선진국수준에 근접해 있고, 품질(기술)수준 79.6, 고객관리와 A/S 78.6, 물류 유통경쟁력 76.9, 제품개발 대처유연성 75.3, 해외마케팅 60으로 나타나 경쟁력이 선진업체에 크게 떨어지는 것으로 나타났다. 이러한 취약점을 극복하기 위해 부품업체가 혁신하고 있는 분야는 생산(가공/조립/테스트)이 36.6%로 가장 많고 R&D 12.3%, 시장조사 9.0%, 수주판매 9%, 원부자재 구매 7.7%, 제품기획, 설계/디자인 순으로 나타나 수익성 제고와 공정개선을 통한 효율화를 가장 큰 혁신 이유로 꼽고 있다.

특히 중국의 자동차부품의 기술수준이 빠른 속도로 따라오고 있어 2010년 이후에는 국내시장은 물론 해외시장에서도 강력한 경쟁자로 떠오를 것으로 보인다.

일본 대비 한·중 자동차부품 기술수준 비교

구 분	일본	한국		중국	
		2005년	2010년	2005년	2010년
설계기술	100	83	92.7	61.8	79.4
신제품개발 기술	100	83.2	91.9	61.1	80.1
생산기술	100	87.3	95.0	68.4	84.3
종합기술수준	100	85.3	94.6	65.6	82.4

자료) 산업연구원

부품개발방식을 보면 설문조사 결과 승인도 방식이 가장 많은 것으로 나타났다. 전체 응답 업체 143개사 중에서 승인도 방식을 수행하는 업체가 75개사로 52%에 달하고 있다. 다음으로 위탁도 방식(31개사, 22%), 대여도 방식(27개사, 19%), 시판품 방식(10개사, 7%)의 순서로 나타났다. 현재 완성차 업체들은 승인도 방식의 발주를 늘리는 추세이기 때문에 부품업체들의 주요 부품개발 방식도 승인도 방식이 가장 많은 것으로 파악된다. 문제는 승인도 유형의 부품개발을 강화하려면 부품업체들이 개발력과 기술력을 높여야 한다는 점이다.

부품업체의 향후 발전 방향

향후 일본, 독일 등 자동차부품 선진국들과 경쟁함에 따라 기술개발능력의 확충이 최대 핵심과제로 부상하고 있다. 또한 기술개발의 과제인 차량의 전자화 및 경량화, 부품의 모듈화, 하이브리드 및 연료전지 차량의 등장, 수요업체의 중소부품업체에 대한 독자설계능력 요구 등은 이와 관련된 기술개발 필요성을 증대시키고 있다. 특히, 차량의 전자화와 관련하여 기존부품의 변화 및 수많은 신사업이 창출될 가능성이 매우 높다.

모듈부품의 개발은 대형부품업체가 주도권을 갖기 때문에 인수합병을 통해 기업을 대형화하거나 관련기업간 협력을 통해 통합모듈을 개발하는 것이 필요할 것이다. 하이브리드나 연료전지 자동차에 들어가는 부품의 경우 완성차 업체와 병행 개발하여야 할 것이다. 부품업체가 해외에 수출하거나 국내 다국적 자동차업체에 납품하기 위해서는 독자적인 설계능력을 확보해야 하며 이는 생존과 직결된 문제가 되었다.

기업규모의 대형화 중소부품업체의 전문화

자동차 부품기업의 대형화는 크게 두 가지로 나누어 볼 수 있다. 부품의 모듈발주나 대규모 투자재원이 소요되는 미래형 첨단기술 개발 등에 대응하기 위해서는 기업규모를 초대형화 하는 것이 선결과제이다.

부품업체의 모듈화를 위해 가장 일반적으로 대응하는 방법이 인수합병을 통한 기업의 초대형화이다. 모듈화가 뒤져 있는 일본에서조차 모듈개발 및 생산을 위해 칼소닉과 칸세이가 합병하여 칼소닉 칸세이를 설립한 사례도 있다. 또한 모듈생산 합작사 설립과 같은 기업간 협력체계 구축을 통해 기업규모의 대형화가 주는 이점을 향유하는 방법도 강구될 수 있다. 프론트엔드 모듈을 개별적으로 생산할 수 없었던 조명 전문업체 Hella사는 에어컨 전문업체인 독일의 Behr사, 프랑스의 충격흡수 바디부품 전문업체인 Plastic Omnium사와 합작으로 HBPO사를 설립한 후 공동으로 모듈을 생산하여 납품하고 있다.

앞으로 기업규모의 대형화로 출현하는 초대형 모듈부품업체는 설계기술을 포함한 전체 시스템기술이 매우 필요하며 2차 이하 부품업체를 관리하는 기술도 확보해야한다. 한편 2차 업체로 존재하지만 기술중시 전문업체는 고기능 제품개발로 고부가가치를 창출하며, 가공중심의 부품업체는 제조기술의 역량강화에 집중해야 한다.

44 자동차 부품의 모듈화

자동차산업의 3대 싸움과 모듈화

　자동차산업은 시간, 가격, 제품력 즉, 누가 빨리 값싸게 좋은 제품을 만드느냐의 싸움이다.

　첫째, 시간과의 싸움은 주문 후 얼마나 빨리 생산하여 출고시키느냐 하는 문제로 재고와도 집결된다. 또한 차종의 수가 늘면서 부품수가 증가하고 차가 복잡해져 부품을 관리하기가 어려워졌다. 이때 부품 수를 줄이고 사내에서 사외로 돌리면 재고도 줄고 시장까지 가는 시간도 짧게 가져갈 수 있다. 이런 대응방법중의 하나가 모듈화이다.

　둘째, 가격과의 싸움은 세계적인 공급과잉 상태에서 중국의 등장으로 원가인하 경쟁이 앞으로 부품산업의 구조조정으로 번질 것이다. 이때 가장 유효한 대응 방안도 모듈화와 전 세계 구매 조달화(World-Wide Sourcing)임에 틀림이 없다.

　셋째, 제품과의 싸움이다. 완성차 업체는 디젤차, 하이브리드,

연료전지 등의 파워트레인 제품개발에 사활을 걸어야 하고 부품업체는 모듈개발과 설계능력을 가진 원천기술 개발의 확보가 생존의 열쇠가 되고 있다.

모듈화란 무엇인가?

모듈화(Modularization /모듈생산)란 '자동차 조립에 투입되는 부품(end-item)숫자의 감소 정도'를 나타내는 단순한 정의도 있지만 '복수의 부품이 결합하여 새로운 시스템으로 통합되는 것(System Integration)'을 말한다. 즉 기능통합, 신소재, 신공법 등의 새로운 요소기술이 요구되는 것이다.

원래 모듈이란 개인용 컴퓨터에서처럼 표준화되어 서로 호환될 수 있는 부품 단위(덩어리)를 지칭하는 개념이다. 그러나 자동차 부품이 이런 의미의 표준화된 범용부품으로 발전한 건 아니다. 모듈생산에는 세 가지 구성요소를 지닌다. 즉 △제품설계의 모듈화 △생산의 모듈화 △기업간 시스템의 모듈화이다. 일반적으로 모듈생산은 1차 부품업체가 복수의 부품을 중간 조립해 모듈단위로 조립하여 완성차 라인에 투입하는 기업 간 시스템의 모듈화의 의미로 사용되지만 넓은 의미로는 완성차업체의 사내에서 중간 조립하여 완성차 라인에 투입하는 생산의 모듈화도 포함한다. 이러한 모듈화는 이제까지 생산과정 중심에서 설계과정으로 확대 전환하는 것이 앞으로 모듈화의 성공요소이다.

모듈부품으로 프론트엔드 모듈(라디에이터, 헤드램프, 범퍼), 칵핏 모듈, 도어 모듈(도어 패널, 파워윈도와 모터, 도어 록 등으로 구성), 새시모듈, 더 나아가 프론트 새시에 엔진이 결합한

'Front Rolling Chassis Module'까지 확대되고 있다. 특히 칵핏(Cockpit)모듈은 기술적으로 가장 어려운 모듈이다. 칵핏은 자동차 내부에서 운전자 앞에 놓인 플라스틱 구조물을 지칭하는 크래시 패드뿐 아니라 계기판, 운전대, 제동장치, 공조장치, 오디오를 비롯한 각종 전장품 등을 포함하는 운전석 전체를 말한다. 칵핏 전체를 조립하는 데는 460개 정도의 부품이 들어가고 사양의 종류만 하더라도 1천여 개에 달하기 때문에 다른 부분에 비해 모듈화가 어려운 편이다.

현대자동차는 2006년 '아반떼 HD'를 양산하면서 모듈화 율을 대폭 높여 10%의 조립생산성과 30%의 부품재고를 절감하는 효과 외에도 모듈업체의 전문화 유도와 신차 투자비 절감도 얻어냈다. 현대차그룹은 앞으로 개발되는 신차는 모듈화 율을 40% 수준까지 끌어올릴 것이라고 발표한 바 있다.

지금까지 부품업계의 경쟁은 부품업체간의 경쟁이었지만 앞으로는 모듈업체간 경쟁과 전문 단품업체간의 경쟁으로 나누어질 것이다. 생산과 조달능력에 원천기술을 더하고 시스템 능력까지 갖춘 시스템 통합자 (System Integrator)가 완성차의 부품개발과 조립기능을 양도받는 '0.5차 공급자' 즉 델파이, 비스테온, 현대모비스 같은 기업이 가장 앞선 형태의 부품업체로 발전해 갈 것이다.

45 자동차 보수용 부품과 용품

보수용 자동차 부품

보수용 부품은 2만여 부품 중 3~4천개로 최종 수요자가 자동차 소유자로 여러 가지 유통경로를 통해 조달된다. 보수용 부품은 자동차업체나 계열 서비스업체를 경유하여 이루어지는 경우와 부품업체가 도매상이나 대리점을 통해 독자적으로 유통시키는 경우로 나누어진다.

보수용 부품의 유통경로

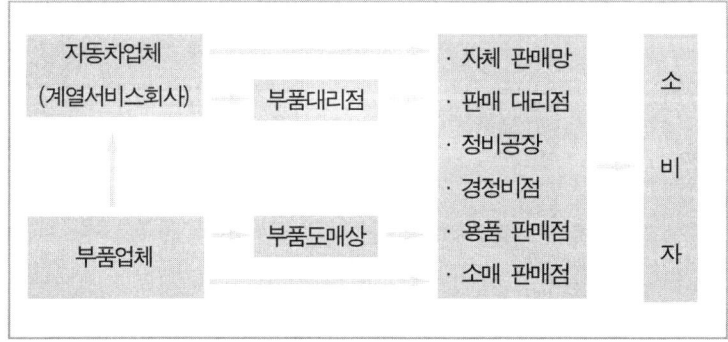

보수용 부품 중 순정(純正)부품은 부품의 발주단계부터 완성차 업체 또는 계열 서비스업체를 통해 완성차업체의 상표부착과로 품질보증을 거쳐 유통되나 비순정부품은 부품업체가 독자적인 판매망을 구축하여 최종 소비자에게 공급하고 있다.

보수용 부품의 특징

첫째, 수요예측의 어려움이 크다. 보수용 부품의 수요는 신차 증가, 교통사고, 계절적인 요인, 운전형태, 보수용 부품의 품질 등에 따라 달라지기 때문이다. 또 1개 부품대리점에서 취급하는 부품의 종류가 4천~5천 종이나 이 가운데 비교적 거래가 많은 부품만도 1500여종에 이르고 있어 부품의 보관과 재고관리가 항상 유통상의 문제가 된다.

둘째, 다종다양한 자동차의 종류, 10년 이상의 긴 사용기간, 1대당 5천여 점의 부품, 모델이나 설계의 잦은 변경으로 인한 사양증가 등으로 단종 차종까지 포함하면 현대자동차의 경우 취급 종류는 거의 1백만 종류에 다다른다.

셋째, 상시구비와 장기보급의 필요성이다. 아무리 오래된 차라도 차가 있는 곳이면 전 세계 어디라도 언제나 신속하게 또 값싸게 공급할 수 있어야 한다.

자동차 용품

자동차부품(Auto-Parts)이 자동차의 유지보수에 필요한 구성

부품이라고 하면 자동차용품(Auto-Accessory)은 자동차를 보다 안전하고 쾌적하고 또 아름답게 보이기 위한 부품이라 용품이나 액세서리라고 부른다. 용품은 매우 종류가 많으나 크게 차내 용품, 차체 용품, 보안 용품, 손질 용품, 화학 용품, 공구, 소모부품, 운전 용품, 오디오/ 비디오 용품, 스포츠 용품 등으로 나누어진다.

자동차 용품의 종류

구 분	세 부 품 목
차내용품	쿠션, 매트, 시트커버, 핸들커버, 콘솔박스, 소아용의자, 어린이용 시트벨트, 햇빛가리개, 방향제, 공기청정기
차체용품	미러, 휠캡, 안개등, 스톱램프, 와이퍼, 안테나, 범퍼가드, 차량 커버, 접지체인, 휠 커버, 스포일러, 에어댐, 데크
안전용품	소화기, 경보기, 경보등, Defroster, 비상용해머, 스노체인
A/V용품	CD카세트, CD체인저, 멀티비전, 내비게이션, 스피커
손질용품	먼지떨이, 브러시, 물통, 진공청소기, 왁스, 클리너, 페인트
스포츠용품	스키 랙, 텐트, 윈치

6

자동차 개발

자동차 개발의 전 과정을 이해한다.
자동차 개발 경쟁력의 요인을 알아본다.
자동차 디자인을 알고 보는 안목을 키운다.
수많은 제품개발의 콘셉트와 목표를 이해한다.

46 자동차 모델개념과 전략

자동차에 있어 모델이란 어느 회사에서 생산되는 제품이 그 회사의 타제품과 완전히 다른 외부차체를 사용한 것을 뜻한다.

기본 모델과 모델 변형

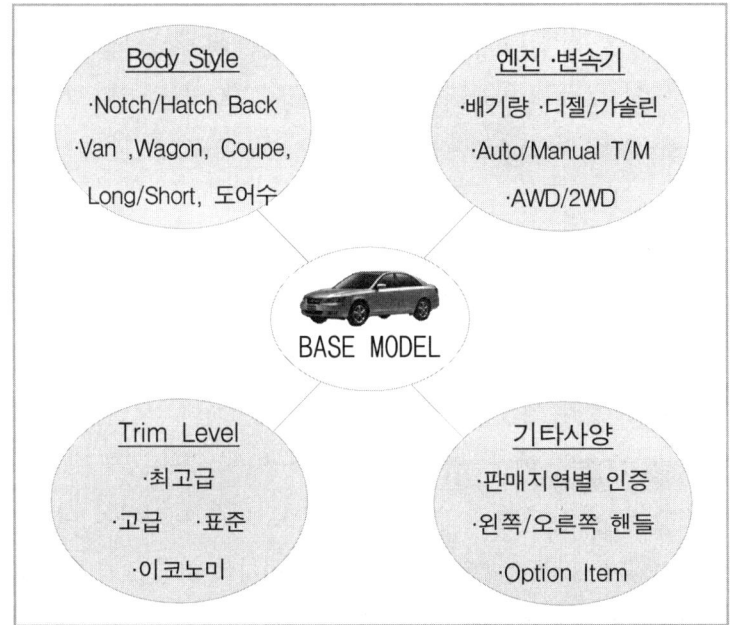

따라서 차체외형의 전체 모습(Silhouette)이 전혀 다른 차이므로 도어의 수를 변형시키거나 차체 뒷부분을 바꾼 스테이션 왜건, 노치백 세단, 해치백 세단과 같은 파생차종이나 버전은 하나의 모델로 간주된다.

모델 전략

모델 전략은 새로움과 차별성을 추구하는 소비자의 욕구에 부응하기 위하여 모델의 다양성(Model Mix Complexity)과 동시에 고객의 눈에 띄지 않지만 엔진이나 변속기 조합, 부품레벨, 조립 부품단위와 수량, 각 국별 고객이나 인증요구 등 생산에서 나타나는 생산다양성(Underskin Complexity)을 늘리며 또 이를 위해 제품 개발(Facelift까지 포함하는 구 모델의 Restyling) 사이클을 어떻게 단축시키느냐가 성패의 열쇠이다. 모델다양성과 생산다양성 전략의 궁극적 목표는 전체 모델의 생산수량을 늘리고 생산 공수를 절감하여 코스트 경쟁력을 갖게 하는데 있다.

모델 변형(Model Variation)

모델전략에 있어 교체주기와 함께 변형 모델을 얼마나 다양하게 개발하느냐 하는 것으로 다양한 고객의 요구에 맞추어 플랫폼과 전체 모델의 생산수량을 확대하는데 중요하다. 모델 수는 차체(Body Style), 엔진, 변속기, 선택 사양, 탑재장비, 의장 수준, 판매지역별 특별 사양과 인증요건 등으로 매우 다양하여 여기에 칼라 사양과 철판 소재까지 조합한다면 하나의 차종은 수백 수천 가지의 변형 모델이 있을 수 있다.

모델 교체

자동차의 모델 교체는 가격 및 품질과 함께 기업 경쟁 전략의 중요한 항목이 된다. 시장에서의 소비자 니즈와 새로운 기술변화를 신제품에 반영함으로써 소비자의 구매 욕구를 창출할 수 있는 수단은 모델교체 밖에 없기 때문이다. 따라서 다른 조건이 동일하다면 모델교체를 빠르게 하는 기업이 그렇지 못한 기업에 비해 강한 경쟁력을 갖게 되는 것은 당연하다.

특히 신속한 모델교체는 경쟁사와의 제품전략에 있어 가격, 품질, 광고 등 모든 시장 경쟁전략에 앞서 갈 수 있는 고지를 선점할 수도 있다. 또 소비자에게는 최신 모델을 빠르게 투입하면 기술력이 높은 회사로 평가받아 기업이미지도 좋아진다. 그러나 신속한 모델교체를 위해서는 막대한 비용 상승을 유발한다. 모델교체가 빠를수록 모델 당 생산대수가 적어져 개발비용의 회수가 어려워지고 금형 및 조립설비의 개선 대체비용은 물론 부품의 라이프사이클도 짧아져 부품기업의 투자회수에도 부정적 영향을 미칠 수 있다.

세계 자동차산업에서의 모델 교체주기는 고급차는 길고 대중차는 짧으며, 대중차에서도 지역적으로 일본은 짧고 유럽과 미국이 긴 특징을 가지고 있다. 일본메이커의 대중차를 예를 들면 모델교체는 4년에 1회, 그 중간 연도에 부분교체 1회 실시하는 것이 보통이다. 이에 비해 미국과 유럽에서는 대중차는 5년 이상이며 고급차는 6~7년 이상의 주기를 유지하고 있다.

47 자동차 플랫폼

자동차 개발과 플랫폼 구성

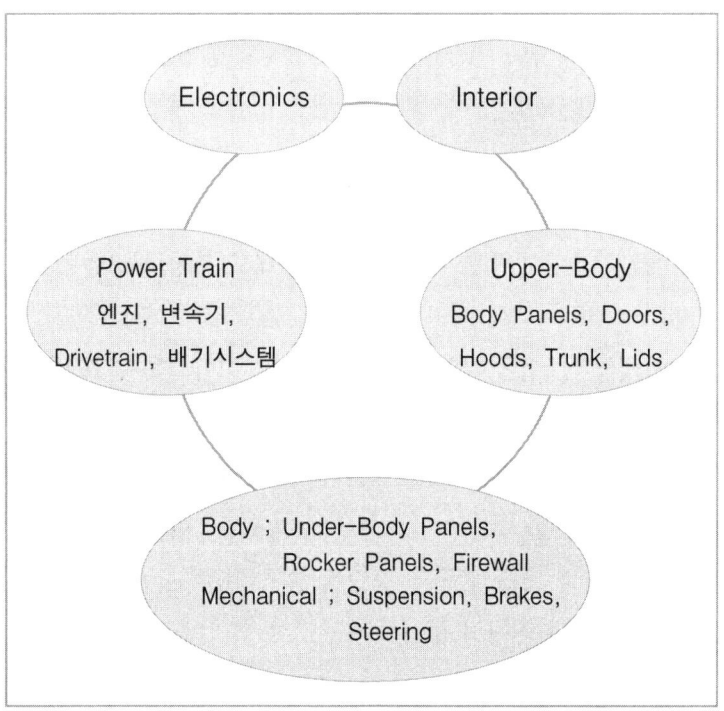

플랫폼

자동차 모델개발의 프로젝트는 전략상 크게 3가지로 나누어진다. △첫째, 전혀 새로운 플랫폼(Platform)을 쓰는 신규 모델개발(New Design) △둘째, 플랫폼가운데 플로어 패널이나 서스펜션 시스템을 약간 변형하는 응용개발 △그리고 플랫폼은 그대로 두고 차체만 수정하는 단순 수정개발이다.

여기서 플랫폼이란 스타일링의 영향을 받지 않는 모델의 기본구조(基本構造)로서 크게 차체 플랫폼과 구조(Mechanical) 플랫폼으로 나누어진다. 차체 플랫폼은 언더 보디패널, 대시패널 등을, 구조 플랫폼은 서스펜션, 스티어링, 휠, 엔진, 미션 등을 말한다. 따라서 플랫폼은 신제품개발의 핵심요소로서 나머지 차량부품의 기본성격에 영향을 크게 미쳐 하부시스템 또는 표준차대(標準車臺)라고도 한다.

최근 선진국 메이커들은 플랫폼 통합을 통한 비용절감을 위해 하나의 플랫폼에 5~6개의 모델이 글로벌 생산되어 플랫폼 당 1백만대가 생산되는 플랫폼 단순통합화 전략이 추진되고 있다.

플랫폼 통합은 제품 개발비용 절감, 개발기간 단축, 부품 공용화, 대량 구매를 통한 부품 구매비 절감 등의 비용절감 효과가 뛰어나다는 점 때문에 1990년대 들어 세계적 추세로 자리잡아가고 있다. 현대자동차가 기아자동차를 인수한 후에 20여 개에 달했던 두 회사의 플랫폼 수를 6~7개로 줄여 모델 개발비를 크게 절감함으로써 그룹의 경쟁력 향상에 크게 기여했다고 본다.

플랫폼 공용화 사례는 현대차의 소나타와 기아차의 로체, 아반떼와 세라토, 투산과 스포티지는 같은 플랫폼을 쓰고 있다. VW

의 파사트와 아우디 A4, 크라이슬러 300C와 벤츠 E클래스와 같이, 메이커는 달라도 같은 그룹 내 제휴관계로 같은 플랫폼을 쓰면서 다른 브랜드로 판매되는 차가 빠르게 늘어나고 있다. 특히 VW그룹의 플랫폼 공유전략의 경우 'A 플랫폼'은 골프, 보라, 비틀, 아우디 A3, 아우디 TT, 아우디 로드스터, 슈코다, 옥타비아, 세아트 톨레도 등 12가지 모델로 년 2백만대가 생산되고 있다. 한편 플랫폼 당 모델수는 VW이 16개 플랫폼에 36개 모델을, 푸조가 7개 플랫폼에 16개 모델을, 도요타가 23개 플랫폼에 61개 모델을 ,르노-닛산이 31개 플랫폼에 102개 모델을 가지고 있다.

플랫폼의 구동방식

플랫폼을 개발할 때 가장 먼저 차의 크기와 성격에 따라 차체 구조는 프레임과 모노코크로 나누고 구동방식은 전륜과 후륜으로 나누는데 탑재엔진의 크기와 구조와도 관련이 있다. 일반적으로 중소형 차량은 대부분 전륜구동 방식을 채택하는 데 그 이유는 차량중량을 감소시키고 구동효율을 증대시켜 연비를 향상 시킬 수 있고 차량의 실내공간을 확보하기 쉬우며 단순한 구조로 원가를 절감할 수 있다. 그러나 대형 고급차량은 승차감에 중점을 두고 있어 대부분 후륜구동 방식을 쓴다. 또한 차체구조는 승용차는 모두 모노코크 구조이고 SUV차량은 도입 초창기는 프레임에서 점차 모노코크로 이행하고 있어 대형SUV는 프레임이 중소형은 모노코크가 주류를 이루고 있다.

48 자동차 모델개발의 종류

자동차산업은 기술혁신이 대단히 중요한 산업으로 신차개발력이 기업경쟁력의 원천이 되며 이러한 제품개발에는 기초연구에

신제품개발 종류와 내용

구 분	내 용
신규모델 차종 (New Product/ Model)	▫ 새로운 플랫폼, 새로운 브랜드 ▫ 내외장 및 섀시 전면 신규개발
전면적 모델 개조 (Full Model Change)	▫ 기존 차종의 전면적 개조 모델 ▫ 경쟁력 제고와 수요창출을 위해 3~6년 주기 ▫ 섀시는 주로 Carry-over, 내외장은 신규개발
중규모 모델 개조 (Minor Change)	▫ 기존차종의 부분적 개조 모델(차체외관) ▫ 수요 유지를 위해 2~4년 주기로 변경
소규모 모델 개조 (Face Lift)	▫ 부분적 소규모 개조(라디에이터, 범퍼 등) ▫ Model Life 연장 목적으로 1~2년 주기로 변경 ▫ 신선한 이미지 유지를 위해 Model Year
사양 변경 (ECO/ ECN)	▫ 품질개선, 성능개선, 국산화, 공정개선, 고객요구, Claim처리 목적으로 일부사양 변경

서부터 생산기술에 이르기까지 다양한 기술력이 뒷받침되어야 한다. 또한 하나의 신모델이 양산되기까지에는 수천 명의 기술자와 수십 개월의 시간 그리고 엄청난 투자비를 쏟아 부어야한다. 그렇다고 신제품이 성공한다는 보장이 있는 것도 아닌 대규모의 도박과 같은 것이 바로 자동차의 신모델 개발이다.

이러한 개발은 신모델뿐만 아니라 기존모델에 대하여도 변경정도에 따라 Engineering Change, Face Lift, Minor Change, Major Change, Full Model Change와 같은 다양한 개발을 통해 기존 수요층의 확보와 새로운 수요층을 계속 창출할 수 있게 된다. 특히 사양변경(Engineering Change)은 차종 당 연간 수백, 수천 건이 발생하는데 이를 모두 소화시킬 수 있는 기술능력을 가지는 것도 매우 중요하다. 이러한 자동차의 신제품과 사양개발은 기존차종의 유무와 개발내용 및 규모에 따라 크게 몇 가지로 나눌 수 있다.

엔진 개발

자동차의 심장부인 엔진은 자동차의 성격, 차급, 성능, 품질, 내구성, 경제성, 가격 등을 결정짓는 가장 중요한 부품이다. 또 자동차메이커가 독자엔진을 갖는다는 것은 '기술자립'이란 상징적인 의미 외에 수출 제한에서 벗어나고 기술사용료(Royalty)도 절감할 수 있어 고유엔진의 개발과 자체 생산은 자동차메이커의 기본 생존요소이다.

하나의 새 엔진이 탄생하는 데는 대략 3~4년의 시간과 약 3~5천억 원의 개발비가 투자된다. 여기에 생산설비 투자까지 포함하면 약 1조원이 들어간다. 엔진 개발과정은 ▷기획 ▷설계 ▷시제품 제작 ▷테스트 및 수정 ▷개선설계의 5단계로 나누어진다.

기획단계에서는 배기량, 엔진방식, 보어·스트로크의 크기, 신기술 적용 등을 결정하며 1~2년 정도의 시간이 걸린다. 기획단계에서 새 엔진의 기초골격이 세워지면 이를 기초로 상세 설계에 들어간다. 엔진본체는 물론 인접부품과의 간섭 등을 고려하여 보통 6~10개월간 진행된다. 이 설계도면으로 시제품을 제작하는 데는 5~10개월이 걸린다.

시제품이 완성되면 실제 적용할 차량에 장착할 테스트를 한다. 주행시험장과 일반도로에서 10만km이상의 주행시험을 거치며 수정작업이 5~12개월간 반복된다. 이어 각종 테스트에서 드러난 문제점을 6~7개월 동안 개선설계 단계에서 고친 뒤 대량생산에 들어간다. 이런 개발과정을 자동차업체가 독자적으로 하는 것은 아니다. 기술부족으로 엔진개발 기술 전문회사(리카르도, AVL, 로터스, 포르쉐, 코스워스, FEV 등)와 공동 또는 위탁해서 개발하기도 한다.

49 자동차 모델의 개발경쟁력

 자동차메이커의 경쟁력 원천은 제품개발력에 달려있다 해도 과언이 아니다. 첫째, 신제품의 개념화에서 시장 출하까지 소요되는 리드타임(Lead Time) 둘째, 다양한 모델을 신속히 개발해 낼 수 있는 제품개발 생산성(Productivity) 셋째, 제품의 신뢰도(낮은 결함지수), 설계의 우수성, 소비자의 높은 재구매 의도 등을 나타내는 종합상품력 등의 세 가지 측면에서 우수한 기업이 경쟁력을 갖게 된다는 것은 일본 메이커의 국제경쟁력 우위에서 실증되었다. 특히 스타일 확정(Styling Freeze)부터 신차개발 소요기간이 1990년대 중반에는 3년이 걸렸지만 현재는 18개월 정도로 단축되었다. 이러한 개발경쟁력은 개발과정의 통합화와 제조하기 쉬운 설계, 그리고 개발과정에 얼마나 빠르게 많은 부품업체가 참여하느냐에 달려 있다.

개발조직의 통합화와 동시 엔지니어링
 자동차 개발과정에서 각 단계마다 부문별 리더에 의해 이루어지던 것을 프로젝트 매니저(PM)를 중심으로 다기능 프로젝트팀이 구성되면 신차개발 목표를 공동으로 설정하고 디자인 계획부터 모든 팀이 함께 진행하게 된다. 따라서 계획 및 아이디어 단계에서 혁신적인 아이디어를 제안할 수 있으며 문제를 초기에 해결함으로써 장기적이고 복합적인 개발기간과 시행착오를 최소화할 수 있다.

제조가 용이한 설계(DFMA)

설계단계에서 미리 조립단계에서의 문제점을 고려하여 이를 제품설계에 반영함으로써 제조비용을 낮추고 생산성과 품질을 향상시키는 설계기법으로 제조 및 조립의 편리함이 고려된 디자인(Design For Manufacturing & Assembly)을 말하며 △총 부품수의 최소화 △모듈단위의 부품개발 △다기능·다용도 부품의 개발, △ 나사와 같은 조임방법의 최소화가 이루어져야 한다.

디자인 인(Design-In)과 게스트 엔지니어링

자동차는 대표적 조립 산업이므로 수많은 부품을 모두 완성차업체가 자체 개발하는 것은 거의 불가능하다. 따라서 신차개발에 능력 있는 부품업체의 조기참여가 절대 필요하다.

제품개발에 부품업체의 참여를 촉진하는 대표적인 예는 신차개발에 부품업체를 참여시키는 디자인 인(Design-In)과 부품개발에 있어 완성차업체는 부품개발의 컨셉트와 사양만 제시하고 나머지는 부품업체가 세부 설계부터 테스트까지 담당하는 승인도 부품(Black Box Part)이 확대되어야 한다. 반면에 완성차업체가 설계도면을 제작한 후 부품업체가 이 도면에 따라 생산하는 대여도 부품(Detailed Control Part)이라고 하고 부품업체가 단독 개발한 것을 완성차업체가 선택해서 사용하는 부품을 시판품(Suppliers Proprietary Part)이라고 한다. 신차개발에 참여하려면 모기업과 협력업체가 동반자의식을 바탕으로 협력업체 직원을 모기업에 초청하여 개발과정에 함께 일하면서 조기에 품질을 확보하고 개발기간의 단축, 더 나아가 협력업체의 설계능력 배양에도 크게 기여하게 되는데 이를 게스트 엔지니어링(Guest-Engineering)이라고 부른다. 이렇게 제품설계와 제조 엔지니어들 간의 긴밀한 의사소통과 협조관계를 나타내는 개발과정의 인적(人的) 통합도가 높을수록 생산성 향상과 리드 타임의 단축이 이루어져 제품의 종합적 상품력이 높아지는 것으로 나타났다. 여기에 컴퓨터의 디지털 네트워크로 제품기획, 설계, 시작, 부품개발, 생산 등의 각 부문이 리얼 타임으로 연결되어 개발 프로젝트의 통합도도 빨라졌다. 이러한 방식을 동시 개발공학 또는 동시 엔지니어링(SE : Simultaneous Engineering / CE: Concurrent Engineering)이라고 한다.

50 신차개발 프로세스

신차는 나라마다 회사마다 개발형태가 다르지만 풀 모델 체인지의 신차가 양산되어 시장에 나오게 되기까지에는 기획단계, 설계단계, 시작(試作)단계, 시험단계, 양산시작단계를 거쳐야 하며 수천억 원에 이르는 투자비와 통상 2~3년의 개발기간을 쏟아 부어야 한다.

자동차 신제품 개발 업무

제품기획	선행연구	마케팅조사	상품발의	개발구상
디자인	아이디어스케치	테이프드로잉	스케일모델제작	
설계	차량설계	파워트레인설계		
시작	시제품	차체조립	의장조립	
평가	환경/내구실험	충돌/법규시험	동력성능/주행시험	
양산	부품개발	금형·지그	파일로트카	양산개시

따라서 각 메이커는 얼마나 개발기간을 단축할 것인가, 개발방법을 어떻게 혁신적으로 변화시킬 것인가라는 과제를 항상 안고 있다.

기획 단계

새 차를 만들려면 무엇보다 3~4년 뒤를 내다볼 수 있는 예측력을 갖고 있어야한다. 하나의 예로 신차 개발에 걸리는 기간이 2~3년, 양산 후 단종 할 때까지 5~6년, 폐차되려면 8~10년이 걸릴 것이다.

상품기획서의 조사 내용

항 목	조 사 내 용
기획 배경	시장 동향에 따른 기업목표와 전략
기본 콘셉트	상품 체계와 개요, 이미지 전략
포지셔닝	클래스, 가격, 성격, 시장에서의 위치
차종 전개	기본차종, 변형차종, 파워트레인, 옵션, 그레이드
수요 예측	차종별, 지역별 판매목표
투자, 수익성	제품개발, 시설투자, 목표코스트, 투자수익
사내 여건	설계능력, 생산기술력, 생산능력, 생산체제, 판매력, 판매체제, 서비스체제, 자금조달 능력, 제휴선 관계
시장 동향	시장품질 분석, 고객요구(가격, 품질, 성능, 구매동기 등)
정책 규제	법규, 인증, 환경규제, 조세, 안전기준, 특허
기술 동향	메커니즘, 제조기술, 신 재료, 환경, 안전, 에너지기술
타사 동향	제품개발, 시장전략, 신기술개발

따라서 어떤 모델이 기획되어 사라질 때까지 적어도 16~20년의 기간 동안 시장과 고객에게 받아들여지도록 기획되어야 한다. 새 차의 성패여부는 기획과 시장조사에 달려있다고 할 만큼 중요하다. 자사와 경쟁사의 동향과 세계적 수준을 냉정하게 평가 분석하여 중장기 상품기획서를 작성하고 이어 구체적인 개발목표를 설정한 제품개발 계획을 만들어 최고 경영층의 승인을 받는다.

이에 앞서 신차개발에 필요한 조직을 구성하는데 먼저 개발 총지휘 감독으로 개발제품의 프로젝트 매니저(PM)를 연구소 고위급에서 선임한다. 총괄 PM은 다시 각 부문PM과 아이디어를 모으는 회의를 거치며 제품개념을 개발(Concept Development)하고 개발 모델을 확정한다.

개발하려는 상품의 콘셉트가 정해지면 다시 수개월동안 세부검토를 거쳐 구체적인 차량의 개발계획을 정하게 된다. 여기에는 신차의 설계와 생산을 위한 기본 제원을 검토하고 실내 스페이스 레이아웃을 설정한다. 동시에 연비와 성능, 내구신뢰성, 차량중량, 엔진방식, 각 기구의 메커니즘 등을 어떻게 설정할 것인가를 면밀히 검토한다. 이때 경쟁차나 앞선 차를 벤치마킹하기 위해 차량을 분해분석(Tear Down)해서 구조, 재질, 무게 등의 설계목표를 설정한다.

선행 개발

하나의 새로운 자동차 모델은 일반적으로 향후 10년 정도의 기술동향을 예측하는 기초연구나 신기술개발 등을 제품개발에 앞서 거쳐야 하는데 이를 선행 개발이라고 부른다.

선행 개발은 기초 공학연구, 소프트웨어 연구, 전자공학, 물리학, 인간공학 등 다양한 연구 분야에 걸쳐야 하는데 주로 차량성능, 소음진동, 안전, 연비, 대체연료, 공기역학, 신소재, 카 일렉트로닉스, 신 엔진, 신 변속시스템 등의 개발과 개선에 주력하고 있다.

신제품계획 승인 전에 엔진, 변속기, 현가장치 등과 같은 주요 기능 부품의 설계, 프로토 타입 조립, 시험까지를 포함하는 선행개발(Advanced Engineering)은 제품개발 전에 대부분 먼저 이루어지고 있어야 한다. 이러한 선행개발은 파워트레인과 플랫폼의 개발이 중심이 되는데 엔진이 주축을 이루는 파워트레인의 개발이 완료되면 전체 제품개발의 약 40%가 완성되었다고 볼 수 있으며 플랫폼까지 개발이 끝나면 약 80%가 사실상 이루어진 것으로서 신제품개발은 바로 선행개발의 성패에 달려있다고 해도 과언이 아니다.

디자인 단계

기획단계는 대부분 기획이나 마케팅 부서를 중심으로 진행되나 디자인단계부터 연구소로 업무가 넘어가 디자인팀과 설계팀이 본격적으로 작업에 들어간다. 디자인팀은 신차개발 방침이 정해지면 곧바로 외형 디자인작업을 시작한다.

첫 번째 작업은 디자인 컨셉트를 결정하는 일이다. 이 과정은 경쟁차를 분석하면서 거듭되는 회의로 4~5개월 동안 보통 수천 장의 이미지스케치를 만들어가며 기본제원의 골격을 설정한다.

자동차 디자인은 기능성과 미적 감각을 동시에 만족시켜야 하므로 독창적인 아이디어가 요구된다. 국내 메이커들은 그동안 미국 IDEA, 영국 IAD, 이탈리아 피난파리나, 이탈디자인, 베르토네 등 디자인 전문용역업체(카로체리아로 부름)에 신차 디자인을 의뢰해왔으나 최근 해외 디자인센타를 운영하거나 국내 전문 인력에게 맡기는 일도 많아지고 있다.

두 번째 작업은 아이디어를 전개하는 단계이다. 이 과정은 이미지 스케치를 넘어 아이디어와 세부적인 부분까지 스케치를 그린 후 스케일 모델, 인테리어 패키지 모델, 컨셉트 모델을 만드는 것이다. 이 단계에서 차량의 기본 레이아웃이 설정되며, 전체적인 외형이 그려진다. 이를 위해 가장 정확하게 실물의 완성된 상태를 표현하는 기능으로 렌더링(Rendering)과 테이프 드로잉 더 나아가 스케일모델과 클레이 모델을 만들어 보기도 한다.

세 번째 작업은 품평 즉, 프레젠테이션 단계로서 설정한 제품과 디자인의 컨셉트를 확인하고 기술적인 요구와 기준을 검증한다. 이 과정에서 렌더링, 1/1 테이프드로잉, 1/1 클레이 모델을 만든다.

끝으로 디자인을 결정하는 단계로 최고 경영층의 승인을 받아 사양을 확정한다. 그리고 최종 모델을 만들고 차체의 형상을 3차원 측정기로 선도(Skin Faring)를 함으로써 디자인이 끝나고 설계와 시작(試作)이 본격적으로 이루어지게 된다.

설계 단계

차량개발에서 가장 중요한 의사결정 사항인 제품기획, 디자인 모델 고정, 목표원가, 목표중량, 목표성능 등을 달성하기 위한 구체적인 활동을 하는 것이 설계단계이다. 먼저 시작차 제작용 시작도면으로 시작차를 만들고, 시험을 거쳐 다시 양산차 정식도면을 만들어 수정 보완하여 최종적인 양산도면과 사양을 확정한다. 설계는 차체설계, 의장설계, 새시설계, 전자설계로 나누며 처음부터 컴퓨터로 설계, 해석, 시험, 제도(CATIA, CAE, 3-D Testing, CAD/CAM)가 이루어진다.

시작 단계

시작은 설계사양의 품질을 확인하고 신차의 제반 성능을 최단시일 내에 양산에 준하는 품질로 제작하는 것으로 시작차는 양산차의 원형을 이룬다. 시작의 목적은 차량 및 부품의 제작 문제점을 개선하고 설계품질을 확인하며 생산성, 정비성, 상품성을 검토하는 일련의 업무를 수행한다. 시작의 종류로는 신차 설계 품질을 양산 전에 확인하기위한 시작차(Prototype Car), 장기간 시간이 소요되는 부품을 선행 개발하기 위한 시험 차(Test Car), 시스템의 연구개발을 위한 용도시험차(Mechanical Prototype Car) 외에 유닛제작과 신 제조공법 개발 및 적용연구 등이 있다.

시험 단계

자동차는 '시험의 산물'이라고 할 만큼 시험의 과정과 종류도 많고 또 중요하다. 시험은 개발단계에 따라 선행시험, 시작차 시험, 파이럿트 카(Pilot Car)시험, 생산차 시험으로 나누어지며 시험 항목은 진동소음, 충돌, 방청, 가속, 내구성, 성능 등이 있다. 특히 리드타임 및 비용절감 측면에서 가상시험(Virtual Testing)

을 위한 CAE와 3-D Testing은 필수장비가 되어 있다.

생산준비 단계

최종 설계가 확정되어 도면이 배포되면 생산 공정 계획에 따라 외제는 부품업체에서 내제는 사내 생산기술에서 설비, 치구, 금형, 공구, 게이지 등의 세부사양을 결정하여 발주, 설계, 제작, 설치, 조정이 이루어진다. 양산에 필요한 공정정비가 완료되면 작업자를 배치, 정규상태에 준하여 선행 양산(Pilot Production)을 보통 3~5단계로 나누어 수백 대를 시험생산 한다. 이때 종합품질을 확인하고 설비와 부품의 각종 미비점을 수정 보완하며 작업표준서, 작업요령서, 품질검사 표준서 등 각종 매뉴얼을 정비한다.

양산 단계

선행 양산의 문제점을 수정, 보완하여 양산 1호차(Job #1)가 생산 개시되면 모든 개발과정이 종료된다. 그러나 양산 시점(SOP: Start of Production) 이후에도 생산과 품질의 조기 안정을 위하여 관련 조직은 비상체제로 운영하여 완전한 품질안정의 양산 체제를 빨리 갖추어야 한다.

51 자동차의 시험과 평가

자동차는 시험의 산물

 자동차는 많은 부품과 장치로 구성되어 그 성능과 기능은 서로 복잡하게 연계되어 있기 때문에 반드시 시험으로 그 필요한 정보를 얻지 않으면 안 되는 '시험의 산물' 이다.

 메이커로서는 전 세계 어떤 고객이 어디에서 어떻게 자동차를 사용하는지 제대로 알 수가 없고 또 고객은 폐차될 때까지 차량의 모든 것을 주시하고 있기 때문에 완벽한 시험을 통한 모든 사용조건과 환경의 시뮬레이션을 해보거나 검증을 하지 않으면 안전도와 품질에 대한 신뢰성을 확보할 수 없다.

 시험(Test)은 메이커 자체의 품질 테스트와 각종 법규에 따라 실시하는 법규 테스트가 있다. 우리나라의 법규 테스트는 양산차의 형식승인제도로 구조기준, 안전기준, 내구시험, 성능시험(38개 항목)과 환경 관련법규에서 정하는 배기가스와 소음의 시험인증이 있다.

자동차 품질평가 항목

외관(Exterior)	Body Style(앞뒤·옆), 자세, 지상고, E/G Room 외관, Trunk Room 외관, Finish/ 단차/ Gap ※ 세련미, 균형미, 안정감, 크기, 짜임새, 마무리
인테리어(Interior)	계기판, 도어그립, 시트, 콘솔, 카펫, 트림류 ※ 전체적임 배치, 세련미, 끝마무리 상태
거주성	승하차성, 시트/벨트, Leg/Head/Shoulder Room
조작성	Steering Wheel, Seat, Door, Console, Switch, Pedal, Lever의 편리성, 부드러움, 정확성
정비성	엔진 Room, Spare Tire, 소모품, 오일류 점검교환
공조성능	실내온도 조절, 환기/풍량 배분, 서리/안개 제거
시계성	전/후/측면 시계, 후방감지, 거울
조명/ 품질	계기판 시인성, 램프류 조명, A/V 음질, 선명성
동력성능(Performance)	초기 가속감, 추월 가속감, 고속/등판 주행성능
운전성능(Driveability)	시동감, Idle Feel, 엔진성능, Shiftability, 페달작동
승차감(Ride Comfort)	노면 충격 흡수정도, 차체진동, Ride Motion
조종안정성(Handling)	직진 안정성, Steering 응답성/복원성/ 가볍고 부드러움, 조타안정성, Road Shock
소음진동(N·V·H)	Idle Shake, 소음(Wind/Road/흡기/Booming) 엔진 소음, Driveline 소음, 마찰소음
제동성능(Brake)	제동력(고열, 강우시), 페달 Feel, 제동안정성(자세), 진동이나 끽소음

메이커가 자체적으로 실시하는 시험은 △각종 성능(출력, 속도, 등판능력 등)시험, △충돌시 승객과 차체의 피해정도를 분석하는

실차 충돌시험(Crash Test), △물이 스며드는 여부를 점검하는 수밀도시험, △공기저항과 역학구조를 점검하는 풍동시험(Wind Tunnel Test), △소금물과 진흙탕에서 실시하는 부식시험, △영하 50℃ 이하의 냉동실에서 실시하는 혹한시험, △요철 길을 달리는 진동시험, △소음시험, △브레이크시험, △연비시험, △냉각성능시험, △조종안정시험, △공기조화시험, △승차감시험 등 수없이 많다.

이러한 주행시험은 주로 주행시험장(Proving Ground)에서 이루어지는데 현대차의 경우는 남양 종합기술연구소 주행시험장과 울산공장 주행시험장외에 미국 캘리포니아에 530만평 규모의 종합주행시험장(2005년2월 준공)을 운영하고 있다. 메이커들은 또 일반도로와 다양한 자연조건에서 실시하는 로드테스트도 중요시한다. 로드테스트는 스칸디나비아 반도나 캐나다 북부의 혹한지대와 미국 애리조나 사막의 혹서지역 등 가혹한 조건에서 실시한다. 이밖에도 테스트 드라이버와 시험장비가 동원된 제동, 핸들링, 소음, 배기가스, 연비, 내구성 등 각종 성능을 점검한다. 이때 테스트 드라이버들은 실제 운전을 하면서 각 분야별로 이상 유무와 제품의 완성도를 최종적으로 평가하는 막중한 책임을 가진다.

52 자동차 디자인의 개념

디자인의 존재이유와 목적

 자동차의 디자인과 스타일링은 전문적인 기술을 요구하는 창조 활동이다. 그러나 자동차 스타일에 관해서는 누구나 주관적으로 판단하고 평가한다. 자동차의 선택은 구매자의 인생관을 나타낸다고 하는데 그 가치관의 중심적 요소는 스타일 일 것이다. 가장 많은 사람들이 공감하고 그들의 개성을 창출하는 것이 자동차 디자인의 존재이유이다.

 자동차는 체계화된 대량생산 시스템에서 생산되는 일종의 규격품이며 또 운송수단이라는 기능이외에 사회의 요구와 개인의 욕구를 채워야 하는 역할도 하고 있다. 따라서 제품으로서의 형태, 가격, 기능의 적정성을 갖추면서 전체적인 환경의 조화와 아름다움을 추구해야한다. 건강하고 아름다운 자동차의 창조가 궁극적인 디자인의 목표가 될 것이다.

 자동차 디자인은 자동차 내 외부의 기능적 형태 및 색채를 계획하고 창출하는 활동으로 정해진 기업목표와 기술목표를 기준으로 목표시장에 조형적·기능적 특징을 부여하여 창조적 부가가치가 높은 자동차 모델을 만드는 것이 기능과 역할이다.

스타일과 디자인

가장 일반적으로 쉽게 혼동하는 용어가 스타일(Style)과 디자인(Design)이다. 스타일은 외견상으로 보이는 특성으로 형태의 특징과 비례를 포함하여 표면의 색채(Color)와 질감(Texture) 그리고 마감처리 등의 시각적인 요소를 말한다.

디자인은 대량생산이 가능한 생산성과 시장에서의 경쟁력을 갖기 위한 합리적 가격뿐만 아니라 기술개발의 목표에 부합하는 기능과 형상을 모두 포함한 개념으로 시장조사부터 생산을 위한 설계까지로 스타일 활동을 포함하고 있다.

자동차를 선택하는 중요한 기준 중의 하나가 스타일이다. 그런데 자동차에서의 스타일은 대부분 외형상 옷 입히기 정도로 인식되기도 한다. 차량의 구조나 기능에 관계없이 스타일만 강조하거나 유행의 한 단면으로 이해하기도 한다. 그러나 스타일은 차량의 구조와 기능의 변화와 함께 진보를 거듭해 왔으며 구조를 나타내는 것이 스타일이라고 할 수 있다. 또 스타일 자체는 자동차 공력 특성상 주행성능과 연료효율에 크게 영향을 미친다.

53 자동차 디자인 프로세스

자동차의 디자인은 크게 외장설계, 내장설계, 컬러디자인으로 나누어진다. 외장디자인을 기준으로 업무 프로세스는 ▷디자인 컨셉트단계 ▷아이디어 전개단계 ▷품평단계 ▷선도단계로 순차적으로 확정될 때까지 반복을 거듭한다.

디자인 컨셉트단계는 스타일 이미지를 설정하거나 기획 목표를 향해 스타일링의 방향을 어떻게 특징짓는가를 결정하는 작업으로 기획의 목표에 대한 고객의 속성, 취향, 사용목적, 사용방법, 경쟁차 특징, 스타일링 경향 등의 관련 자료를 폭 넓게 수집하고 그 목표의 배경을 충분히 인식한다. 이를 위해 4~6명으로 구성된 디자인 팀이 적당한 테마를 설정하여 자유로운 토론으로 이미지를 명확하게 하고 공통된 방향을 모색한다. 이때 경쟁차를 보면서 수천 장의 스케치도 그리고 알기 쉬운 문장으로 다른 사람에게 이미지가 솟아나게 한다.

아이디어 전개 단계

아이디어 전개단계는 설정된 이미지를 구체적인 아이디어 스케치로 기본적인 레이아웃을 설정하여 스타일 측면에서 검토한다. 설계 레이아웃과 스타일 이미지가 서로 부합되지 않아 이미지가 붕괴되는 경우가 생기기도 한다. 이를 위해 1:1의 테이프 드로잉과 1:1테이프 렌더링으로 스케일 모델을 만든다.

렌더링(Rendering)이란 많은 Idea Sketch가운데서 선택된 아이디어를 기초로 이미지를 구체화한 형상으로 표현하는 것이다. 이때 조형적·기술적 현실을 가미한 형상으로 표현하기 위해 자동차만이 아닌 배경도 넣어 스타일의 이미지를 북돋우는 수법이다. 또 스케일 모델(Scale Model)이란 입체조형 검토 작업으로 통상 1/5축척으로 만들어진다.

품평 단계

모델을 확정하고 디자인을 최종 결정들 받기 위해서는 각 단계마다 테이프 드로잉이나 클레이 모델로 필요한 의사결정을 해야 하며 최종적인 의사결정을 받기 위해서는 풀 사이즈 보드에 테이프 드로잉을 하고 레이아웃 그림으로 거주성, 기계성, 법규 등을 검토하여 최종적인 1/1 클레이 모델(Clay Model)을 만든다. 가장 실차에 가까운 형태로 내외장과 색채 등 전체가 실차처럼 마무리가 끝난 모델로 프레젠테이션을 한다.

선도 단계

디자인이 통과되면 스튜디오 엔지니어와 설계 엔지니어에 의해 선도 작업이 시작된다. 선도는 승인된 디자인의 차체형태와 주요 외장부품의 모양을 보여주는 도면이다. 차체 모양을 3차원 측정기로 읽은 수치 테이프를 자동선도기에 입력해 3면도를 만든다. 선도에는 스타일상의 디자인의 의도가 표현되어 있다. 그러나 설계나 생산기술에서 요구하는 모든 조건을 반영한 것이 아니기 때문에 부품간섭, 단차, 간격, 모양, 생산기술의 문제점인 가공성, 생산성 등을 해소하기 위한 설계와 시작 시험이 계속 이루어져야 한다. 선도는 연구용 풍동모델, 시작 목형 등의 NC가공, 부품 현도 작성, 금형 설계·가공에 이르기까지 폭 넓게 활용된다.

CAS(Computer Aided Styling)
　종전까지 디자인단계 중 스타일링의 중심인 렌더링과 테이프 드로잉은 물론 선도 작업까지 주로 수작업으로 이루어지던 작업을 컴퓨터장비를 이용한 스타일링과 소프트 프로그램으로 대체하였는데 이러한 CAS에 의해 엔지니어링 작업기간이 크게 단축되었고 스타일링 품질이 크게 향상되었다.

54 자동차 디자인의 변천

수공업시대의 자동차

1886년 1월 29일 독일의 벤츠(Karl Benz)가 특허(Patent NO 37435)를 받은 3륜차가 공식적인 세계 최초의 가솔린엔진 자동차로 인정되고 있다. 물론 같은 해 같은 독일에서 가솔린엔진의 4륜차가 다임러(G. Daimler)에 제작되었으나 특허를 기준으로 벤츠의 3륜차를 근대 자동차의 효시로 꼽고 있다.

다임러가 제작한 4륜 가솔린차

초기의 자동차는 '말없는 마차'(Horseless Carriage)의 형태로 승객실(Cabin)의 개념이 없었고 차대(Chassis)도 마차와 동일한 구조를 가지고 있어 디자인의 개념은 존재하지 않았다.

자동차가 발명된 후 구조적인 진보는 초기 유럽을 거쳐 헨리포드에 의해 미국에서 빠르게 이루어졌다. 포드 T형 모델이 대량방식에 의하여 생산되기 시작한 1913년 이전까지는 엔진과 구동장치를 만드는 새시업자에게 공급받아 차체를 만드는 마차 제조업자에게 의뢰해서 완성하는 수공업형태에 머물러 있었다.

1920년대 - 초기 대량생산 시대

1920년 포드T

1914년부터 포드T모델의 대량생산시대를 거치고 1920년대 비로소 앞쪽은 엔진공간이 뒤쪽은 주거공간이 있는 2 Box형태의 고전적 자동차 디자인의 형식을 갖추었다. 1920년대 말에는 유선형의 자동차 디자인이 등장했고 트렁크의 개념이 생기며 세단형이 선보이기 시작하였다.

1930년대 - 디자인 개념의 정립

1936년 란치아 모델

포드의 대량생산방식이 자리를 잡고 미국의 빅3-GM, 포드, 크라이슬러가 미국의 자동차대중화를 주도하면서 금형 프레스로 자동차가 만들어져 금형을 다시 만들 때마다 형상의 변경이 이루어져 자연스럽게 스타일 중심의 디자인 개념이 정립되었다.

1940년대 - 스타일의 다양화

제2차 세계대전으로 미국은 군수산업의 전쟁특수로 자동차생산이 크게 늘었고, 자동차기술의 진보도 크게 이루어졌으며, 전쟁영향으로 엔진의 대형화, 고성능화와 차체의 대형화, 고급화로 진전되었다. 반면 유럽은 전후 어려운 경제사정으로 소형차가 대부분이었다. 구조 또한 간단하고 장식적인 요소가 적은 스타일이 주류를 이루었다.

이 당시 미국은 민간용 차량과 함께 대표적인 군용으로 지프

(Jeep)가 등장하여 오늘날까지 지프스타일의 고유모델이 존재한다.

1945년 폭스바겐 비틀

한편 전후 유럽의 대표적 모델은 1945년 독일의 폭스바겐의 비틀(Beetle)과 비틀을 최초로 설계한 포르쉐박사가 만든 포르쉐 스포츠카가 등장하였다. 또한 전쟁 후 민간용 차량의 생산을 재개한 피아트, 란치아, 페라리도 소형차와 스포츠카에서 독특한 유럽스타일의 모델을 선보였다.

1950년대 - 디자인의 전성시대

자동차의 바로크시대로 부를 만큼 화려한 장식과 공기역학 구조의 형태가 절정을 이룬 시기였다. 1954년부터 매년 새 모델이 발표되어 변화주기가 짧아지고 자동차 디자인의 중요성이 크게
1955년 푸조403 모델

부각되었다. 기술의 진보도 급속히 이루어져 모노코크 차체의 출현과 OHC엔진 개발 등으로 차체높이가 낮아지고 엔진의 고성능화가 이루어졌다. 미국과 유럽에 이어 일본메이커도 다양한 모델을 개발하면서 각각의 고유의 캐릭터를 가지게 되었고 새로운 스타일이 속속 등장하였다.

1960년대 - 개성 차와 스포츠카 시대

자동차가 일한 대중상품으로 인식되는 시기로 정통적인 디자인 개념에서 탈피하여 다양한 소비자의 취향에 따라 선택하는 소비제품의 개념으로 변화한다. 미국에서는 1964년 발표한 포드의 머스탱에 의한 새로운 스타일의 전기가 마련되면서 스포츠 스타일의 요소가 가미한 다양성이 스타일의 주류를 이루었고 유럽은 기술의 성숙성에 관심을 기울이며 유럽형의 고급화와 실용성의 소형차가 자리를 잡아갔다. 한편 신흥공업국인 일본의 자동차가 세계시장에 서서히 선보이기 시작하였다.

1965년 포드 머스탱

1970년대 - 소형차와 에어로 다이나믹스

1970년대는 두 차례에 걸친 오일쇼크로 자동차산업계에 엄청난 변혁을 가져다주었다. 유가의 폭등으로 소형차가 세계시장의 주류를 이루었고 미국시장에서 별로 주목받지 못하던 일본차가 급격히 새로운 강자로 등장하였다. 미국에서는 모든 메이커의 차량 사이즈와 엔진크기가 줄어들었고 날카로운 박스형 차체와 기하학적인 형태가 유럽과 일본에서 주류를 이루었다.

폭스바겐 골프(1세대)

1980년대 - RV붐과 프로세스 혁신

1980년부터는 디자인의 관심이 방법과 프로세스의 변화에 맞추어지고 차량전체가 부드러운 라운드 형태로 주류를 이루었다. 또 운전시간이 길어지면서 실내공간이 넓어지고 레저용 차량으로 SUV와 미니밴의 다양한 모델이 선보였다.

1990년대 - 디자인의 동질화와 곡면화

자동차의 성숙기 시대로 다품종 소량생산으로의 변화와 함께 자동차의 일반적 형태로 완전곡면과 선의 개념으로 바뀌었다. 또한 자동차기술이 보편화되면서 메이커마다 갖고 있던 정체성(독자성)이 희박해지고 있다.

21세기의 디자인

자동차 디자인은 차체의 성형성이 증대되어 디자인 자유도는 더욱 높아지고 기술의 변화에 따라 지금의 자동차와 전혀 다른 형식의 자동차 출현도 예견되고 있다. 이러한 자동차의 개념 변화는 디자인 개념의 변화를 뜻하는데 21세기에는 다음과 같은 방향으로 전개될 것으로 보인다.

첫째, 대량생산·대량소비를 통한 대중화에서 개인의 가치추구에 부응하여 개성과 질을 존중하는 개성화 개념으로 디자인의 목표설정이 이루어 질 것이다.

둘째, 안전하고 빠른 이동을 목표로 하던 자동차의 개념은 인간의 다양한 감성에 부응함으로써 인간생활의 질을 높이는 문화창출 수단의 개념으로 변화가 이루어질 것이다.

셋째, 자동차 디자인은 사회의 변화 요구에 따라 환경과 인간이 공존과 조화를 이루며 나아갈 것이다.

7

자동차기술

자동차 기술의 분류와 그 역할을 이해한다.
자동차를 분해하고 조립하는 능력을 기른다.
자동차 기술의 동향과 미래를 예측한다.
자동차의 제품경쟁력의 요소를 분석한다.

55 자동차 기술과 분류

기술의 진보와 엔지니어의 역할

　기술의 진보는 사회와 고객의 필요와 욕구(Need) 그리고 기술적인 종자(Seed)의 관계로 이루어진다고 한다. 자동차에 있어 사회와 고객은 환경성, 사회성, 안전성, 경제성, 편리성, 쾌적성 등을 요구하게 되고 이러한 기술적인 대응은 경량화, 전자화, 고성능화, 대체연료화, 저원가 등의 신기술이 채택된 새로운 제품으로 다양하게 나타나게 된다.

　한편 연구개발은 크게 기초연구, 응용연구, 제품개발로 나눈다. 오늘날 기업에 있어 연구는 장기적 이윤추구를 위한 고객창조활동으로 응용연구와 제품개발의 패턴이 주류를 이루며 특히 제품개발은 기업경영상 모든 계획의 출발점이 된다.

　이러한 연구개발을 주도하는 자동차 엔지니어는 주체적 기술인력으로서 신기술과 공정의 조사, 분석, 종합, 평가, 고안, 연구개발, 응용설계, 기술지도, 생산관리, 외국인과의 기술협력, 인간의 이해 등의 직무수행 능력을 갖추고 업무와 기술을 혁신하는 창의적인 엔지니어로서의 사명을 가져야 한다.

자동차 기술은 제품 기술(Product Engineering)과 공정 기술(Process Engineering)/ 제조기술(Manufacturing Engineering)로 나누어진다. 제품 기술은 목표로 하는 제품의 성능, 품질, 원가를 달성하기 위한 설계개발과 시험평가로 나누고 세부내용은 차량과 각 부품별, 프로세스별, 목표항목별(안전도, NVH, 배기가스, 연비 등)로 나누어진다.

자동차 기술 분류

항 목	내 용
제품기술	▫ 차종/ UNIT/ Component 별 설계, 해석, 시험, 평가 - 승용차, SUV, 트럭, 버스, 경차, 스포츠카 등 - 엔진, 변속기, 엑슬, 조향장치, 브레이크, 차체, 냉각, 공조 ▫ 프로세스별 기술 - 스타일링, 모델링, 설계, 해석, 시험평가, 인증 ▫ 목표 항목별 기술 - 연비 향상, 배기가스 저감, NVH, 안전도, 경량화, 공력, 전자제어, 승차감 ▫ 신차 개발기술, 신소재 기술, 선행연구기술, ITS, 대체연료
제조기술 공정기술	▫ 공정기술 - 주조, 단조, 열처리, 표면처리, 기계가공, 금형, 프레스, 용접, 도장, 조립, 검사 ▫ 자동화 기술 - CNC, FA, FMC/ FMS, CIM, 유공압, 로봇 ▫ 관리수법 기술 - 설비관리, 품질관리, 작업관리, 물류관리, 원가관리

56 자동차의 사양과 제원

자동차의 외양, 크기, 무게, 성능, 구성품 등의 명세나 형식 등은 자동차 각 부품의 설계와 제조의 표준이 되며 이를 바탕으로 자동차의 형식승인이나 필요한 인증을 받는데 이러한 것을 통칭하여 사양 또는 제원(Specification)이라고 하며 이들 용어의 정의나 측정방법은 자동차관리법과 한국공업규격(KS)에 규정되어 있다.

이러한 제원은 카탈로그, 설명서, 사양서 등에 표시되어 자동차 사용과 정비 기타 기술적 목적에 이용되고 있으며 자동차의 특성항목과 비교우위를 파악하는 가장 객관적 자료가 될 수 있다. 제원에는 치수(Dimensions), 질량(Masses), 하중(Weights), 성능(Performances)이 있으며 기준 조건으로 치수는 수평의 직진자세로 정지된 공차 상태에서, 성능은 최대 적재상태에서 측정하며 공차 상태란 기본사양에 필요한 최소한의 장치·장비를 갖추고 윤활유, 브레이크액, 냉각수, 연료를 포함한다. 또한 최대 적재상태란 공차 상태에서 승차정원(1인당 65kg)과 최대 적재량을 균등하게 적재한 상태를 말한다.

● 전장, 전폭, 전고 (Overall Length /Width /Height)
외형크기로서 최대치를 말하며 전장은 앞 범퍼에서 뒤 범퍼까지의 길이, 전폭은 차체의 가장 넓은 부분의 길이(단 백미러 제외), 전고는 지면에서 가장 높은 루프까지의 길이이다.

● 축간거리 (Motor Vehicle Space /Wheel Base)
앞뒤 차축의 중심에서 중심까지의 거리를 말하며 이는 앞뒤 타이어 접지중심에서 세로 중심 면에 내린 수직 사이의 거리와 같다. 이것이 길수록 차체와 내부공간이 크고 안정감이 있는 대신 회전반경이 커진다.

● 차륜 거리 (Track /Tread)
좌우 타이어 중심 사이의 거리로서 앞뒤 바퀴 폭의 차이로 앞뒤거리가 다른 경우도 있다. 트레드가 길면 실내 폭이 커지고 코너링 성능이 좋아진다.

● 최대 안정 경사각
자동차를 측정대 위에서 오른쪽 및 왼쪽으로 기울였을 경우, 반대쪽의 모든 차륜이 측정대 바닥면에서 떨어질 때 측정대 바닥면과 수평면이 이루는 각도를 말한다.

● 최저 지상고 (Ground Clearance)
접지 면과 자동차 중앙 부분의 최하부와의 거리로서 타이어,

휠, 브레이크 부분을 제외한다. 이 수치가 높으면 험로 주행성이 좋은 반면 안정성이 떨어진다.

● 실내 치수 (Interior Dimensions of Body)
자동차 실내의 각종 치수는 거주성과 운전 조작성에 기준이 되며 길이는 계기판부터 최후 좌석 뒤끝까지, 폭은 객실 중앙부의 최대 폭, 높이는 차량 중심선 부근의 바닥면부터 천정까지의 길이를 말한다.

● 오버 행 (Over Hang)
자동차 바퀴의 중심이 지나는 수직면에서 자동차의 맨 앞 또는 맨 뒤까지(범퍼, 견인 고리, 윈치 포함)의 수평거리로 Front/Rear Overhang이라고 하며, 바퀴의 접지 점과 차량 앞뒤 끝단 하부를 연결하는 선과 노면과의 경사 각도를 앞바퀴는 접근각(Approach Angle), 뒷바퀴는 이탈각(Departure Angle)이라 한다.

● 최소 회전 반경 (Minimum Turning Radius)
자동차가 최대 조향 각으로 저속 회전할 때 바깥쪽 바퀴의 접지면 중심이 그리는 원의 반지름을 말한다. 따라서 실제로 차가 장애물을 접촉하지 않고 회전하려면 타이어의 궤적이 아닌 차체의 바깥 궤적이어야 하므로 이 수치보다 크다.

● 공차 중량 (Complete Vehicle Kerb Weight)
자동차에 사람이나 짐을 싣지 않고 연료, 냉각수, 윤활유 등을 만재하고 운행에 필요한 기본 장비(예비타이어, 예비부품, 공구 등의 제외)를 갖춘 상태의 차량 중량을 말한다.

● 최대 적재량 (Maximum Payload)
적재를 허용하는 최대의 하중으로 하대나 하실의 뒷면에 반드시 표시하여야 한다.

● 차량 총 중량 (Gross Vehicle Weight :GVW)
승차정원과 최대 적재량 적재 시 그 자동차의 전체 중량으로 예를 들면 차량 공차 중량 1,100kg, 승차정원 2명, 최대 적재량 1,000kg의 차량 총 중량은 [1100+(65×2)+1000] =2,230kg이 된다. 국내 안전기준에서 자동차의 총 중량은 20톤(1축 10톤, 1륜 5톤)을 초과해서는 안 된다. 단, 화물자동차 및 특수자동차의 총 중량은 40톤을 초과해서는 안 된다. 연결 시 중량은 트레일러를 연결한 경우 차량 총 중량을 말한다.

● 축 하중 (Axle Weight)
차륜을 지나는 접지 면에서 걸리는 각 차축 당 하중으로 도로, 교량 등의 구조와 강도를 고려하여 도로를 주행하는 일반자동차에 정해진 한도를 최대 축 하중이라고 한다.

● 승차 정원 (Riding Capacity)
입석과 좌석을 구분하여 승차할 수 있는 최대 인원수로 운전자를 포함한다. 좌석의 크기는 1명당 가로 세로 400mm 이상이어

야 하며 버스의 입석은 실내높이 1800mm 이상의 장소에 바닥면
적 0.14㎡에 1명(단 12세 이하 어린이는 2/3)으로 하고 정원 1
명은 65kg으로 계산한다.

● 자동차 성능곡선 (Performance Curve)
  자동차의 성능곡선은 엔진 성능곡선과 주행성능 곡선의 두 가
지가 있다. 엔진 성능곡선은 엔진회전수에 대한 마력, 토오크 값,
연비를 나타내며 주행 성능곡선은 주행저항, 구동력, 엔진회전속
도 및 차속을 종합하여 표시, 성능의 검토나 해석에 사용된다.

● 공기저항(Air Resistance)
  자동차가 주행하는 경우의 공기에 의한 저항으로 공기저항계수
의 식은 공기저항 $Ra=kAV^2$ 이다. (k 공기저항계수, A 자동차 앞
면 투영면적, V 공기에 대한 자동차의 상대속도)

● 동력전달 효율
  엔진 기관에서 발생한 에너지(동력)가 축출력과 클러치, 변속
기, 감속기 등의 모든 동력전달 장치를 통하여 구동륜에 전달되
어 실 사용되는 에너지(동력)의 비율을 말한다.

● 구동력(Driving Force)
  타이어와 노면과의 접지 점에 있어서 자동차의 구동에 이용되
는 엔진으로부터의 힘을 말한다.

● 저항력(Resistance Force)
자동차 주행을 방해하는 방향에 작용하는 힘인 단순 구름저항, 내부저항, 공기저항, 구배저항, 가속저항의 힘의 총합을 말한다.

● 여유력(Excess Force)
엔진의 구동력과 전 주행의 저항 차이로서 이 여유구동력은 발진이나 추월의 가속력, 견인력, 등판력으로 나타난다.

● 등판 능력 (Gradabillty/ Hill Climbing Ability)
차량 총 중량(최대적재) 상태에서 건조된 포장노면에서 정지하여 언덕길을 오를 수 있는 최대 능력으로 'tan θ 혹은 '%' 단위로 표시하며 지도상 A·B 지점간의 직선거리가 1km이고 A·B 두 지점간의 고도 차이가 480m(0.48km)이면 48%가 된다.

● 가속 능력 (Accelerating Ability)
자동차가 평지 주행에서 가속할 수 있는 최대 여유력으로 발진 가속 능력은 자동차의 정지상태에서 변속 및 급가속으로 일정거리(200m, 400m)를 주행하는 소요시간으로 추월 가속능력(Passing Ability)은 어느 속도에서 변속 없이 가속페달을 조작, 급가속 하여 어느 속도까지 걸리는 시간을 말한다.

● 연료 소비율 (Rate of Fuel Consumption)
자동차가 연료의 단위용량 당 주행할 수 있는 거리(예 km/ℓ로 표시)로 일정속도로 주행할 때의 정지 연비율과 사용상황에 따른 주행 모드(예: 도쿄 10모드, LA 4모드)의 시가지 연비율로 표시된다. 연비단위로 우리나라와 일본은 km/ℓ로 기름 1ℓ로 몇 km까지 달릴 수 있는가를 나타내고 미국은 mpg(Mile per Gallon)로 기름 1개론 (3.785ℓ)으로 몇 마일을 달릴 수 있는가를 표시하며 독일, 프랑스, 캐나다, 호주 등은 ℓ/100km로 100km 달리는데 기름이 얼마나 드는 가로 나타낸다.

● 압축비 (Compression Ratio)

피스톤이 하사점에 있는 경우의 피스톤 상부용적과 피스톤의 상사점에 피스톤 상부 용적과의 비율을 압축비라고 한다. 일반적으로 압축비가 높을수록 폭발압력이 높아 높은 출력과 큰 토오크를 얻을 수 있지만 가솔린엔진의 경우 지나치게 높아지면 혼합기가 타이밍에 관계없이 자연착화 되어 노킹 원인이 된다. 압축비가 8:1이라면 흡입된 혼합기의 체적을 1/8로 압축시킨다는 뜻이다. 현재 일반승용차의 압축은 7.5~9.0이다.

● 배기량 (Displacement)

엔진의 크기를 나타내는 가장 일반적인 척도로 엔진이 어느 정도 혼합기를 흡입하고 배출하는가를 용적으로 나타낸 것이다.

$$기통\ 배기량(cc) = \frac{\pi}{4} \times (내경)^2 \times 행정 \cdot 엔진$$

총 배기량 = 1기통 배기량 × 실린더 수(기통수)

● 최대 출력 (Maximum Power)

　엔진의 힘을 나타내는 가장 일반적인 척도로 엔진이 행할 수 있는 최대 일의 능률을 말한다. 보통 마력/ps(Pferdestarke) 또한 HP(Horse Power) '말의 힘'으로 경험적으로 말 한 마리의 힘을 나타내는데 1마력이란 75kg의 물체를 1초 동안 1m 움직일 수 있는 힘을 말한다. 출력은 대부분 회전력(Torque)과 속도(회전수)를 결합한 능률을 나타내는 척도로 회전수를 병기하는 경우가 많다. 예를 들어 '120ps/6000rpm'이라면 매분 6000회전을 할 때 출력이 최고에 달하며 그때 출력이 120ps이라는 의미이다. rpm(Revolution Per Minute)은 1분간 몇 회전하는가를 표시하는 단위로 1분간 엔진의 회전수를 말한다. 4행정 엔진의 경우 2번 회전에 1회 팽창하므로 1분 동안 개별 실린더에서 1,500회 팽창이 발생, 피스톤의 왕복운동이 있었다면 이때 rpm은 3,000(1,500×2)이 된다.

　이 엔진출력 수치는 Net 값과 Gross 값으로 구분하여 표기하는데 SAE규정에 따르면 'Net'는 엔진본체에 머플러, 배기가스 정화장치, 라디에이터 등의 부속장치를 붙인 상태에서 측정한 것으로 도로주행에서 보여주는 마력과 차이가 별로 없다. 반면에 Gross는 엔진 자체만 다이나모에서 측정한 것이어서 일반적으로 양산차의 주행마력보다 크게 나온다.

● 토오크 (Torque/rpm)

　일반적으로 누르고 당기는 힘이라고 말하지만 이것에 대해 회전하려고 하는 힘을 토오크라고 한다. 토오크는 자동차의 성능가운데 견인력, 등판력, 경제성을 좌우하는 요소가 된다. 단위는 'kg·m'로 하나의 수평축으로 부터 직각 1m길이의 팔을 수평으로 하여 그 부분에 1kg의 무게를 가할 때 축에서 생기는 것이 1kg·m이다. 예를 들어 15kg·m/4,500rpm이라면 매 분당 4,500회전할 때 1m의 팔 끝에 15kg의 무게가 가해지는 것을 뜻한다. 따라서 토오크는 초기 발진 시 필요한 힘을 얻는데 필요하고 탄력을 받은 후 가속하기 위해 필요한 것이 마력이다. 휘발유엔진보다 디젤엔진은 낮은 rpm에서 최대 토오크가 나오도록 한다. 그러나 토오크가 강하면 최고속도를 손해 보기 때문에 어떤 성격의 엔진이나 차를 만드느냐가 처음부터 고려되어야 한다.

● 중량 대 마력 비

자동차의 동력성능 평가의 여러 가지 기준가운데 마력이나 토크로 알 수 있지만 차량중량 대 마력의 비율로 계산하면 좀 더 정확할 것이다. 즉 1마력이 차체중량을 얼마나 담당하나로 보는데 쏘나타 공차중량이 1450kg에 출력은 144마력으로 중량 대 출력의 비율이 거의 10 대 1이다. 스포츠 세단은 이 비율이 7이하 정도이어야 하고 슈퍼 스포츠카는 2~3 수준이다. 일반적으로 운전자가 차를 선택할 때 오르막이 많고 급가속을 자주 하려면 8~9가 적당하다. 그러나 이 비율이 낮으면 연비 소모가 많아 꼭 적어야 하는 것은 아니다.

승용차 주요 계통도

57 자동차의 성능

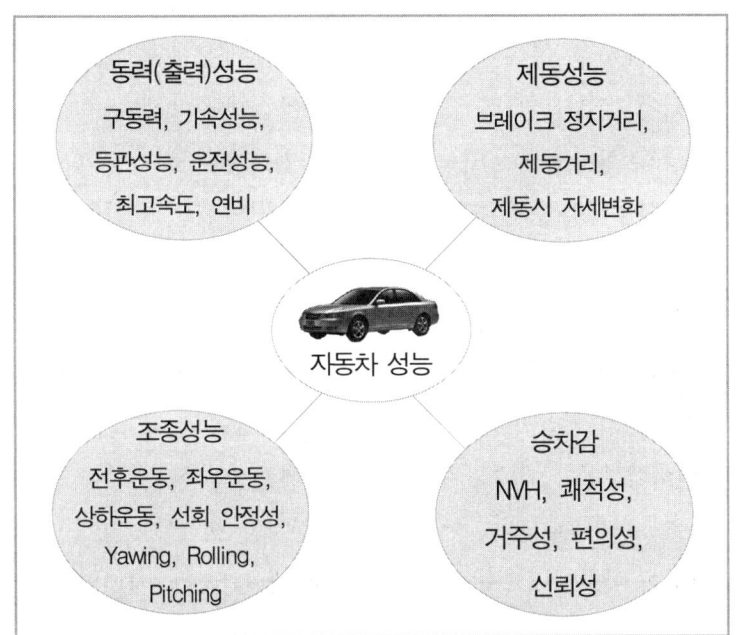

자동차의 성능

자동차는 달리고, 좌우로 돌고, 달리다 멈추는 세 가지 동작을 하는 단순한 운동기계로 볼 때 동력성능, 제동성능, 조종성능의 세 가지로 나누어지며 여기에 이런 모든 운동성능이 탑승자나 차체에 전달되는 승차감을 포함해서 '자동차의 성능이 어떻다'라고 말할 수 있다.

구동력과 저항

자동차가 움직이고 있을 때에는 언제나 구동력과 그것에 대항하는 힘(주행저항)이 작용하여 그 힘의 크기에 따라 속도가 빠르거나 늦거나한다. 엔진에서 나오는 토오크는 Transmission Gear와 Fin Gear를 통해 타이어에 전해져 자동차를 움직이는 힘 즉 구동력이 된다. 한편 자동차가 주행 중에 받는 주행저항(Tractive Resistance)은 구름저항, 공기저항, 구배저항 및 가속저항의 4종류로 구분된다.

저속에서는 구름저항이 크지만 속도가 올라갈수록 공기저항의 영향을 많이 받는다. 일반승용차의 경우 시속 60~85km에서 구름저항과 공기저항의 값이 같아지며 그 후부터는 공기저항의 영향이 속도의 제곱 크기로 커진다. 이러한 공기의 저항은 자동차의 연비향상만이 아니라 주행 안정성, 핸들링의 향상, 주행 중 소음감소, 차내 환기성능, 엔진 및 제동장치의 냉각성능 향상 등에 관계되어 이를 연구하는 것이 공기역학(Aerodynamics)이다.

● 구름 저항 (Rolling Resistance : Rr)

타이어에서 발생하는 저항으로 중량에 비례하며 구름저항계수는 저속에서는 일정하지만 고속에서는 급속히 증가한다.

구름저항 = μ(구름저항계수) × 차량 총중량

● 공기 저항 (Air Resistance)

공기 중에서 움직일 때 발생하는 저항으로 전면 투영면적과 공기에 대한 자동차 상대 속도의 제곱으로 비례한다.

공기저항=C (공기저항계수)×(자동차 전면투영면적)×(속도)^2

● 구배 저항(Gradient Resistance)

언덕길을 오를 때 자동차를 당기려는 힘으로 중량과 언덕 경사도에 비례한다.

구배저항 = (자동차 총중량) × $\sin\theta$

● 가속 저항(Acceleration Resistance)

자동차의 속도가 변화할 때 즉 가속도가 생길 때 자동차에는 질량과 가속도에 비례하는 가속저항이 생긴다.

(가속도)×(자동차총중량 + 회전부분상당중량)÷(중력가속도)

● 가속 성능

발진 가속이란 정지상태에서 일정거리를 주행할 때 생기는 최대가속을 말한다. 엔진시동을 건 정지상태에서 기어변속으로 일정거리를 최단 시간 내에 주파할 때 얻은 최대 가속능력을 말한다. 추월가속이란 일정속도에서 다른 속도로의 변화로 얻을 수 있는 최대 가속능력을 말하며 추월성능을 판단할 수 있다.

● 운전 성능

운전 성능(Drivability)이란 운전이 부드럽게 이루어지는 것을 말하는데 주로 발생하는 성능부족은 엔진의 가속컨트롤 계통이나 구동계의 이상에서 생기며 비정상적인 조건(기상, 도로, 연료의 성질)도 관계된다. 일반적으로 Surge, Hesitation, Stumble, Rough Idle, Knocking, Back-Fire, Icing, Vapor Lock과 같은 현상이 생기면 운전성능이 나쁘다고 평가하며 대부분 운전자가 직접 느끼는 현상이다.

● 제동 성능

차량의 속도를 올리려면 큰 엔진출력이 필요한 것은 알고 있지만 차량을 정지시키는 데에는 보다 큰 힘이 필요한 것을 아는 사람은 드물다. 예를 들어 출력 100ps의 승용차가 100km/h까지 가속하는데 약 15초가 걸리지만 100km/h에서 급브레이크로 정지할 때까지 3.6초가 걸린다고 한다. 공기저항이나 구름저항을 무시한다면 브레이크로 정지할 때까지 필요한 힘은 출력의 5백, 즉 500ps로 되어 가속에 필요한 힘과 비교할 때 제동시에 필요한 힘이 매우 큰 것을 알 수 있다.

● 브레이크력

브레이크 조작으로 브레이크 내부의 Shoe와 Drum, Tire와 노면사이에 마찰력이 발생하여 차의 움직임을 막는다. 일반적으로 마찰계수인 Drum과 Lining 사이는 일반적으로 0.3~0.5이며 또 노면상태, 타이어의 종류에 따라 건조 포장로에서 0.6~0.9, 습기

포장로에서 0.3~0.6, 결빙로에서는 0.1~0.3이다. 따라서 눈이나 비가 올 때는 2배 이상의 제동거리가 필요하다.

● 정지거리와 제동거리

운전자가 위험을 감지하고 브레이크를 조작하여 차량이 정지할 때까지 거리가 정지거리이다. 위험을 감지한 때부터 브레이크가 작동을 개시할 때까지 걸리는 시간을 공주시간이라고 하고 그 사이에 간거리를 공주거리라 한다. 일반적으로 0.5초 이내라고 한다. 브레이크 거리란 브레이크가 작동해서 정지한 거리로서 브레이크의 기본적인 능력을 나타낸다. 이 브레이크 거리는 차종과 중량에 따라 다르고 노면 마찰계수에 좌우되며 또 노면상태에 따라 비가 올 경우 1.5배, 빙판 길에서는 3배 이상 길어진다.

● 조종 안정성

조종 안정성이란 운전자가 생각하는 데로 선회한다거나 컨트롤할 수 있는가 어떤가를 나타내는 것으로 좁은 산길에서 자유자재로 코너링하거나, 고속도로에서의 주행 중에 바람이 갑자기 불어도 안심하고 주행할 수 있거나 장애물을 여유 있게 피해갈 수 있는 등의 자동차 자체의 성능과 운전자의 의도대로 움직여지는 것을 말한다. 자동차의 주행은 기본적으로 6가지 운동의 조합으로 이루어진다. 즉 전후운동, 좌우운동, 상하운동, Yawing운동, Rolling운동, Pitching운동으로 나누어지고 선회 시에는 좌우운동, Yawing, Rolling의 3종류가 대표적인 운동이라고 할 것이다. 이와 같은 조종 안정성에 영향을 주는 선회특성과 고속시 안정성 등은 핸들의 무게, 서스펜션 시스템, 스티어링 시스템 등과 밀접한 관련성이 있다.

● 승차감

넓은 의미로 승차감(Comfortability)이라고 하는 경우는 실내의 크기, 시계, 시트의 승차감, 실내의 정숙함, 각 부위의 진동크기를 가리키지만 일반적으로 승차감이란 이 가운데 진동에 관계된 승객의 쾌적함을 의미하는 경우가 많다.

자동차가 주행하는 상태에서는 엔진, 구동계, 타이어 등 많은 물체가 운동을 하게 된다. 이 운동시 요철 등의 노면 상태, 타이어상태의 Unbalance, 추진축의 회전불량, 엔진폭발로 생기는 토오크변화 등으로 이상진동이 발생한다.

노면이나 타이어에서 발생한 진동은 먼저 서스펜션에 전달되고 서스펜션 자체의 진동특성에 의해 변화하여 차체로 전달된다. 플로어에서는 승객의 발에서 시트를 매개로 등과 허리에서 전달되고, 차체에서 스티어링으로 전달된 진동은 핸들 진동으로 손에 전해진다. 한편 엔진, 트랜스미션, 프로펠러 샤흐트에서 생긴 진동은 Mount Rubber에서 감퇴시킨 후 차체에 전달된다.

이 승차감을 해석하는 경우, 자동차에서 발생한 진동에 대한 인간의 반응 즉 인체의 진동특성과 진동에 대한 생리적 반응을 알 필요가 있다.

58 자동차의 안전

안전의 개념과 안전장치

자동차의 스타일이나 성능의 향상에 비해 안전에 관한 기술은 소비자의 욕구를 충족시킬 만큼 완벽하지 못하다. 그러나 자동차의 안전성은 최대의 셀링 포인트이며 메이커의 경쟁력, 판매력, 소비자 충성도에 가장 큰 영향을 미치는 분야이고 앞으로도 제품 차별화에 있어 계속 중요한 위치를 갖게 될 것이다.

자동차 안전의 기본은 안전에 관련된 모든 장치와 부품 즉 보안 부품인 엔진, 동력전달장치, 스티어링, 서스펜션, 브레이크, 휠, 타이어, 안전장비 등과 차체 구조가 요구되는 안전기준에 맞게 설계·개발·생산되어야 한다. 안전은 사고예방을 위한 적극적인 1차 안전과 사고 후 승객의 피해를 최소화하는 2차 안전으로 나누어 구조와 장비를 이해할 필요가 있다.

충돌 안전장비

2차 안전 장비로는 안전벨트와 에어백이 있다. 안전벨트는 가장 기본적이고 값싸며 확실한 효과를 얻을 수 있는 장비다. 1차 충돌 이후 뒤로 밀렸다 신체가 다시 튀어나가 2차 충돌하는 것을 막아주기 때문이다.

에어백(Air Bag)은 정식 명칭이 SRS(Supplemental Restraint System)로 안전벨트의 보조 장치라는 뜻이다. 즉 에어백의 안전은 안전벨트가 제대로 작동되어야 가능한 것이다. 에어백은 범퍼 또는 엔진룸 안에 있는 충돌센서가 컨트롤러에 신호를 보내면 운전자 핸들이나 조수석 대시보드(사이드 에어백은 도어 내, 리어 에어백을 앞좌석 뒷부분)에 있던 인플레이션(풍선)이 작동(가스팽창)하여 승객을 보호한 후 다시 구멍이 뚫려 수축하는 과정으로 간단하다.

FMVSS나 NCAP의 충돌테스트 적용 속도인 35MPH에서 충돌할 때 차체 1차 충격이 탑승자에게 전달되는 속도는 0.05~0.1초이므로 이보다 더 빨리 충격 받은 차체 내부와 탑승자 사이에 완충역할을 해야 하기 때문에 0.05초 이내에 에어백 모든 작동이 이루어져야 한다. 그러나 에어백은 엄청난 팽창력에 의한 질식사와 충격의 사고 위험성(특히 어린이)이 있고 급제동이나 저속 충돌 시 등 오 조작에 의한 사고도 있어 앞으로 승객 탑승여부, 안전벨트 착용여부, 어린이 전용좌석의 유무, 탑승자의 위치, 신장, 체중 등 모든 정보를 센서가 인지하여 최적의 에어백 부피와 속도를 계산해서 작동되는 이른바 '스마트 에어백'의 실용화가 곧 이루어질 전망이다.

예방 안전장비

예방 안전장비로서 가장 보편화된 것은 급제동시 자동차의 휠

이 잠기거나 미끄러지는 것을 막아 중심을 잃지 않고 제동거리를 짧게 하고 각 바퀴의 회전을 같게 유지하는 ABS(Antilock Brake System)과 각 바퀴의 부하에 따라 제동력을 다르게 배분하는 전자제어 제동력 배분장치인 EBD, 더 나아가 급코너와 급경사에서 엔진출력을 조절하여 차가 한쪽으로 미끄러지지 않도록 구동력 제어장치인 TCS(Traction Control System/BMW는 ASC, 벤츠는 ASR로 부름)가 있고 ABS와 TCS를 통합하고 차체 기울기 조절 기능을 더한 복합 전자제어 주행안정 시스템인 ESP 또는 ESC(Electronic Stability Program/Control)로 메이커의 상표권과 독자성을 위해 여러 이름(VDC, DSC, VSA, VSC)으로 부르며 고급차에서 이제는 소형차까지 장착되고 있다.

차체 안전

차가 정면으로 충돌을 했을 때에는 차체가 적당히 찌그러져 충격 에너지를 흡수하는 엔진실과 트렁크 부위의 부드러운 크럼플 존(Crumple Zone)과 어떤 충격에도 원형 그대로 견고하게 유지되어야 하는 서바이벌 셀(Survival Cell)이 있어야 하고 측면의 충격을 막아주는 임팩트 바(Side Impact Bar)가 문이 찌그러지거나 정면충돌로 문이 열려 승객이 튀어나가는 것을 막아 주어야 한다.

차체 안전은 기본적으로 차체의 구조와 강도에 달려있다. 차체의 경량화도 이루면서 차체도 이루면서 안전부위에 고장력 강판이나 아연도 강판을 써 계란처럼 단단한 모노코크 차체로 만드는 설계기술과 제조기술이 메이커의 안전 노하우가 된다.

ITS와 첨단 안전차량

자동차업계에서는 완벽한 안전을 추구하기 위한 미래의 첨단안전차 (ASV/Advanced Safety Vehicle)를 오래 전부터 연구하고 실용화하면서 안전시스템을 끊임없이 개발하고 있다. 보행자가 차량과 부딪쳐 보닛 위에 떨어졌을 때 터지는 에어백, 사고가 나면 자동으로 내비게이션에 의해 고객센터로 알리는 시스템, 화재 자동 소화시스템, 운전자가 계기판을 보지 않고도 운행정보를 알 수 있는 헤드업 디스플레이(HUD), 차량용 블랙박스, 차간 차선간 충돌방지 센서 경보시스템 등이 이미 실용화되고 있다. 이 같은 ASV는 앞으로 ITS(Intelligent Transport Systems; 지능형 교통시스템)와 연계해 발전할 것으로 보인다. ITS는 전자, 통신, 컴퓨터 등의 기술이 적용된 첨단 안전 차량과 정보 네트워크가 구축된 도로의 신개념 첨단 교통체계라고 할 수 있다.

안전기준과 인증제도

미국과 캐나다의 안전기준과 인증제도는 거의 비슷하므로 미국을 보면 1966년 '국가교통 및 차량안전법'을 만들어 국가도로교통안전국(NHTSA)을 설치했고 이어 안전관련 규정으로 차량구분, 연비기준, 인증제도, 안전기준을 정하였는데 가장 중요한 것이 미연방의 자동차안전기준(FMVSS; Federal Motor Vehicle Safety Standard)이다. 북미 인증제는 제조업자 스스로 FMVSS에 합격여부가 확인되면 언제든지 판매할 수 있는 자기 인증 (Self-Certification)제도를 채택한다. 그러나 판매 후 사고비중이나 고발건수 등의 안전문제로 정부의 사후확인(Compliance

Test)에 불합격하면 해당차종을 모두 리콜(Recall)해야 한다. 이러한 강제 리콜은 차량의 안전도에 대한 이미지 실추로 경쟁력 상실은 물론 소비자로부터 엄청난 제품책임(PL) 소송에 직면하게 되므로 사전에 FMVSS 규정 및 품질에 대한 안전설계나 확인시험을 거쳐야 한다.

안전도 평가

자동차 안전기준은 국가가 소비자의 안전을 위해 보증하는 최대 기준치가 아니라 최소한의 요구사항이다. 따라서 소비자들에게 자동차가 최소한의 안전기준을 넘어서고 있다는 것을 보여줄 수 있는 방법이 필요했다. 이 대표적인 예가 바로 NCAP(New Car Assesment Program)이다. NHTSA는 1979년부터 매년 수십개의 시험차종을 선정하여 FMVSS 208규정의 충돌속도(30마일)보다 높은 35마일(56.3km/h)로 실시한 결과를 소비자가 이해하기 쉽게(★) 개수로 매년 발표하고 있다. 이 NCAP는 1998년부터 정면 테스트 외에 측면 테스트와 오프셋 테스트(Offset:시험차가 고정 벽에 정면으로 충돌하는 것이 아니라 40~50% 정도 부딪치는 시험으로 가장 많은 사고 사례이고 가혹함)도 추가되었다. 이 같은 NCAP시험 결과는 법적 구속력은 없으나 소비자가 차를 선택할 때 각 차의 안전도를 비교할 수 있는 판단기준이 되므로 차량의 판매에 큰 영향을 미치게 된다. 이밖에 미국 보험회사협회인 IIHS도 미국 내 판매되는 승용차에 대해 차량의 안전과 관련된 모든 통계자료를 대외적으로 발표하는데 이 결과도 판매에 매우 중요한 영향을 미친다. 우리나라도 1999년 소형승용차부터 자동차성능시험연구소에서 미 NCAP와 같이 시속 56.3km의 정면 충돌시험 결과를 발표하고 있다. 테스트는 탑승자가 머리, 가슴, 대퇴부에 치명적인 부상을 입을 확률(복합 상해 율)을 5등급으로 나누어 별(★)의 숫자로 표시한다. 복합 상해 율이 10% 이하면 가장 안전한 수준으로 별이 5개, 중간수준인 20~25%이면 별이 3개, 복합 상해 율이 45% 이상으로 가장 불안하면 별이 1개가 된다.

59 자동차의 연비와 환경

미국 자동차산업에는 매직워드(Magic Word)가 있다. 바로 '환경과 안전'이다. 품질, 고객만족, 성능, 가격과 같은 문제는 기업의 선택이지만 환경과 안전에 관해서는 어느 누구도 피해갈 수 없고 타협의 여지도 없는 필수인 것이다. 특히 지구 환경문제로 대두된 자동차의 환경문제는 국제적인 협약과 규제로 발전하였고 배출가스 기준이나 저공해 자동차의 판매의무도 자동차 메이커의 생존을 위협하기에 이르렀다. 이를 위해 연비절감, 차량경량화, 배출가스 저감장치 개발, 리사이클링 개발, 대체 에너지 차 개발, 신소재·신물질 개발 등이 활발히 이루어지고 있다

자동차 연비

자동차 연비란 자동차에 쓰이는 단위연료 당 주행거리로 이를 연료소비율(Fuel Economy / Fuel Consumption Ratio)로 숫자가 높을수록 기름이 적게 먹는 연비가 좋은 차이다. 연비 단위로 우리나라와 일본은 km /ℓ로 기름 1ℓ로 몇 km까지 달릴 수 있는가를 나타내고 미국은 mpg(Mile per Gallon)로 기름 1갤런

(3.785ℓ)으로 몇 마일을 달릴 수 있는가를 표시하며 독일, 프랑스, 캐나다, 호주 등은 ℓ/100km로 100km 달리는데 기름이 얼마나 드는 가로 나타낸다.

연비의 종류는 크게 수평의 평탄한 직선 포장도로에서 측정구간을 설정하여 이 구간을 일정속도로 주행한 후 측정하는 정속주행 연비와 실제의 주행조건과 도로 상태에서 측정하는 실주행연비, 그리고 시가지나 고속도로의 특정지역 주행패턴을 대표하는 주행모드(Mode)로 시험실의 섀시 동력장비로 재현하여 측정하는 모드연비로 나누어진다. 우리나라는 1988년부터 승용차의 에너지소비효율 및 등급에 관한 정보(정부 공인연비)를 소비자에게 제공하고 있는데 연비 측정방법은 국제적으로 가장 많이 통용되는 LA-4모드(평균속도 31.5km/h)에 의한 배출가스 측정방법(CVS-75 모드 측정방법)이 있다. 그러나 실제 우리나라 시가지 주행은 이보다 속도가 낮아 정부 공인연비보다 10~20% 낮은 보정계수(0.9~0.8)를 곱해야 한다고 한다.

미국의 국가도로교통안전국(NHTSA)은 1978년부터 매년 각 기업이 미국에서 판매하는 차(승용차, 픽업, 밴)의 평균 연비(CAFE : Corporate Average Fuel Economy)를 조사 발표하고 기준치에 미달하면 동일년도 생산모델 총대수를 기준으로 1mpg당 벌금을 물게 한다.

연비 향상을 위해서는 엔진 기술개발, 차체 경량화, 공기저항 감소 스타일 등을 복합적으로 추진하여야 한다. 특히, 정밀한 설계와 제조기술로 각종 기계손실을 줄이는 것도 연비향상의 해결

방법이다. 중형승용차 기준으로 에너지 손실이 93%정도나 되고 실제 주행운동에 들어간 에너지는 7%도 안 되기 때문이다.

차량 경량화

연비를 1% 향상시키려면 차량 중량을 1% 감소시켜야 한다. 1500kg 중량의 승용차 연비를 10% 향상시키려면 150kg이상 차체무게를 줄여야 한다. 차체의 무게를 줄이는 방법은 개별부품의 두께감소, 부품의 간소화 · 통합화, 구조변경을 동반한 소재전환 등이 있으나 가장 효과적인 것은 소재의 경량화를 통해 가능하다고 볼 때 가장 중량이 무거운 철강사용 비중을 줄이고 대신 알루미늄과 플라스틱을 늘리고 동시에 신소재를 개발하는 것이 지름길일 것이다.

직접분사식 엔진개발

가솔린 엔진은 앞으로 연비향상과 출력향상 및 배기가스 저감을 위해서 GDI(Gasoline Direct Injection)엔진시스템이 더욱 확대될 것이다. 기존 희박 연소(Lean Burn)엔진이 엔진의 흡기 포트에 연료를 분사해서 스월 유동을 이용해 공연비가 약 20~25 정도에서 운행이 가능했으나 GDI엔진은 연소실에 연료를 직접 분사하는 초희박 연소 엔진으로 공연비 40이상에서도 운행이 가능하여 연료소모율의 저감 가능성이 2배 정도가 된다.

디젤엔진도 직접분사식 CDI(Common Rail Direct Injection) 초고압 엔진이 소형 디젤엔진의 주축을 이루어 유럽중심으로 추진 중인 '3 리터카 프로젝트'도 가능하게 될 것으로 보인다.

대체 에너지 자동차

　가솔린 자동차가 이 세상에 등장한지 120여 년이 지난 오늘날까지 화석연료의 고갈과 환경문제에 부딪혀 있지만 아직까지도 특별한 대안이 없이 굴러다니고 있다. 자동차가 뿜어내는 배기가스에는 인체에 해로운 신경성 장애를 일으키는 일산화탄소, 광화학 스모그를 일으키는 질소산화물, 산성비의 원인인 황산화물, 지구온난화를 일으키는 이산화탄소 등이 대기오염의 주범으로 꼽힌지 오래다. 환경문제는 어느 한 나라만 규제한다고 해결될 성질의 것이 아닌 전 지구적으로 대처해야 할 인류의 최대 과제로 선진국에서부터 먼저 자동차 오염물질 배출을 규제하고 있고 기준도 강화하고 있다.

　대체 연료차량의 개발은 고갈위기를 안고 가는 기존 휘발유나 경유의 화석연료에서 벗어나면서도 기존 엔진시스템의 기본 구조를 이용하여 개발시간과 코스트를 절감하는데서 출발한다. 이러한 대체 연료로 수소, 메탄올, 액화석유가스(LPG), 압축천연가스(CNG) 등이 있다. 이 가운데 LPG차량은 이미 국내에도 많이 보급되어 있으나 공해문제가 그대로 남아있다. CNG는 매장량이 풍부하고 비교적 위험성도 적고, 1회 충전으로 400㎞나 주행할 수 있다. 그러나 CNG에 국한된 것은 아니지만 연료보급 인프라 정비가 문제이다.

　한편 전기자동차의 역사는 오히려 휘발유 자동차보다 앞선다. 1873년 영국의 로버트 데이비드 존이 전기자동차 회사를 만들었고 1899년 자동차 경주대회에서 전기자동차는 최초로 시속 1백

km를 넘기도 했다. 이처럼 역사가 화려한 전기자동차가 휘발유 자동차에게 밀린 것은 전지의 성능이 따라주지 못했기 때문이다. 기존의 납축전지는 무겁고, 또한 충전시간인 길어 휘발유 자동차보다 현실적 편의성이 떨어진다. 현재의 개발방향도 전지의 성능 향상에 모아진다. 에너지 밀도가 높고 수명이 긴 니켈-수소화물 전지나 리튬 이온전지를 이용한 전기자동차 개발이 주종을 이루고 있다. 하지만 현재까지 개발된 전지로는 휘발유엔진과 같은 성능을 발휘하긴 힘들다.

그래서 자동차메이커들이 당장 실용화할 수 있는 방법으로 하이브리드 카(HEV: Hybrid Electric Vehicle)를 개발하고 있다. 하이브리드란 2개 이상의 동력을 사용하는 것을 말한다. 기존의 휘발유엔진과 전기 모터를 갖춘 것으로 두 가지 종류가 있다. 사용시간에 비해 충전 소요시간이 긴 전기자동차의 단점을 극복하긴 위해 휘발유엔진을 이용, 전지를 충전시키는 시리즈 방식과 사용조건에 따라 휘발유엔진과 전기모터를 교대로 사용하는 패러럴 방식 그리고 이 두 가지를 함께 쓰는 듀얼방식 이 있다. 도요타자동차가 듀얼방식의 '프리우스(PRIUS)'를 '97년 양산형 모델로 처음 개발되어 지금은 전 세계적으로 수십만 대가 팔리는 시장으로 커졌다. 그러나 하이브리드카는 당장 사용이 가능함에도 미래 주역이 되질 못할 것 같다. 에너지와 환경의 모든 문제를 해결해 줄 수소전지 자동차가 실용화되는 20~30년 후까지 한시적일 것이라는 견해도 많기 때문이다.

60 자동차의 공기역학

자동차가 달릴 때 받는 각종 저항을 통틀어 주행저항이라고 한다. 주행저항에는 공기저항(Air Resistance), 가속저항, 타이어의 구름저항(Rolling Resistance), 언덕길에서의 구배저항 등이 있는데 그 가운데 공기저항이 가장 크다. 저속에서는 구름저항이 크지만 속도가 올라갈수록 공기저항의 영향을 많이 받는다. 일반승용차의 경우 시속 60~85km에서 구름저항과 공기저항의 값이 같아지며 그 후부터는 공기저항의 영향이 속도의 제곱 크기로 커진다. 이러한 공기의 저항은 자동차의 연비향상만이 아니라 주행안정성, 핸들링의 향상, 주행 중 소음감소, 차내 환기성능, 엔진 및 제동장치의 냉각성능 향상 등에 모두 관계되어 이를 연구 분야로 하는 것이 공기역학(Aerodymics)이다.

자동차 주행에 미치는 공기의 영향 즉 바람은 크게 셋으로 나눌 수 있다. 차체 앞쪽에서 받는 항력(Drag), 옆바람에 의한 횡력(Side Force), 차체를 위로 뜨게 하는 양력(Lift)이 그것이다. 또한 이들 힘의 중심인 공기역학 중심과 차체의 무게 중심 차이로 인해 앞뒤로 출렁거리는 롤링(Rolling), 옆으로 흔들리는 피칭

(Pitching), 롤링과 피칭이 복합적으로 작용해 차가 도는 듯 한 요잉(Yawing)이 나타난다.

공기역학적으로 가장 이상적인 차는 주행을 방해하는 6분력이 최소화 된 것이다. 항력, 횡력, 양력을 최소화하면 그에 따른 모멘트도 최소화되기 때문에 자동차 디자인은 6분력 중에서도 3가지 공기 저항력을 줄이는데 역점을 둔다. 전면 바람의 저항을 표시하는 항력계수 단위로 cd계수(Drag Coefficient)가 있다. 편의상 사람의 경우를 1.0로 보고 정사각형 판은 1.1, 계란이나 돌고래 형이 0.043~0.045, 비행기는 0.1~0.19, 승용차는 0.3 전후, 버스는 0.38, 트럭은 0.8 정도이다.

공기저항의 대부분은 후류와 후방 와류에 의해 생기는 승용차 후미 상부에 저압구역이 생겨서 압력 항력과 양력 그리고 유도항력이 증가하는 것이다. 양력은 비행기에서는 도움이 되나 자동차에서는 차체가 위로 떠 바퀴와 지면과의 접지력이 떨어져 구동성능과 조향성능에 나쁜 영향을 미친다. 이런 후류와 후방와류를 방지하는 것이 에어 스포일러와 역 양력 날개, 차체 부착물(Body Extension) 등이다.

61 자동차 기술의 미래

자동차 기술은 2000년 이후 제품의 고부가가치화에 전자제어 부품의 확대가 주류를 이루면서 자동차 메이커는 제품기획에 집중하고 내제 부품부문을 외주화하고 있고 부품업체는 시스템 공급자로서 모듈시스템의 개발능력을 강화하고 있다. 향후에는 차세대 전자제어 기술, 기존 시스템의 통합, 고도 모듈 채용확대, 바이 와이어, 연속가변 확대, 센서향상에 의한 충돌회피 등의 고도 제어장치가 확대 될 것이다.

환경 부문

환경부문은 고유가와 지구온난화로 친환경 차와 대체 연료 차의 보급량이 늘 것으로 보인다. 엔진 연소제어의 혁신과 함께 엔진제어시스템이 고도화 될 것이다. 1,800bar이상의 초고속 연료 분사장치인 피에조 커먼레일이 상용화되고 대체 연료엔진에서 Bio-Diesel, CNG 엔진이 획기적으로 발전할 것이다.

하이브리드 자동차는 상용화 모델을 세계 업계가 모두 경쟁적으로 쏟아내고 있다. 이어 수소와 산소의 화학반응을 이용한 수소연료전지를 원동력으로 기존의 내연기관 대신 전기모터로 자동차를 구동하는 친환경 미래차는 개발이 더욱 빨라질 것이다. 현재는 고순도의 수소를 경제적으로 추출하는 기술과 수소 저장탱크의 성능을 개선해 수송 저장용량을 키워 주행거리를 늘리는 것이 해결해야할 당면과제이다. 한편 변속기부문에서는 고효율과 성능향상이 가능한 CVT, AMT, AMT용 듀얼클러치, 다단변속기(6, 7, 8단)가 일반화되고 있다.

안전 부문

전자제어와 통신기술의 발전으로 운전자와 보행자를 보호하는 적극적인 예방안전 시스템이 더욱 빨라질 것이다. 에어백의 장착 부위가 확대되었고 스마트화가 진전되었으며 ABS등 능동적 안전 분야에서는 제어가 고도화되면서 ESP, ESC(전자식 안전제어)와 브레이크 록(Lock)제어가 가능해졌다. 궁극적으로는 수동적 안전시스템과 능동적 안전시스템이 복합되고 통신기술이 어우러져 악천후 상황과 주변위험을 인식하는 'Pre-Crash Safety' 등의 위기회피 종합 주행시스템이 구축될 것이다.

정보통신 부문

자동차에 적용되는 대표적인 정보통신 기술은 첨단 안전 자동차(ASV), 텔레매틱스, 지능형 첨단 교통시스템(ITS : Intelligent Transport System)으로 차량 간, 차량과 도로 간의 통신을 통한 위험 회피, 교통정보의 전달 등 다양한 기능이 추가되어 지금까지는 폐쇄공간이었던 자동차는 외부사회와 연결되는 개방화가 더욱 촉진될 것이다.

감성품질 부문

감성품질(感性品質)은 운전자와 동승자가 쾌적함을 느끼고 운전을 즐겁게 할 수 있도록 만드는 성능을 의미한다. 즉 진동, 잡음 억제, 촉감, 공기조화 및 항균, 외관 및 디자인, 온도, 습도, 조작편의성 등 운전자와 동승자의 기분을 고려한 제품개발 전반에 걸친 분야이다.

감성품질은 범위와 기준이 확실한 여타 분야와는 달리 측정이 어렵다. 예를 들면 차량이 고급차냐, SUV냐, 스포츠카냐에 따라 소비자가 요구하는 내용이 달라진다. 더구나 국가별·지역별로도 소비자의 기호가 대단히 큰 차이를 보이고 있기 때문이다.

62 자동차 동력원의 미래와 하이브리드카

자동차산업의 패러다임이 바뀌고 있다. 이 가운데 특히 주목되는 것이 파워트레인의 변화로 기존의 내연기관을 하이브리드 또는 연료전지 시스템으로 대체할 것이라는 전망이다. 무엇보다 향후 40년 내에 석유고갈의 문제에 부딪히고 지구환경에 대한 관심이 고조되기 때문이다.

가솔린과 디젤로 대표되는 내연기관은 하이브리드 시스템의 등장이후 언제까지 살아남을 수 있을 것인가가 관심거리가 되었지만 가솔린 엔진은 직접 분사방식, 디젤엔진은 커먼레일 등을 적용하여 고연비, 저공해를 현저히 실현시켜가고 있다. 내연기관은 기존 자동차의 인프라를 가장 효율적으로 이용할 수 있으며 제작비도 가장 저렴하여 대단히 매력적이기 때문이다.

하이브리드는 20년 후 주류로 등장

그러나 1997년 양산 판매된 하이브리드 시스템은 기존 인프라를 잘 활용하면서 내연기관에 뒤지지 않는 성능에 탁월한 연비로 대중화보급에 성공적으로 진입하였다. 2010년이면 연간 1백만

대 판매가 예상되고 향후 20년 후에는 자동차의 주류로 자리 잡을 전망이다. 왜냐하면 궁극적인 미래형 친 환경차로 평가되는 수소를 이용하는 연료 전지차가 대중화되려면 앞으로도 20년 이상 소요될 것으로 예상되기 때문이다.

하이브리드카는 도요타가 1997년 1단계로 '프리우스' 모델을 세계 최초로 양산 판매를 시작하고 2단계로 2003년 모터의 출력을 높여 주행기능을 대폭 강화한 신형 프리우스를 출시 2006년 말 총 6개 모델을 북미지역을 중심으로 판매를 강화하고 있다. 앞으로 가장 큰 문제인 차량가격을 대폭 낮추고 연비(프리우스 시가지연비 25.5km/ℓ, 혼다 시빅 20.8km/ℓ, 포드 이스케이프15.3 km/ℓ-2007년)가 더욱 향상되리라고 보는 2008년 이후에는 대중화에도 크게 기여할 전망이다.

한편 세계 최대시장인 미국에서 인기를 얻으면서 도요타와 혼다가 시장을 선점하였고 2004년 이후 포드가 '이스케이프 하이브리드'를 출시하면서 GM과 다임러 크라이슬러, BMW도 하이브리드 카 모델 개발을 본격화하고 있다. 우리나라도 현대자동차의 가솔린 하이브리드카는 2009년경, 쌍용자동차의 디젤 하이브리드카는 2010년경 이후에 시판될 것으로 보인다.

하이브리드카의 성공여부는 차량가격에 달려있다. 지금은 각국 정부가 차량구입 보조금을 지원하는 인센티브와 고유가에 따른 연비경제성이 뛰어나 꾸준히 수요가 증가하고 있으나 2008년 이후 획기적인 기술향상과 세계적 메이커의 여러 모델이 시장에 쏟아지면 2010년경 세계 수요는 1백만 대에 이르고 2015년이면 4백만 대를 넘어선다는 전망도 있다. 그러나 '하이브리드 차는 성장을 하나 시장규모는 작은 틈새시장으로서 교통량이 많은 도심에서 가다 서다를 반복할 때만 효과적일 뿐 다른 도로에선 효과가 크지 않아 모든 차가 하이브리드로 바뀌는 시대는 오지 않는다.' 는 견해도 있다.

산업혁명 이후 새로운 변혁 - 연료전지 혁명

'인간의 생활은 에너지의 소비' 그 자체이다. 그래서 혁신적인 에너지장치의 등장은 인류 사회의 대변혁을 가져온다. 18세기에 일어난 산업혁명도 '열기관(熱機關)'의 등장이 계기가 되었다. 증기기관 등의 열기관이 등장함으로써, 다양한 산업이 기계화하고 여러 종류의 물건이 대량생산된 것이다.

그리고 21세기에는 산업혁명이후 새로운 대변혁이 인류사회에 찾아올지도 모른다. 그 주역이 수소들을 연료로 하는 새로운 발전장치인 연료전지(燃料電池)이다. 21세기 안으로 휘발유 엔진은 그 모습을 갖추고 연료전지 자동차가 그것을 대신할지도 모른다. 일본에서는 2020년 500만대, 2030년 1,500만대를 보급목표로 개발에 착수하였고, 전문 조사업체인 '글로벌 인사이트'는 세계 수요 전망에서 2040년에는 연료전지 차가 8천만대가 팔려 전 세계 차량 판매대수의 90%를 차지할 것으로 예측하고 있다.

세계 유수의 자동차 회사들은 지금 거액을 투자해 연료전지 차 개발을 서두르고 있다. 전기자동차 충전지를 연료전지 차로 바꾼 것이 연료전지 자동차이다. 가격이 폭등하는 휘발유가 아니라, 저가로 얻을 수 있는 수소가 이용되면 누구나 연료전지 자동차를 탈 것이다. 그러나 지금은 1대에 10억 원에 이르는 비용을 얼마나 낮추고, 휘발유 주유소를 대신할 '수소 스테이션'을 설치하는 등의 문제가 시장 진입을 가로막는다.

수소를 간편하게 차에 싣는 좋은 방법도 아직은 없다. 일반적으로 휘발유를 가득 채우면 500km정도 달린다. 같은 거리를 연료전지 자동차가 달리기 위해서는 약 5kg의 수소를 필요로 한다. 현재 많은 자동차회사는 350기압이라는 고압으로 수소를 탱크에 넣는 방법을 검토하고 있다. 이 경우 5kg의 수소 부피는 약 200리터가 된다. 휘발유차의 탱크용량의 3~4배가되는 데 어떻게 차의 한정된 공간에 배치하느냐가 문제이다.

BMW방식의 수소 엔진차 개발

한편 과도기적으로 수소를 전기로 변환해 모터를 동력원으로 하는 연료전지 차와 달리 기존의 가솔린 엔진을 개조해 액체수소를 직접 연소시키는 수소 엔진차는 BMW 주도로 개발되고 있다. 이 경우 기존의 엔진과 변속기를 그대로 쓰고 기존 차와 같이 가속력도 내며 기존의 조립라인을 그대로 쓸 수 있는 장점이 있다. 다만 수소를 액화시키려면 섭씨 영하 253도라는 극저온으로 해야 하고 액체 수소 충전소를 세워야 한다. 또 30%의 에너지가 사라지는 단점이 있다. 결국은 어떤 시스템이 차세대 표준이 되느냐의 문제이지만 세계 대부분의 업체가 연료전지 차로 개발 방향을 잡고 있어 내연기관이 있는 수소차를 개발하는 BMW가 언제 고집을 꺾을지 아무도 모른다.

63 텔레매틱스 발전의 미래

자동차 산업의 최후 낙원?

텔레매틱스(Telematics)란 통신(Telecommunication)과 정보과학(Informatics)의 조합으로 통신의 쌍방향성과 정보과학의 정보성을 함께 갖춘 것이다. 이러한 텔레매틱스의 서비스는 차량관련 서비스와 비차량관련 서비스로 나눌 수 있다.

차량관련 서비스

구분	내용
리얼타임 NAVI	·정보통합형 NAVI. ·교통정보
긴급서비스	·에어백 작동통보 ·긴급 정보차량추적
차량서비스	·원격진단 ·S/W Up-date
인텔리젠트 교통	·GPS 브레이크 ·GPS 라이트 ·상황대응 크루즈컨트롤

비차량관련 서비스

구분	내용
인터페이스	·휴대폰 ·음성인식 · PDA
정보제공	·일반 뉴스 ·개인 대응형 뉴스
모바일 서비스	·뱅킹, 쇼핑
엔터테인먼트	·음악, 비디오 ·쌍방향 게임
커뮤니케이션	·인터넷, E-mail

텔레매틱스의 시장에는 자동차 메이커, 텔레매틱스 서비스 제공자, 부품 메이커, 콘텐츠 제공자, 통신회사가 수입을 나누게 될 것이지만 아직은 시장규모를 확실하게 추정하기 힘들다. 차내라는 한정된 공간을 얼마나 매력적이고 풍부한 서비스로 채울 것인지, 인프라가 제대로 갖추었는지, 다양한 콘텐츠가 제공될 것인지 아직은 미지수다.

1996년 미국에서 포드가 'RESCUE서비스'로 시작하여 1997년에는 GM, 벤츠, BMW가 잇달아 서비스를 개시하고 이어 유럽과 일본메이커 전체로 확대되었다. 그러나 2004년에 들어서도 확고한 비즈니스 모델을 확립한 기업은 하나도 없다.

텔레매틱스의 수요가 늘지 않는 이유는 무엇일까? 가장 큰 이유는 현 단계에서 이용자에게 제공할 수 있는 서비스에 매력이 없다는 것이다. 텔레매틱스 기술로 제공할 수 있는 서비스의 가능성은 무한하지만 이것을 어디가지나 가능성일 뿐 니즈가 없는 콘텐츠를 아무리 만들어도 소용이 없다. 가령, 사고 지원이나 긴급서비스는 분명 훌륭하지만 많은 소비자들은 자신에게 그런 사고가 일어날 것이라고 생각하고 추가적인 비용을 지불하지 않는다는 것이다.

그렇다고 텔레매틱스에 미래가 없는 것일까? 한 조사에 의하면 텔레매틱스 시스템은 '강력한 엔진'처럼 높은 구매요인이라고 한다. 특히 한번 써본 소비자는 신차구입 때 텔레매틱스 시스템의 유무 여부에 영향을 받는다고 65%가 응답했다. 텔레매틱스의 미래는 모바일 유비쿼터스가 유익한 서비스를 다양하게 제공할 것으로 보이는 2008년경 수요 급증의 터닝 포인트로 보고 있다.

8

자동차 생산

자동차 공정의 프로세스와 역할을 이해한다.
자동차공장의 경쟁력을 알아본다.
도요타자동차와 우리 현장을 비교한다.
자동차공장의 이상적인 미래 모습을 구상한다.

64 자동차 생산의 개요

자동차 공장의 모습

자동차는 거대한 공장, 현대식 생산설비, 고도의 집중성, 세분화된 분업구조, 대규모의 동질화된 노동력으로 일관조립 생산에 의존하는 전형적인 산업이다. 따라서 수많은 부품과 재료가 순차적으로 투입되고 이동 조립으로 대량생산되므로 공정간 고도의 협력과 조화를 필요로 하고, 생산 활동의 원활한 흐름과 유기적 결합이 절대적으로 중요하다.

자동차 생산체계의 특성은 대규모의 공정을 통해 생산하는 반복성에 있다. 대량 반복생산을 위해서 작업공정은 세분화되어 있으며, 공정들의 긴밀한 연계 하에 동일한 동작이나 작업이 짧은 공정 사이클로 끊어졌다, 이어지면서 생산이 이루어지는 것이다. 따라서 공정의 효율성을 높이고 일의 '틈'을 제거하는 작업의 유연성(Flexibility)이 원활한 흐름생산을 유지하는 전제가 된다.

자동차공장은 거대한 공장의 복합체이다. 프레스공장, 차체공장, 도장공장, 의장조립공장을 축으로 엔진 및 변속기를 생산하는 주조공장, 단조공장, 가공조립공장이 서로 연결되어 있다. 이밖에도 종합자동차 공장인 경우 수 개의 승용차 조립공장 외에 트럭, 버스, 특장차를 생산하는 공장이 밀집된 거대한 공장 군을 이루고 있어 수많은 생산정보를 통합하는 고도의 관리체계를 갖추어야 한다.

세계 최대 현대자동차 울산공장

현대자동차 울산공장은 현대자동차의 가장 중요한 생산기지로 세계최대 규모의 단일 공장이다. 프레스, 차체 조립, 도장, 의장 조립의 4라인을 가진 완성차 공장이 5개나 있고 자동차의 주요 소재를 만드는 9개의 주조공장, 7개의 엔진공장, 변속기 공장 시트공장 외에 20만평 규모의 종합주행시험장과 부두길이 830M로 전용운반선 3척을 동시에 접안할 수 있는 수출 선박부두도 있다.

150만평의 부지 외에 연건평 70만평의 생산설비에서는 하루 평균 5,600대의 차량이 생산된다. 근무시간 대비 생산대수로 보면 12초에 1대가 자동차라인에서 나오는 셈이다. 공장직원은 3만4천명으로 순환제 20시간 근무하면 연간 생산량을 160만대에 달한다. 한편 세계적 수준의 생산설비를 갖춘 아산공장은 가장 안정된 품질을 보여주는 쏘나타와 그랜저를 생산한다. 4개 차종을 동시에 생산할 수 있는 유연생산 시스템과 높낮이 조절이 가능한 인체공학적 생산라인으로 한 대 차량을 생산하는데 투입되는 시간과 인력을 수치로 나타내는 대당 투입공수(HPV)가 2004년 기준으로 20.5를 기록해 도요타의 20.7과 비슷하고 현대차 평균이 32.2를 감안하면 아산공장은 월등하게 우수한 공장이다.

65 자동차의 생산 공정

자동차 생산공정은 승용차를 기준으로 크게 ▷프레스 (철판 절단 및 압축성형) ▷차체 (프레스 철판의 용접, 조립) ▷도장 (차체의 방음, 방진, 방청처리 및 색 도장) ▷의장 (차체의 내·외장 및 새시 조립) ▷최종 테스트 등으로 구성되어 있다.

자동차 제조공정 개요

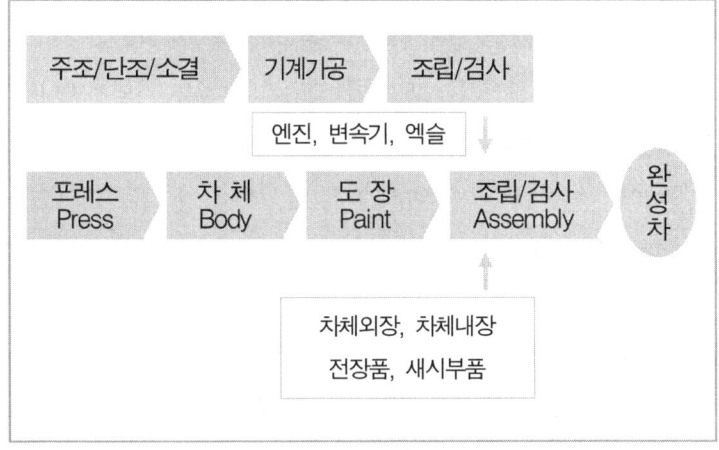

자동차를 구성하는 가장 핵심적인 부품은 엔진과 기어류이다. 엔진공장은 주물, 단조, 가공, 조립공정으로 이어지면서 하나의 흐름 생산체계를 구성하고 있다.

주조 공정

자동차의 심장부의 엔진이나 기어 등의 주요부품은 거의 주물로 만들어진다. 실제로 자동차 소재의 약 15%가 주철소재이며, 알루미늄 합금이 5%이다. 주조(鑄造)는 크게 주철 주조와 경합금 주조로 나누어지는데 주철 주조는 엔진 및 새시 등의 주물소재를 생산하는 것이고, 경합금 주조는 알루미늄 부품을 생산하는 것이다.

단조 공정

금속재료를 소성 유동하기 쉬운 상태에서 압축력 또는 충격력을 가하여 단련하려는 것을 단조(鍛造)라 한다. 철강이 주조된 상태에서는 조직이 균일하지 못하기 때문에 이것을 가열하거나 소성변형을 통해 내부조직을 기계적으로 파괴, 조직의 균일화를 얻는 것이다. 주요 단조품은 크랭크샤프트, 각종 기어류, 등속 조인트, 리어액슬 샤프트 등이 있다.

열처리 공정

자동차를 구성하는 각종 부품 중 강도와 내구성 및 고도정밀성이 요구되는 기어류와 샤프트류에 필요한 공정이다. 열처리는 강도의 내구성을 높이고 고도의 정밀도를 가능하게 함으로써, 추후 기계가공을 용이하게 하고 조직 균일화와 절삭성, 표면처리의 안정을 가능하게 한다.

기계가공 공정

기계가공(절삭가공)은 불필요한 부분을 제거함으로써 필요 치의 치수형상 또는 표면성질을 얻는 선삭, 드릴링, 연삭 등을 말하는 것이다. 주요 기계가공 부품으로는 실린더 블록, 실린더 헤드, 크랭크샤프트 등의 엔진부품, 미션 케이스, 메인 기어, 메인 샤프트 등의 엔진부품, 미션케이스, 메인 기어, 메인 샤프트 등의 트랜스미션 부품, 스티어링, 기어 하우징과 같은 스티어링 부품 등과 엑슬 부품을 들 수 있다.

엔진조립 공정

엔진은 전체 작업공정 가운데 가장 많은 부품(약3천 종)이 조립되어 하나의 부품을 형성하게 되는, 이른바 '자동차의 심장'을 만드는 곳이다. 엔진이 완성되기까지는 대략 ▷소재 입고 ▷기계가공 ▷단품 조립 ▷워싱(Washing) ▷엔진 조립 등의 다섯 가지 공정을 거치게 된다.

프레스가공 공정

프레스가공은 자동차의 외형을 만드는 패널을 만드는 과정으로서 코일형태로 입고된 철판을 필요한 크기로 자르고 여기에 금형을 장착한 프레스기계로 찍어서 일정한 성형의 철판조각(Panel)을 만든다. 자동차의 프레임, 보디, 브래킷 등의 무게는 자동차 총 중량의 50%이상을 차지하고 있는 데, 이들이 모두 프레스가공을 거치는 강판을 소재로 하고 있다. 프레스공정은 입고된 코일을 세척하여 블랭킹 프레스에서 금형과 프레스를 이용해 자동차 각부에 들어가는 패널을 성형하기 좋은 최적의 평면 철판 형태로 생산, 프레스가공 라인으로 옮겨 역시 금형과 프레스를 이용, 필요한 형상을 만드는 것이다.

차체 용접가공 및 조립공정

용접은 접합부분을 용융 또는 반용융 상태로 만들어 접속하고자 하는 두 개 이상의 물체나 재료를 직접 접합시키거나 용가재(Filler Metal)를 첨가하여 접합하는 작업을 말하고 차체 조립공정은 차체 각 부분 패널을 용접, 실러, 납땜, 볼트, 헤밍, 마무리 작업으로 조립해 차의 모양을 만들어내는 과정이다. 한 대의 차체를 조립하는데 보통 450여 개의 크고 작은 프레스 가공품이 소요되고 필요한 용접 포인트가 거의 6,000점에 달한다는 사실을 감안할 때, 공장자동화라고 하면 먼저 차체 조립공정을 떠올리게 되는 것이다.

도장 공정

자동차 표면에 도료를 칠하는 도장은, 녹이나 부식으로부터 소재를 보호하고, 아름다운 색채로 다른 차종과 다르다는 것을 나타낸다. 특히 자동차는 세계 각지의 다양한 기후와 환경조건 속에 오랜 기간 사용되기 때문에 도장공정은 높은 수준의 품질과 기술이 요구된다. 이와 같은 특징 때문에 자동차도장은 일반도장과는 비교할 수 없을 정도로 복잡한 공정을 갖고 있다. 이를 살펴보면 ▷방청을 주목적으로 하는 전처리 공정 ▷외판은 물론 차체 내부까지 균일하게 도장하여 차체의 부식을 방지하는 전착 공정 ▷보디와 패널이 겹치는 부분 등에 실러를 도포 하는 실러 공정 ▷차체 바닥이나 도어 내부에 언더코팅을 하여 주행 시 소음과 진동을 줄이는 언더코팅 공정 ▷상도의 질을 높이기 위한 중간칠 작업인 중도공정 ▷차체 표면의 미관과 색채감의 품질을 결정하는 상도 공정 ▷마무리 공정으로 되어 있다.

차량조립 공정

차량의 조립공정은 도장된 차체에 3천여 종에 이르는 내장, 계기판, 시트, 창유리, 전장품 등 실내외 의장·전장부품과 엔진, 트랜스미션, 차축 등의 유니트류를 조립 장착하며 배선·배관작업을 하여 차량으로서 완성하고 품질확인을 하여 상품으로서 마무리하는 최종공정이다.

또한 완성차 검사(테스트)라인은 고객의 곁을 찾아가기 전에 최종적으로 시험과 확인을 거치는 '유종의 미'를 거두기 위한 과정이다. 대표적으로는 휠 얼라인먼트 검사, 헤드램프 조향각도 조정, 엔진룸 검사, 각종부품 장착 상태확인 및 기능검사와 수정작업을 하게 된다.

66 자동차의 생산관리시스템

　차량의 개발기획에서 생산개시까지의 기간은 보통 3~4년이다. 차량의 개발계획에 따라 부품의 자체 생산 또는 외주조달을 결정하여 생산설비와 금형 등을 제작하고 품질, 코스트, 생산량, 생산시기 등이 목표와 계획에 맞게 이루어지도록 하는 것이 신차 생산준비의 과제이며 생산기획이라고 할 수 있다.

생산기술

　생산기술은 생산시스템의 구축 및 제조 조건을 설정하기 위한 생산공장의 설계, 개선 등의 기술로서 시스템기술, 프로세스기술 그리고 설비기술로 이루어진다. 이러한 생산기술은 바로 도면과 기술 사양이 똑같은 설계품질의 자동차를 가장 경제적으로 만들기 위해 제조품질의 개선, 생산성 향상 및 납기 단축을 목적으로 한다.

　생산기술 가운데 중요한 것이 시스템기술이다. 시스템이란 제품설계와 공정설계 그리고 공정(설비와 작업)이 제 기능을 발휘하여 계획대로 제품이 나오도록 '체제'를 만드는 것을 말한다. 다시 말해 공정제어라는 체계로서 '물건 만들기'의 기본인 가공, 조립, 출고검사로 이어지는 자재의 변화과정 즉 물류의 흐름(Material Handling System)이 어떻게 설계되고 관리하느냐 하는 정보기술이 결합된 시스템기술이다.

생산계획과 BOM 관리

생산계획은 생산활동의 기초가 되며 단기에서 장기까지 책정된다. 이 계획에는 자재구입계획, 재고계획, 인원계획을 포함하여 장단기 수요예측에 따른 월간/주간/일일단위의 계획이 있고, 이에 따라 공정편성, 자재부품 수배, 기계설비 및 치·공구수배, 인원수배, 자금계획 등이 이루어진다.

생산계획은 판매수요를 예측하여 1~3개월 단위로 확정하여 생산과 자재부문에 물량과 납기를 정하여 생산 또는 납입하라는 지시를 한다. 이 지시가 잘못되면 결품, 과잉재고, 공정과 물류의 불균형이 발생하므로 정확한 수요예측과 생산계획은 재고삭감과 공장 가동률 향상에 매우 중요하다.

월간 생산계획과 부품 구성표(BOM)에 따라 자재를 발주하고 판매주문을 감안하여 일일 생산계획에 정해진 차량 투입순서로 차체공정부터 투입된다. 이런 모든 공정별 생산지시는 컴퓨터에 의해 통제된다. 이때 생산에 필요한 정보의 하나인 부품 구성표(BOM ; Bill Of Material)는 제조업체의 기술데이터를 생성, 구성, 유지, 전달하기 위한 EPL(Engineering Part List)로서 설계상의 기술정보, 구성부품의 생산자재 원가 등 회사의 기본정보가 된다. 따라서 BOM은 전사적으로 통합된 시스템과 정보체계로 운영되어야 한다.

자동차공장의 가동률과 가동시간

자동차산업의 적정 가동률은 대체로 80% 전후로 보는 것이 일반적이다. 자동차는 조립-부품 부문간, 조립 공정간 100% 시설 일치가 어렵고 또 장치산업의 요소가 있어 선행수요를 미리 예상하고 시설확장을 해둔 후 경기변동에 따라 일정 수준의 유효 설비를 보유해야한다.

가동률 산정기준으로 연간 총 가동시간은 8,660시간(365일×24시간)이나 80% 가동 시는 6,928시간이 된다. 그러나 공휴일, 노사단체협약에 따른 근로시간, 노사분규와 부품공급 차질에 따른 가동정지 시간까지 예상하면 연간 가동 일수는 220여일 정도밖에 되지 않는 데다 3조 이상의 교대근무가 아닌 2조 주야간 교대근무 또는 주간 조 근무형태도 있어 실제 공장 가동은 연간 3,000~5,000시간 수준에 있다. 예를 들어 연간 4,000시간 가동공장의 경우 1시간당 60대를 생산(Tact Time 60초/시간당 Job 수 60대)하는 승용차공장의 경우 연간 24만대 생산공장이 된다. 일반적으로 국제경쟁력을 갖춘 소형승용차의 생산능력은 연간 30만대로 볼 때 연간 정미작업은 약 5,000시간 정도가 되어야 한다.

생산관리의 목표

기업의 목표는 매출액을 중심으로 한 성장추구와 실리를 추구하는 수익성향상으로 크게 나눌 수 있다. 기업은 이 두 개의 목표 중 어느 것에 중점을 두느냐에 따라 생산관리의 목표가 결정된다. 생산관리의 목표는 △제품이나 서비스를 신속하게 제공하는 신속성(Speed) △소비자의 다양한 욕구를 충족시키기 위해 다양한 제품이나 서비스를 제공할 수 있는 다양성 혹은 유연성(Flexibility) △경쟁자보다 싼값으로 제품 및 서비스를 제공할 수 있는 저가생산능력(Cost Efficiency) △주어진 가격대비 최고의 품질을 제공할 수 있는 품질관리 능력(Quality Management)의 향상 등을 들 수 있다.

생산관리의 목표와 수단

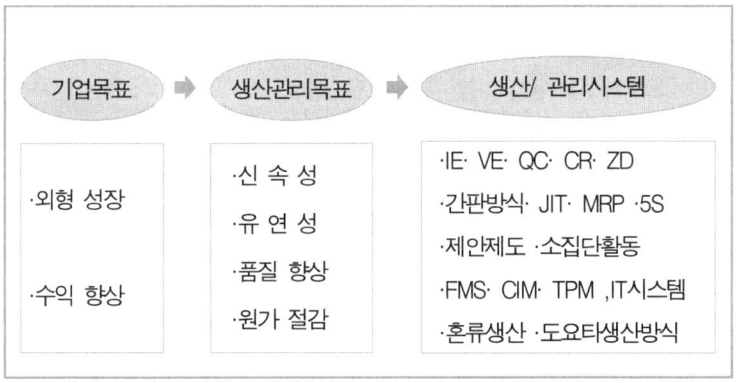

자동차산업에서 생산방식은 각 나라마다 메이커마다 다르다. 오늘날 도요타생산방식이 최고의 성과를 낸다고 모두 이 방식을 도입할 수는 없다. 생산방식은 작업조직, 인적자원관리, 부품업체와의 관계, 노사관계 등 여러 요인에 의해 오랜 기간의 관행과 진화의 과정을 거치면서 형성되기 때문이다. 이러한 관계에서 세계 자동차산업의 가장 이상적인 '베스트 벤치마킹 생산' 방식과 우리나라 선도메이커의 생산방식을 비교해 보면 아직도 격차가 큰 것이 사실이다.

자동차산업의 생산방식 벤치마킹 비교

베스트 벤치마킹	구 분	현대자동차
유연 생산체제, 모듈화, 플랫폼 통합	생산기술	최고 수준에 상당 정도 근접
고숙련, 높은 참여	작업 조직	저숙련, 낮은 참여
수평적 네트워크, 기술협력, 적기조달 시스템	부품업체관계	수직적 위계, 비용절감 서열납품 시스템
근로의욕을 유발하는 인사 및 급여 시스템	인적자원관리	근로의욕과 무관한 인사 및 급여 시스템
참여와 협력	노사관계	대립과 갈등
고급 품질, 고가 제품 다양한 모델의 소량생산	종합 경쟁력	중급 품질, 중저가 제품 소수 모델의 대량생산

자료: 한국적 생산방식은 가능한가!? (2005년, 조형제)

린 생산방식

도요타생산방식(TPS:Toyota Production System), '린(Lean) 생산방식' 등으로 부르는 생산시스템은 수십 년에 걸쳐 서서히 구축되어 온 진화의 결과이며 도요타자동차의 국제경쟁력의 원천이 되었다. 이를 다시 확인한 것이 「The Machine That Changed The World(세상을 바꾼 자동차)」라는 책으로 1990년 미국 매사추세츠 공대(MIT)의 국제자동차 프로그램(IMVP)의 결과로 출간 발표되었다. 일본 자동차산업의 경쟁력은 '린 생산방식'(도요타식 생산방식의 어떤 부분을 재해석한 이념형)이라는 생산·구매·개발 등의 총체적 시스템의 강점이라고 지적했다. 이 '린 방식'은 이후 미국과 유럽의 기업이 벤치마킹하여 세계 자동차업계의 일반적인 선진방식으로 자리 잡았다. 이러한 린 생산방식은 그 원형이 되고 있는 도요타생산방식에서 보여주는 끊임없는 개선시스템, 즉 생산성, 품질, 납기, 유연성을 동시에 해결하기 위한 문제 해결 및 조직학습 구조가 먼저 이루어져야 한다.

대량 생산방식과 린 생산방식의 비교

대량 생산방식 (Mass Production)	구분	린 생산방식 (Lean Production System)
포드식 대량생산	기본 방식	도요타 생산방식
단순성(소품종 대량생산)	제품	다양함(다품종 소량생산)
문제의 원천	작업자	혁신의 원천
한정된 완전성 (그만하면 충분)	작업 목표	무한한 완전성 (절대적 결함 제로)
관리자가 통제	작업정보유통	정보공유(눈으로 보는 관리)
개인이 해결	문제 해결	소집단 활동 태스크포스팀
Repair라인에서 결함처리	결함발생처리	즉시 라인스톱, 현장 처리
IE전문가 간접노동자가 담당	품질개선활동	작업팀이 직접개선 활동 추진
날짜별, 주별로 납품	납품 방식	직접라인에 납품(간판방식)
어느정도 재고허용(1주일분)	재고	재고 제로(0)

노동생산성

　일반적으로 완성차 조립공장의 노동생산성은 HPV(Hour Per Vehicle)를 쓴다. 즉 프레스 공장을 제외한 차체, 도장, 조립공장의 연간 총 직접과 간접 Manhour를 총 생산대수로 나눈 것으로 생산라인과 관련 있는 생산관리, 생산기획, 공장관리, 자재물류, 보전, 품질(일부)을 포함한다. 2004년 북미 메이커의 승용차 평균은 24, SUV는 25, 유럽 메이커 SUV는 31수준이며 현대차 아산공장이 20.5, 도요타 공장 평균이 20.27, 현대차 공장 평균이 32.2로 나타나고 있다.

현장관리와 개선

　생산현장의 기본 목표는 필요한 물건을 필요한 양만 필요한 때에 값싸고 품질 좋게 만드는 것이다. 즉 '품질관리'와 '제조관리'가 현장의 관리 포인트로 이 둘은 서로 밀접한 관계가 있다.

　생산현장의 최대의 적은 낭비와 불량이다. 불량품을 만들기 않고 라인에 흐르지 않도록 하고 '필요한 것을 필요한 때에 필요한 만큼' 만드는 이외에는 모두 낭비이다. 낭비와 불량을 없애려면 가장 필요한 의식이 '문제의식'과 '개선의식'이다. '문제를 어떻게 해서든지 없애자.' '어딘가에 문제가 있다'는 '문제의식'을 갖고 '3현주의(현장에서 현물로 현실적으로)와 문제를 풀어 가는 '5 why'가 작업자의 몸에 배어야 한다.

67 자동차의 품질관리

품질의 정의

세계에서 가장 우수한 품질의 자동차를 만들자고 했을 때 여기서 말하는 품질이란 무엇일까? 품질이란 일반적으로 '그 제품을 사용했을 때의 상태로서 제품의 좋고 나쁨을 나타내는 성질·역할·성능' 등이 어떠한가를 기준으로 말한다. 즉 '요구사항에 대한 일치'이다. 따라서 좋은 품질이란 '고객이 그 제품을 사용했을 때 고객이 바라는 기능을 충분히 발휘할 수 있는 것'이라고 할 수 있다. 따라서 '작업표준 그대로 만든 차' '검사에 합격한 차'가 다 좋은 품질의 차가 아닌 것이다. 이러한 품질은 고객의 관점이나 개발과정에서 여러 가지 개념이 있다.

첫째, 시장품질이다. 고객이 원하는 품질을 말한다. 스타일이 산뜻한 것, 승차감이 좋은 것, 내장이 화려한 것, 값이 싼 것, 안전한 것 등 시장에서 고객이 요구하는 것을 조사하여 정해지는 품질이다.

둘째, 설계품질이다. 고객의 요구를 정확히 반영하여 설계단계에서 이를 완벽하게 구현하는 것이다. 이때 설계과정의 실수나 전문성 부족으로 생겨난 품질문제는 양산 후 설계 변경을 통해 지속적으로 개선해야한다.

셋째, 조립품질이다. 완성품질이라고도 한다. 설계 품질대로 각각의 부품을 정확하게 제조·조립되었지만 전체적인 조화와 균형이 안 맞아 생기는 문제도 있다.

넷째, 부품품질이다. 개발품질이라고도 한다. 수천 여 부품을 공급하는 협력업체의 기술이나 품질관리 수준이 완성차의 품질로 직결된다.

다섯째, 내구품질이다. 자동차는 계속적으로 반복하여 수년간 사용하므로 출하초기의 고장률 같은 초기품질도 중요하지만 장기적으로 품질을 안정적으로 유지하는 내구성이 더욱 중요하다.

품질평가

제 3자에 의한 자동차의 품질평가는 1970년 때부터 미국의 소비자단체인 컨슈머 리포트와 1986년부터 시장조사회사 JD파워에서 독립된 평가를 하여 잡지나 인터넷에 결과를 공표하기 시작했다. 컨슈머 리포트의 경우 그 평가 결과는 바로 20~30% 판매가 증대되는 영향력을 가져 '컨슈머 리포트 효과'라는 말도 생겼다. JD파워의 대표적인 평가지수는 다섯 가지로 품질로는 IQS, VDI, APEAL, 딜러에 대한 판매만족도로 SSI, 수리의 고객만족도로 CSI 등이 있다.

● IQS(Initial Quality Study)

소비자가 차량을 구입하고 90일 경과 후 불량이나 불편함 등의 품질 문제를 얼마나 경험했는가를 9영역 135항목으로 조사해서 차량 100대당 문제 발생 건수로 나타낸 지표이다. 즉 '초기품질'의 수준을 나타낸다.

● VDI(Vehicle Durability Index)

  소비자가 차량을 구입한 후 4~5년간에 불량이나 불편함 등의 품질문제를 얼마나 경험했는가를 IQS와 같은 방식으로 조사하여 차량 100대당 문제발생 건수의 지표로 '내구품질'을 말한다.

● APEAL(Automotive Performance Execution and Layout)

  소비자가 차량을 구입하고 90일 경과 후에 차량의 스타일이나 디자인, 차량의 승차감과 핸들링, 엔진·트랜스미션의 성능, 쾌적성과 편의성 등에 얼마나 만족하고 있는가를 설문 조사(18영역 114항목)해서 100대당 득점수를 나타낸 지표로 '매력적 품질'을 말한다.

품질관리

  품질관리란 고객이 요구하는 제품을 값싸게 제때에 공급하기 위하여 품질의식을 바탕으로 경영전반에 걸쳐 계획을 세워 실시하고 확인한 후 필요한 조치를 취하는 제반활동을 말하며 항상 다음과 같은 기본이념이 있어야 한다.

  첫째, 기업 경영활동의 궁극적 목표를 고객 제일주의에 두고 고객의 입장에서 항상 문제를 보고 고객만족이 기업 발전의 원천이라는 철학이 있어야 한다.

  둘째, 품질관리 활동에는 기업의 종사자 전원이 공동의 목표를 갖고 같은 방향으로 서로 힘을 모을 때 강력한 추진력을 얻을 수 있다.

셋째, 품질을 관리하려면 자주검사와 자주보증의 품질과 관리의식이 모든 구성원에게 뿌리내려야 한다.

넷째, 품질요소의 혁신이 끊임없이 이루어져야 한다. 우리나라는 현재 대부분 기업이 100PPM(품질불량률 100만개 당 100개) 품질을 관리목표로 하고 있다. 그러나 세계 선진기업은 '6시그마 경영' (백만개 중 불량품이 3, 4개인 3.4PPM/불량률 0.00034%) 을 품질목표로서 두고 있어 '신의 작품'이 아닌 이상 도전하기 힘든 품질수준을 향해 가고 있다. 특히 자동차는 2만개 이상의 부품으로 조립되어 그 가운데 어느 한 부품만 불량이어도 완성품 자체가 불량 판정을 받을 수 있기 때문에 품질관리가 무엇보다 중요하다.

품질보증

품질보증(Quality Assurance :QA)이란 소비자가 안심하고 만족하게 구입하고 사용한 결과 만족감을 갖고 오래 사용할 수 있도록 품질을 보증한다는 의미로 품질을 보증한다는 의미로 제품의 기획에서 설계·생산출고 이후 사용단계에 이르기까지 모든 단계에 걸친 품질확보의 활동을 그 내용으로 하며 다음의 품질보증의 기능과 업무내용(표)과 같다.

품질보증과 기능과 업무내용

순위	기 능	업 무 내 용
1	품질방침의 설정과 전개	최고 경영자의 품질경영·철학 정립
2	품질보증방침 설정	무상 보증수리 기간/거리 등
3	품질보증 시스템의 운영	전 과정의 부문별, 업무별, 기능별 체계
4	설계품질 확보	설계(Design Review), 품질기능전개(QFD)
5	품질문제의 등록·해석	(예) Worst 10품목 집중관리
6	제조품질	공정/작업표준, 자주보증체계, 검사기준
7	품질조사와 클레임 처리	시장(고객) 품질조사와 클레임처리, 리콜
8	품질표시/설명서 관리	제품책임(PL)과 관련한 사항
9	애프터서비스	판매된 제품의 점검·수리 등 A/S체계
10	품질감사와 시스템감사	제품의 완성도 평가, QC 전반 감사
11	품질 정보	모든 품질 정보의 수집 분석 활용

품질코스트

품질코스트란 불량품과 관련되어 발생하는 불량품 생산비, 불량발견 및 개선 대책비로 예방과 평가 그리고 실패의 범주로 나누어진다. 품질이 철저히 관리되는 회사는 총 매출액의 2.5%가 품질코스트이고 품질관리가 제대로 되지 않은 회사는 총 매출액의 15~20%라는 통계가 있어 품질비용의 절감이 바로 기업의 수익성 개선에 가장 지름길이라는 명쾌한 결론을 얻을 수 있다.

68 자동차의 원가관리

 기업경쟁이 심화되고 있는 상황에서 기업의 영속성은 이익창출에 의해서만 가능하고 이익창출은 원가절감에 달려있다. 원가절감관리(Cost Down Management) 즉, 원가관리는 크게 둘로 나누어 신제품계획 단계부터 목표원가를 설정하고 그 달성방법을 관리하는 원가절감 활동인 원가기획(Target Costing/Cost Planning)과 표준원가를 설정하고 통제와 개선활동을 통해 원가를 절감하는 전통적인 방법의 원가관리가 있다.

원가의 구성
 원가는 크게 직접재료비와 가공비로 이루어지고 가공비는 간접재료비, 노무비, 간접경비로 나누어진다. 비목별로 보면 제조원가는 직접재료비, 직접경비, 직접노무비, 직접고정비, 개발비, 공통원가로 나누어진다. 이것을 관리목적에 따라 비례비(변동비)와 고정비로 나눈다.
 자동차의 원가구성 비율은 직접재료비(부품구입비+주요원자재비)가 약 70% 정도로 가장 크고 나머지 30%가 감가상각비, 노무비, 경비, 관리비 등이다. 또한 비례비(변동비)와 고정비의 비율은 비례비가 약 80%이고 고정비가 20%정도이며, 직접비와 공통비로 나누어 보면 재료비가 대부분을 차지하는 직접비의 비율이 90%이고 관리비적 성격인 공통비는 10% 정도이다.

자동차 가격과 원가구성

변동비	직접재료비	직접재료비		제조원가	재료비 노무비 경 비	이익 세금	판매가격
	직접경비		간접재료비			판매비	
	직접고정비	가공비				일반관리비	
고정비	직접고정비		노무비			총원가	
	개발비						
	공통원가		간접경비				

이익을 올리는 방법은 원가는 그대로 두고 비싸게 많이 팔아 매출을 올리는 방법, 매출을 그대로 두고 원가를 낮추는 방법, 원가의 상승보다 매출증가를 크게 하는 방법, 원가 하락보다 매출하락을 적게 하는 방법이 있을 수 있다. 그러나 매출액의 결정은 시장에서 고객과의 관계로 발생하는 상품경쟁력으로서 통제하기가 곤란하다. 반면 원가의 결정은 사내의 역량에 따라 달라지는 코스트경쟁력으로 통제가 비교적 가능하다. 이 코스트경쟁력이

바로 상품경쟁력의 원천이 되는 것이다. 경쟁이 심화되는 시장경쟁에서 이익의 확보는 고객이 요구하는 가치(Value)를 가진 판매가격으로 제공되어야 하고 필요한 적정이익이 확보되는 허용한계의 코스트로 만들 수 있는 능력을 가져야 한다. 바로 시장 지향적(Market In)원가 사고가 필요하다

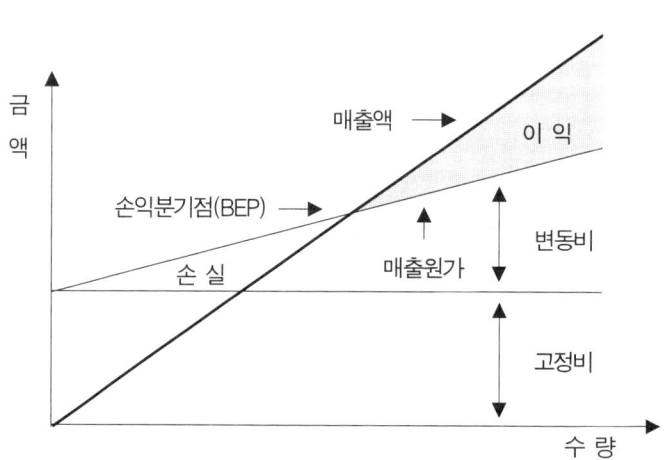

손익분기점과 원가

원가기획

원가기획은 개발을 기획하고 있거나 개발 중인 상품을 대상으로 기획 단계부터 생산, 판매에 이르기까지의 모든 과정에서 원가관련 부문이 체계적으로 원가절감활동을 하도록 하는 것으로 이를 가격결정이나 목표원가의 산출과 관리를 목적이 있어 '목표원가'라고도 한다. 원가는 설계단계에서 70%~80%가 이미 결정된다. 도면이 완성되면 대부분의 코스트가 결정되어버린다. 따라

서 처음부터 어떻게 상품을 구상하고 부품의 설계를 관리하느냐 하는 원류관리가 매우 중요하다. 개발구상 단계에서 목표원가로서 원가의 범위를 정하고 이 예산으로 각종 설계·구매·공장설비 등을 관리하는 것이 원가기획이며 바로 원류관리의 대상이다.

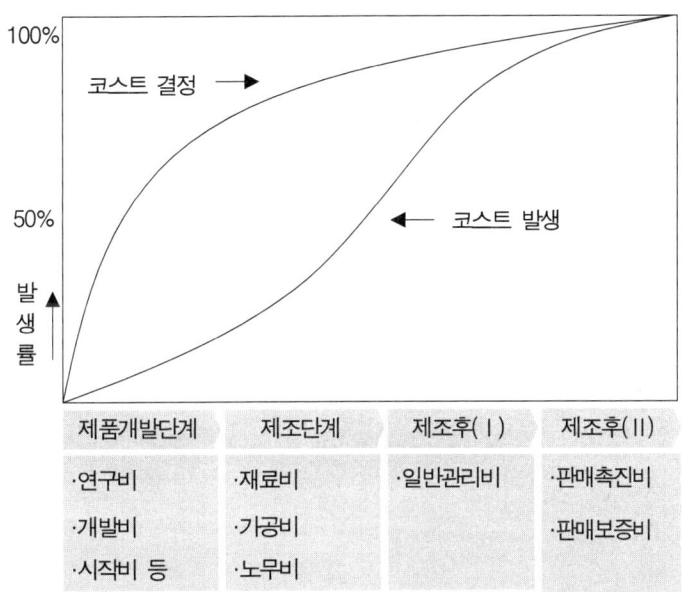

단계별 코스트의 결정과 발생곡선

원가절감과 학습효과

개발하고 있는 상품을 대상으로 하는 원가기획 활동과는 달리 현재 생산하고 있는 상품의 원가를 유지하고 개선하는 것을 원가절감(CR: Cost Reduction) 활동이라고 한다. 신상품이 원가기획에 의해 목표원가에 도달하였다면 양산이후 표준원가로 설정되고 이 표준원가는 부문별, 공정별, 비목별, 부품별로 코스트 테이블이 상세하게 작성되어야 한다. 표준원가는 다시 원가개선활동 즉 IE, VE, TQC, TPM, TPS, JIT 등의 다양한 관리기법을 활용하여 원가를 절감하고 다시 새로운 표준원가를 설정한다. 이러한 원가절감 활동을 꾸준히 반복하는 것이 원가관리이다.

VE/VA

가치공학(VE: Value Engineering)이나 가치분석(VA : Value Analysis)은 구하는 기능을 최소한의 자원과 비용으로 제품가치를 향상시키는 기능추구의 과학적 연구와 방법을 말한다. VE기법은 설계단계에서 주로 요구되나 개발, 제조, 판매단계에도 적용되고 제품이외의 공정이나 방법, 관리체계나 사무업무에도 광범위하게 적용되고 있다. 이러한 VE의 사고는 핵심기능만 빼고 모두 발파 분쇄한 다음 새로운 발상(Idea)으로 창조(Create)하고 보다 세련된 기능을 만드는 것이며 가치의 기본은 항상 사용자 우선이어야 한다.

TEAR DOWN

자사 제품과 국내외 타사 제품을 분해하여 부품을 기능적으로 철저하게 비교, 검토하고 현 제품의 개량이나 차기 개발제품에 반영하는 기법이다. 또 분해된 장치나 부품 또는 데이터를 나열하여 눈으로 보는 것에 의한 '비교 분석 대조법'이라고도 한다.

Tear Down의 종류로는 △유사 부품의 성능이나 사양을 비교하는 Matrix Tear Down △공정을 비교하는 Process Tear

Down △조립공수를 비교하는 Dynamic Tear Down △개선 대상과 경쟁품의 원가비교의 Cost Tear Down △재질을 비교해보는 Material Tear Down △비교 대상을 전시하는 Static Tear Down이 있다.

VRP(Variety Reduction Program)
　제품, 부품, 공정, 설비 등 다양하게 개발된 부분을 원가측면에서 거품으로 생각되는 모든 요소를 제거해 나가는 원가혁신 기법으로 공용화, 제품수 삭감, 단순화, 모듈 등을 추구함으로써 불필요한 요소를 개선하는 데 주안점을 두고 있다.

9

자동차 마케팅

자동차 마케팅 전략을 이해한다.
고객의 선택 기준과 구매 행태를 리뷰 한다.
자동차 판매력과 각 요소를 알아본다.
고객가치를 이해하고 고객만족 경영을 실현한다.

69 자동차의 상품특성

내구성 고가 소비재와 산업재
　승용차의 평균 수명은 6~8년으로 사용기간이 매우 긴 내구성을 가진다. 따라서 소비자가 대체구매시점을 결정하는 기간도 길다. 또한 사용목적이 개인생활의 질을 향상시키는 소비재 성격이 강하다. 반면 상용차는 산업재로서 경기변동이나 산업수요에 밀접한 관계를 갖는다.

고관여 선택 상품
　자동차의 선택은 용도와 차종마다 다르나 다른 상품에 비해 상대적으로 가격이 높아 구매 시 기술적 특성과 제품의 가격, 판매조건 등에 관한 상세한 정보를 얻고자 하며 또한 인간의 생명과 직결되어 있어 신규구입이나 대체구매시 대부분 신중하게 고려하고 계획하는 고관여(High Involvement)의 특성을 갖는다.

정비의 필요성
　자동차는 장기간 사용되는 기계제품으로 사용기간이 지남에 따라 마모과정을 겪게 되며 정적인 보수유지가 필요하고 경우에 따라서는 고장이나 충돌과 같은 사고에 의해 파손된 부분의 교환이나 수리가 필요하게 된다. 따라서 주행성능의 유지를 위한 애프터서비스나 제품보증이 필요하며 보수용 부품의 원활한 공급이 상당기간 이루어져야 한다. 특히 자동차는 생명과 재산에 막대한 영향을 미치는 안전성을 요구하므로 업체는 제품사용으로 인한 손해에 대한 배상책임(PL)을 질 수도 있게 되어 품질보증과 함께 정비보증이나 리콜까지도 철저히 해야 한다.

차종별 상품특성

구분	승용차	다목적 다용도차	상용차
종류	승용차	SUV, 미니밴	트럭, 버스, 특장차
용도	승용	승용+승합+소형화물	산업용
주 수요층	불특정다수 개별구매	·개인 세컨드 카 ·레저 /업무용수요	·운송업(여객, 화물) ·법인 ·개인 사업자
상품특성	내구성 소비재	복합성격	산업재 (투자재)
제품수명	6~8년 (10~20만km)	8~10년 (20~40만km)	10년~12년 (50~100만km)

브랜드성이 강한 상품

자동차 특히 승용차는 제품의 인식과 특성을 나타내는 브랜드가 마케팅전략의 가장 중요한 요소가 된다. 즉 그 자동차가 가진 브랜드는 제품특성, 품질, 디자인, 이미지, 시장에서의 이점, 더 나아가 소유자의 신분까지 차별화하는 특성을 갖게 된다.

브랜드는 기업의 이미지나 속성이 전제되어 있거나, 동시에 내재되어 있다. 따라서 기업 이미지는 바로 브랜드 이미지로 연결되며, 기업의 동질화 또는 브랜드 정체성(BI : Brand Identity) 프로그램이 제품설계부터 광고 선전에 이르기까지 일관되게 고객에게 전달되어야 하며, 이런 프로그램에 의해 같은 회사 또는 같은 디비전으로 제품이 인식되도록 패밀리 룩(Family Look)스타일링이 유럽메이커(Benz, BMW, Volvo, Audi, Saab, Jaguar 등)에서는 일반적이다.

민감한 경기 반응성

자동차는 생활인에게 있어 주택을 제외하고는 가장 고가품으로 불황으로 수입이 감소하거나 향후 전망이 불투명하면 신차구입을 1~2년 미루거나 중고차로 교체한다. 이와 같이 자동차의 수요는 경기변동에 민감한 반응을 나타낸다. 이는 승용차의 보급률이 높은 성숙시장의 경우, 대부분의 수요가 대체수요에 의존할 때 더욱 그러하다. 즉 경기호황 시는 구매자의 가처분소득이 증가하면서 사치성 소비재의 구매욕구가 증가하여 승용차의 대체시기를 앞당기거나 신규수요나 가수요가 늘어난다. 그러나 불경기 시에는 실질적 소득이 감소나 소득상황의 예측 곤란, 경기에 대한 불확실성과 심리적 압박감 등이 작용하여 대체구매를 당분간 유예하거나 구매욕구의 상실로 구매자체를 포기하게 된다.

자신의 기호와 라이프스타일 중시성

자동차는 기본적으로 독립적인 제품으로서 그 자체로 고객을 만족시켜야 팔리는 재화이다. 따라서 고객은 자신의 기호와 라이프스타일에 맞는 모델을 고르는 경향이 있다. 따라서 다른 많은 사람들이 고르니까 그 제품이 나에게도 매력적이라는 네트워크 재화가 아니다.

국제적 상품특성

자동차는 세계최대의 교역상품으로서 교통과 통신의 발달로 세계가 하나의 지구촌으로 가까워지고, 사회와 문화의 가치관이 동질화되면서 수요패턴과 기호가 같아져 가는 국제적 상품의 특성이 있다. 따라서 세계인 모두가 좋아하는 차종의 개발은 물론 전 세계를 대상으로 하는 글로벌 마케팅전략이 필요하다.

자동차 시장 특성과 마케팅요구 기능

고가내구 소비재 /산업 자본재	▫ 제품보증, 리콜, PL정책 ▫ 서비스/부품공급 정책 ▫ 중고차 시장개입, 신중고차 교환 ▫ 할부금융 서비스 정책
시장수요 상품	▫ 시장조사, 수요예측, 기술수요조사 ▫ 가격전략, 차별화전략, 판촉전략 ▫ 브랜드전략 – 광고, PR, BIP
국제 상품	▫ 국제시장 적합 차종개발 ▫ 국제 마케팅전략(가격, 유통채널, 촉진전략)
고객 지향성	▫ 고객 로열티, 마케팅 –고객밀착관리 ▫ 수요다양화 상급화 대응 – Full Line 전략

70 자동차의 수요와 판매구조

자동차의 선택은 타는 사람의 인생관이 반영된 것이다. 이 '자동차는 나와 비슷할까?', '차에 타고 있는 나 자신을 다른 사람들이 어떻게 볼까', '나의 생활에 가장 어울린 나의 생활을 담은 차'가 바로 많은 사람의 자동차 선택 기준이 될 것이다.

자동차의 선택 포인트

- 신차 (신차출시 경과년), 중고차
- 용도 (승용, SUV, MPV 등), 차급, 배기량, 사용 연료
- 수입차, 국산차, 메이커, 브랜드, 모델
- 디자인 (외관 스타일, 칼라, 사양 등)
- 실내공간 (탑승인원, 인테리어, 트렁크, 편의장비 등)
- 안전성 (안전장비, 차체 강성, 구조)
- 가격 (차량가격, 판매조건, 옵션가)
- 유지비 (연료비, 보험료, 세금, 정비비 등)
- A/S (보증프로그램, 서비스 만족도, 부품가격 등)
- 성능 (주행성능, 가속력, 소음, 승차감 등)
- 품질 (종합품질, 조립품질, 부품품질, 감성품질 등)
- 중고차가격 (감가율, 가격보상 프로그램 등)

자동차 수요

자동차의 수요는 구입이라는 형태를 통해 나타난다. 구입활동은 먼저 자동차 욕구주체인 개인과 법인의 구매력 즉, 가처분소득으로 자산이 일정수준을 넘을 때 생겨나며 여기에 성능이나 품질 등의 높은 상품력을 가지고 경제성과 효율성을 만족시킬 때 구입을 촉진하는 요인이 된다.

또한 자동차는 인간의 달리고 싶은 욕망 즉 「Mobility」의 꿈을 실현시키기 위한 심리적 요인도 구매를 촉진시키며 또한 자동차를 소유 사용함으로써 누리는 기대가치로서 신분상징(Status Symbol)의 욕구충족과 신속성, 편리성, 시간절약 등의 기대효과가 자동차 수요의 자극요인이 되고 있다.

자동차 수요 요인

객관적 요인	주관적 요인
▫ 국민소득 –가처분소득 ▫ 자동차 가격 ▫ 자동차 유지비 – 유가, 보험료, 세금, 통행료, 주차료 등 ▫ 정부 정책 – 조세, 환경, 교통	▫ 구매동기(유행추구, 사회적 차별화, 안정성, 쾌적성 추구 등) ▫ 태도(자동차 호의/비호의) ▫ 학습 과정(구매지식, 경험, 정보) ▫ 기대가치(소유, 사용 편익과 효용)

한편 제약적 요인으로서는 자동차 가격의 상승과 세금, 유류가격, 보험료 등의 비용 부담이 구매력을 저하시키는 요인이 되며 또한

교통체증으로 인한 심리적 압박요인도 구매의욕을 감퇴시킨다.

수요의 구조

자동차가 신차로서 등록이 되면 평균 3~4년 정도 보유 후에 중고차로 팔린다. 통상 1대가 중고차시장에서 1회 이상 회전하고 있어 성숙시장의 경우에는 중고차 시장규모가 신차 규모보다 크다. 한편 중고차도 시장가치(잔존가치, 정비비용, 시장수급 구조, 기능 등)를 상실하면 폐차되어 버린다.

자동차의 수요구조는 미 보유자의 신규구입, 기 보유자의 대체구입과 추가구입으로 구분되며 이를 다시 신차수요와 중고차 수요로 나눌 수 있다.

- 총 수요 = 신규수요 + 대체수요 + 추가수요(증차수요)
  = 신차수요 + 중고차수요
- 신차수요 = (신규수요+ 대체수요+ 추가수요) − 중고차 수요

한국자동차산업연구소에 따르면 우리나라의 신차 수요 구조는 2000년 신규 17.5%, 대체 65.9%, 추가 16.6%이었으나 2005년에는 신규 12.0%, 대체 65.4%, 추가 22.6%로 나타나 신규수요가 줄고 추가수요가 증가하였다. 소형차급은 신규수요가 중형차급 이상은 대체수요가 경차는 추가수요의 비중이 제일 높다.

국내 승용차의 판매구조

우리나라의 승용차 판매구조가 중·대형차에 너무 치우쳐 가고 있다. 2006년말 기준을 보면 중·대형차의 판매가 80%이상을

넘어 1998년의 39.2%보다 2배 이상 늘어났다. 특히 대형차 비율이 25%에 달해 미국에 이어 2위로 나타났는데 이는 1998년 이후 불황으로 소득격차가 커졌기 때문으로 보인다.

특히 경·소형차의 비율이 17% 수준에도 못 미쳐 자동차 선진국인 이태리나 영국의 50~60%대에 비해 너무 낮은 구조를 보이고 있다. 또한 1인당 국민소득이 비슷했던 한국의 2005년과 일본의 1985년 승용차 소비구조를 보면 일본의 경·소형차 비중이 48%이고 대형차는 2.4%이다.

국내 세단형 승용차의 판매구조 변화

(단위 : %)

구분	1986	1990	1998	2002	2004	2006
경차	0.0	0.0	33.0	8.0	9.1	6.1
소형차	82.5	63.0	27.8	36.0	29.2	10.2
중형차	17.5	34.2	34.9	42.0	44.0	59.4
대형차	0.0	2.8	4.3	14.0	17.0	24.3
합계	100	100	100	100	100	100

따라서 경제 불황이 지속되고 고유가시대로 접어들고 있는 때에, 자동차에서 강조되어야 할 것은 무엇보다 경제성과 실용성일 것이다. 자동차 유지에 부담되지 않고 대형차들이 누릴 수 없는 각종 세금혜택을 받을 수도 있는 것이 소형차임을 감안할 때 새로운 소비구조의 변화가 있어야 할 것이다.

주요 생산국의 승용차 소비구조

(단위 : %)

구 분	1,000cc이하	1,001~1,500cc	1,501~2,000cc	2,001cc이상
한 국	6.5	5.0	57.8	30.5
일 본	30.8	30.3	18.4	20.5
독 일	2.9	20.4	55.4	21.1
프랑스	1.3	37.4	50.8	21.1
이태리	4.9	50.4	34.9	9.7
영 국	3.7	48.4	35.1	12.8

자료 : 한국산업경제기술연구원(KIET)

71 자동차 판매의 3원칙

 판매란 고객으로 하여금 구매하고 싶은 마음을 불러일으켜 이를 행동으로 변화시키는 과정이다. 즉 고객의 입장에서는 구매이며 세일즈맨 입장에서는 판매인 것이다.
 이 과정에서 세일즈맨은 무엇보다 먼저 자기 자신을 팔고, 이어 상품의 가치를 팔며 마지막으로 조건과 가격을 판다고 할 수 있다. 즉 이것을 「판매의 3원칙」이라고 한다.

● 자기 자신을 판다
 「고객은 상품을 사는 것이 아니라 세일즈맨을 사는 것이다」라는 말도 있고 「세일즈맨은 상품을 팔기 전에 자기 자신부터 팔아라.」라는 세일즈 명언도 있다. 세일즈맨은 스스로 자기가 하는 일과 자기 상품에 대해 자부심과 열의를 가지고 자기 자신의 인격과 신용을 팔아야 하는 것이다. 따라서 세일즈맨이 제일 먼저 갖추어야 할 것은 풍부한 인간성, 바른 매너와 예절, 고객을 위한 서비스정신이다.

● 상품 가치를 판다

고객이 구입한 것은 상품자체가 아니다. 상품이 가져다주는 진정한 효용과 가치이며 매력이다. 결코 자동차라는 기계덩어리를 산 것이 아니라 자동차가 가져다주는 편익을 산 것이다. 따라서 세일즈맨은 고객이 진정으로 바라는 가치와 매력을 빨리 발견하여 타 상품에 없는 장점과 특징으로 설득하여야 한다.

● 판매 조건을 판다

고객은 이제 만족한 상품에 대해서 본격적인 가격할인이나 좋은 조건을 요구해온다. 이때부터 세일즈맨 특유의 교섭능력을 발휘하여야 한다. 그러나 가격에 관해서는 타협하지 않아야 한다. 가격할인에 집착하기보다는 상품가치를 인식시킴으로써 「싸게 샀다」 하기보다는 「좋은 차를 샀다」고 생각하도록 해야 한다.

72 자동차의 판매력 평가

 자동차의 판매력은 각 사의 점유율로 나타나는 것이 가장 일반적이다. 판매점유율 또는 시장점유율은 ▷보유대수, ▷기업이미지, ▷상품력, ▷판매력으로 결정되어진다. 이 가운데 보유대수와 기업 이미지는 과거부터 쌓아올려진 경쟁력이며 상품력과 판매력은 현재의 경쟁력이라고 할 수 있다.

 기업이미지는 상품력과 시장의 노출도인 보유대수에 따라 큰 영향을 받으며 또 상품력과 판매력에 영향을 미친다. 특히 브랜드의 명성이 기업이미지에 중요한 역할을 한다.

 보유대수는 판매체제 구축의 지표로서 신차의 판매대수 확장에 기여한다. 판매력은 영업망, 영업인력, 영업생산성 등을 말하는데 판매력이 강하면 고객과 시장의 정보를 많이 확보할 수 있으므로 상품력에 영향을 주고 상품력은 구매 욕구를 일으키므로 판매력에 영향을 미친다.

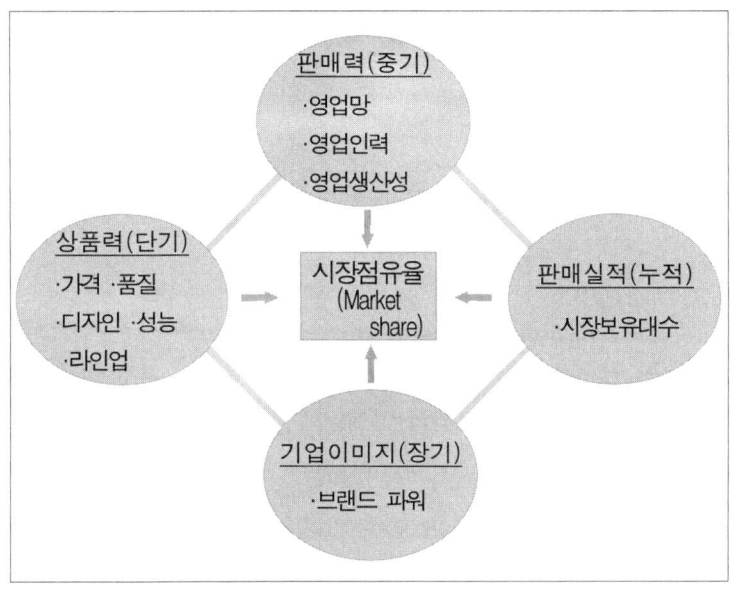

자동차 판매력의 영향과 관계

따라서 판매점유율을 확대를 위해서는 단기적으로 상품력을 증강시키고 중기적으로 판매력을 증강시키며 장기적으로는 보유대수를 신장시켜 기업이미지를 향상시켜야 한다. 일본업체의 조사에 의하면 경쟁력 요소는 상품력이 65%이고, 판매력이 35%로 상품이 우수하면 경쟁력에서 앞서 시장점유율 확대가 유리하다고 한다.

73 자동차 마케팅 전략과 활동

현대의 마케팅개념은 수익성이 수반된 기업의 통합적 노력으로서 고객 창조활동이다 이러한 마케팅개념은 세 가지 관점으로 나누어진다.

첫째, 고객지향(Customer Orientation)적인 관점이다. 기업의 고객창조 활동이란 결코 단순한 유통단계상에서의 판매활동만을 뜻하는 것이 아니라, 고객의 필요(Needs)와 욕구를 사전에 파악하는 생산단계 이전의 활동, 이를테면 시장조사나 제품계획 활동도 포괄하는 광의의 개념임은 물론이다. 다시 말해서「고객창조」란 고객이 원하는 제품만을 생산판매해서, 그 제품이 고객에 의해 완전히 소비(사용)될 때까지 책임을 진다는 것이다.

둘째, 기업의 통합적 노력이다. 즉 기업의 목적은 오직 마케팅뿐이라는 사고방식으로서 기업조직과 생산인사재무 등의 기능이 오직 마케팅기능을 발휘하기 위해 경주되어야 한다는 것이다. 이를 흔히 전사적 마케팅(Total Marketing)이라고 부른다.

셋째, 수익지향이다. 기업의 마케팅활동 어디까지나 수익성추구의 원리가 그 기반을 이루어야한다. 다만 이 경우의 수익이란 기업 성장을 위한 최소한의 것이지, 결코 무한한 수익 극대화의 그것은 아니다. 기업의 이른바 사회적 책임을 다하는 선에서의 적정수익이 바로 그것이다.

마케팅개념이 이처럼 대략 △고객지향 △통합적 노력 △수익지향이라는 3가지 기둥으로 구성되고 있다고 할 때, 이는 곧 마케팅개념이 종래의 세일즈(판매) 개념과는 크게 다르다는 것을 의미한다. 무엇보다 우리말로는 단순히「판매」라고 번역되는 세일즈(Sales)는 어디까지나 판매자의 필요만을 중심으로 한 것이며, 마케팅은 구매자의 필요가 주로 그 중심이 되고 있다는 점에서 크게 다르다. 다시 말해서 판매(세일즈)는 기업의 일방 통행적(One way)인 개념인데 비해, 마케팅은 기업과 소비자의 쌍방 통행적(Two way) 개념이라 할 만하다.

세일즈개념이 단순히 기업적 관점에서 생산한 제품의 판매를 통해 이윤을 추구하고자 하는 것인데 반해, 마케팅개념은 어디까지나 기업의 통합적 노력에 의한 고객에서 시작해서 고객으로 끝나는 고객지향성과 고객만족을 통한 이윤중시라는 사고방식에 철저한 것임을 알 수 있다.

마케팅 믹스

마케팅 활동이란 4P로 부르는 제품기획(Product), 가격정책(Price), 촉진활동(Promotion), 유통경로(Place) 4가지를 말하며 표적시장에서 마케팅 목표를 달성하기 위해 4P의 마케팅 수단들을 적절하게 혼합하는 마케팅 믹스(Marketing Mix)가 중요하다.

▫ 소비자의 욕구를 파악하여 만족시키는 상품을 개발한다.
  - 제품/상품기획 : 시장조사, 제품계획, 제품개발, 상품구성
▫ 소비자가 살 만한 가격으로 기업도 이익이 되도록 한다.
  - 가격정책 : 판매가(라인업별, 옵션별), 판매조건
▫ 소비자에게 정보를 전달하고 구매의욕을 일으켜 사도록한다.
  - 판매촉진정책 : 광고, 이벤트, 판매활동, 교육, 서비스
▫ 소비자가 상품을 손에 넣기까지 효율적인 경로를 만든다.
  - 유통경로 : 물적 유통, 보관운송, 판매경로(판매망)

74 자동차 광고와 판매촉진

오늘날과 같이 대량 생산, 대량 판매의 시대에는 대량 커뮤니케이션의 필요성이 더욱 커지고 있다. 판매촉진의 가장 큰 활동은 커뮤니케이션 활동으로 이는 소비자에게 기업의 철학, 상품의 장점과 가격, 판매점소의 체제, 애프터서비스 활동 등의 정보를 전달하여 마케팅활동 전체의 효율을 높이는 것이다.

커뮤니케이션 활동 수단으로는 유료의 매스미디어를 통한 기업활동이나 상품정보를 직접 전달하는 광고뿐만 아니라 세일즈맨을 통해 소비자에게 정보를 전달하는 판촉(Sales Promotion)이 있고 보도기관이나 여론주도자에게 정보를 서비스하는 PR과 실제 소비자인 고객의 입 소문(Word of Mouth) 등이 있다.

이 가운데 광고는 단순한 정보전달에 그치는 것이 아니라 정보를 받아 사고와 태도를 구매활동으로 연결시켜 수요를 창출하는데 그 목적이 있다. 따라서 광고가 효과를 제대로 발휘하려면 마케팅전략과 판촉전략 등이 종합적으로 고려되어야 한다. 특히 광고활동은 세일즈맨의 활동과 연동되지 않으면 유효하지 않다.

판매촉진(Sales Promotion)

　판매촉진은 소비자나 딜러 또는 세일즈맨에게 단기적으로 다양한 인센티브를 제공하여 「무료로 어떤 것(Something Extra)」을 얻는다는 느낌을 줌으로써 추가적인 만족과 자신을 경쟁자와 차별하는 중요한 수단으로 이용하여 고객을 유인하는 마케팅활동을 말한다. 이러한 판매촉진은 △신시장 개척 △신제품 소개 △경쟁기업의 활동 대응 △계절적 지역적 이점 활용 △재고처분 △유통망 증가 △세일즈맨의 동기부여 등의 이익을 거둘 수 있으며 그 종류는 다음과 같다.

● 현금 환불(Rebate)또는 할인

　현금 환불이란 소비자가 구매 후 구매증명서를 제조업자에게 보내면 제조업자는 그에 대해 판매촉진에 명시된 금액을 돌려주는 것을 의미한다. 가격인하 판매수단의 하나로 미국에서는 흔히 쓰이는 프로그램이나 우리나라는 쓰지 않고 있으며 대신 할부조건의 조정이나 할부금리의 인하로 가격인하 효과를 주거나 현금 일시불 구입 시 할인혜택을 주는 경우가 있다.

● 구매시점 전시

　영업점소를 방문한 소비자로 하여금 구매 욕구를 일으키도록 자동차전시장을 마련하거나 꾸미며 더 나아가 가망고객이나 우수고객을 점포로 초청하여 이벤트를 갖는 것을 말한다. 점포연출을 통한 판촉을 위해서 점포의 외관, 쇼 윈도우 장식, 실내장식, 차량진열 등이 매우 중요하다.

● 신차 발표회 개최, 모터쇼 및 랠리 참가

신차발표회 개최로 대규모의 이벤트와 대량홍보를 병행함으로써 소비자의 관심을 유도한다. 또한 모터쇼에 신차와 기존차를 출품하여 신차의 탄생을 알리거나 기존 차의 판매촉진을 꾀한다.

● 경품 제공

제품을 구입시 앙케트에 응모하거나 차명 공모와 같은 광고와 관련하여 현금, 상품 및 여행권 등을 주는 것이다.

● 제품보증 및 애프터서비스

신차출고 이후 일정기간 또는 주행거리에 대해 보증을 설정하며 소비자에게 품질만족을 주어 판매촉진을 유인하고 또 새로운 애프터서비스 프로그램이나 캠페인 실시하는 것이다.

● 우수고객 우대

단골고객 또는 오피니언 리더 역할을 하는 고객을 우수고객으로 선정하여 할인, 애프터서비스, 경품, 사은품, 공장견학, 해외모터쇼 참관 등의 각종 우대를 제공하는 것이다.

● 시승회

시승하여 보지 않은 소비자를 대상으로 시험 운전 또는 시승을 권하는 기회를 제공하거나 이벤트를 갖는다.

● 소비자 교육

소비자를 대상으로 제품과 관련된 교육을 실시하여 제품의 이해를 높여 구매 욕구를 갖게 하거나 어린이나 어머니 등을 대상으로 자동차 안전교실을 개설하는 것이다.

● 판매 캠페인

판매캠페인이란 일정기간동안 전 판매조직을 총동원하여 각종 이벤트를 의도적이며 계획적으로 소구활동이나 서비스 활동을 하는 것으로써 세일즈맨 시상캠페인, 집단 방문활동, 판매왕 선정, 경연회, 옵션사양 무상제공 등이 있다. 이밖에도 세일즈맨의 자동차용품 끼워주기, 각종 판촉물 제공, 공장견학 등이 있다.

판매촉진과 라이프 사이클

하나의 신차종이 시장에 도입되어 쇠퇴하는 과정을 다음 4단계로 나눌 때 각 단계별 판매촉진과 특징은 다음과 같다.

● 도입기

광고나 PR을 대량으로 투입하여 신제품의 고지를 알리면서 새로운 수요를 창출하고 무드를 타고 붐을 일으키지 않으면 안 되는 시기이다. 즉, 무드로 판매하는 시기이다. 이 시기의 매출이나 이익은 매우 낮고 마케팅 비용은 높다. 또한 경쟁기업은 없으며 제품전략은 기초 개발에 충실해야한다.

● 성장기

신문이나 잡지의 화제성이 제고되도록 하고 구입한 고객의 평가를 실명으로 들면서 신차의 이미지를 가속화시켜 나간다. 즉, 이미지와 화제성으로 판매하는 시기이다. 이 시기 매출이나 이익은 급격히 증가한다. 경쟁기업도 늘어나 브랜드파워 향상에 주력하고 제품 라인업도 확대해야한다.

● 성숙기

신차가 나온 후 3년 정도의 시기로 신차로서의 화제성은 없어지고 화제는 개개 세일즈맨에게 의존하지 않으면 안 된다. 시장을 자극할 Minor Change가 필요하고 타사 경쟁차량과의 'Merit 차이'를 셀링 포인트로 상품가치 유지에 전력을 기울여야한다. 이제 매출과 이익은 감소하고 경쟁자가 많아지며 제품은 차별화에 주력한다.

● 쇠퇴기

세일즈맨이 눈부시게 활약하지 않으면 안 되는 시기이다. 광고나 판촉의 원조도 별로 없고 오직 세일즈맨의 활동에 의존하면서 매출을 유지해야한다. 자동차에 대한 평가도 고정되어 있고 Model Change를 앞두고 있어 시장의 안정이 위협받기도 한다. 이시기 매출과 이익은 떨어지고 마케팅 비용은 보수적 고객을 대상으로 선택적으로 쓸 수밖에 없다.

75 자동차 지식의 중요성과 활용

자동차라는 상품의 가치와 장점을 팔려면 상품지식에 통달하여야 한다. 상품지식이 없이 영업전선에 나간 세일즈맨은 총기사용법도 모르고 전쟁에 나간 전투원과 같다. 상품지식을 마스터하려면 메모나 정리로 공부하고 완전히 이해되도록 해야 한다.

● 카탈로그와 각종 자료를 마스터한다.
　신차가 나오면 카탈로그의 내용을 완전히 마스터한다. 또한 각 차종의 세일즈 매뉴얼, 취급설명서, 서비스 매뉴얼, 부품 카탈로그, 각종 신문잡지의 시승기나 관련정보를 항상 읽어둔다.

● 실차의 모든 것을 실제 익혀둔다.
　실제 주행, 세차, 청소, 오일교환 등을 통해 실차 감각을 익혀두고 경쟁차를 시승하거나 여러 자료로 비교우위를 알아둔다.

● 고객의 의견을 경청하고 메모해 둔다.
　실제 사용하고 있는 고객의 장점과 단점을 직접 듣고 셀링 포

단계별 필요한 상담 지식

단계	내용
어프로치 단계	▫ 시장 상황(생산, 판매, 점유율 등) ▫ 유저 분석(직업, 년 수입, 연령, 구매동기) ▫ 회사 전반 현황과 판매 차종의 역사 ▫ 업계 동향(자동차업계, 고객의 업계)
상담촉진 단계	▫ 셀링 포인트(성능, 안정성, 경제성, 디자인 등) ▫ 유지비(연료비, 세금, 보험, 수리비 등) ▫ 경쟁차종과 비교우위 포인트 ▫ 경쟁차종의 판매가격과 조건
클로징 단계	▫ 판매조건(할부조건, 수수료) ▫ 옵션 사양, 튜닝, 개조, 중고차 취급 ▫ 견적서 작성기술 등 ▫ 계약서 약관, 계약서 작성법, 금융상품 ▫ 할부 거래법, 방문 판매법 ▫ 차량보험, 차량등록, 제세공과
고객관리(CR) 단계	▫ 품질보증 규정, A/S 내용, 사고나 고장시 긴급지원 ▫ 차량취급 요령, 간단한 수리 ▫ 고객 클레임・불만 처리

인트를 찾아낸다. 상품지식에 관해 회사, 상사, 고객, 동료들로부터 필요한 정보를 수집하고 항상 메모하는 습관을 익힌다.

상품지식의 활용

상담의 흐름에 따라 필요한 지식이 다르며 그 단계마다 고객을 설득하는 요령과 목적도 다르다. '필요한 때에 필요한 상대방에게 필요한 상품지식'을 사용하는 것은 고객의 마음을 사로잡는 지름

길이다.

● 어프로치 단계 – 세일즈맨과 회사의 장점을 클로즈업
　이 세일즈맨에게 이 영업소에서 이 회사차를 산다면 안심할 수 있다는 것을 심는 신뢰감과 우수성이 어필 포인트가 된다.

● 상담 단계 – 상품 가치 〉 가격, 자사차 〉 타사차를 어필
　고객의 마음속에「좋은 차」라는 점을 심어주어야 하며「좋은 차」의 요소는 필링, 신뢰성, 차량성능, 외관, 경제성, 안전성을 들 수 있다. 고객 가운데「좋은 차」의 기준을 경제성에 주로 두고 있다면 그 구성요소인 연비, 수리비, 차량가격, 세금 등을 셀링 포인트로 상품가치〉상품가격, 자사차〉타사차로 연결시킬 수 있도록 상품지식을 활용하여야 한다.

● 클로징 단계 – 종합가치 〉 판매조건을 어필
　이 단계에서는 판매조건을 결정하는 단계로 이제까지의 종합적인 가치의 크기가 판매조건보다 크다는 것을 강조한다.

● 출고 단계 – 좋은 차를 샀다는 만족감을 준다.
　이 세일즈맨에게 이 판매점에서 이 차를 이 조건에 산 것이 후회 없이 만족스럽다는 것을 강조하고 향후 대체, 증차, 소개가 있도록 고객관리 활동에 상품지식을 활용한다.

76 자동차 판매프로세스

자동차 대중보급기에는 방문판매로 신규수요의 고객창출이 유리하지만 성숙기가 되어 시장이 포화상태가 되면, 세일즈맨의 고객관리 강화에 따른 단골 고객화로 방문판매 효율이 떨어진다. 따라서 점포판매 중심으로 전환하거나 비중을 높이지 못하면 판매생산성(세일즈맨당, 점포당 판매대수)을 향상시킬 수 없다. 따라서 앞으로는 매장판매중심으로 판매방식을 바꾸어가고 데이터베이스 마케팅과 인터넷 마케팅이 활성화되어야 판매효율을 증대시킬 수 있다.

자동차 판매에 있어 고객을 접촉하는 방법은 방문활동과 점소 유인하는 활동이 있다. 신차발표회나 이벤트와 같이 다수의 고객을 접촉하는 것은 대단히 중요하지만 적극적인 계약으로 연결시키려면 세일즈맨에 의한 개별 방문활동이 가장 중요시되고 있다. 자동차 대중화가 고도화된 미국이나 일본에서 우수한 세일즈맨은 고객개척의 기본을 방문활동에 두고 있다. 역시 판매의 기본은 어디까지나 '될 수 있는 한 많은 사람과 만나는 것'이라고 할 수 있다.

판매프로세스와 업무내용

프로세스	업 무 내 용
고객개발	· 지역개척방문, 정보개척방문, 인맥개척방문 · DM(Direct Mailing) · Mobile & Internet · 전단(Leaflet) · 점소유인(이벤트, POP)
고객상담	· 방문상담, 점소상담, 전화상담, 인터넷 상담
계약체결	· 매매계약서 작성, 계약금 수령 · 판매조건 확정
판매품의	· 차량판매 품의서 작성 결재 · 판매조건 준수 확인, 선수율, 손실율 · 계약서 입금 · 계약 Happy Call
출고준비	· 인도금 입금 · 채권서류 징구, 확인(할부금융) · 등록비, 할부금, 기타비용 안내 · 출고증 발급
출고	· 배달탁송 · 본인출고
등록	· 채권서류 확인 후 자동차제작증 발급 · 고객 또는 대행등록 · 자동차번호(판)부여 · 부착 · 취득세 납부
AFTER FOLLOW	· 정기적 방문 차량상태 확인(Happy Call) · 지속적 A/S(정기점검, 검사, 무상보증안내) · 고객정보수집, 차량 정보제공 등

자료방문은 얼마나 유용한 자료를 정확하게 입수하고 분석해서, 활동으로 연결시키느냐에 성패가 달려있다. 또한 정보방문은 정보제공자를 얼마나 많이 두고 잘 관리하느냐에 있다. 따라서 정보마인드가 넘치는 정보맨이 앞으로 유능한 세일즈맨이 될 것

이다. 모든 방문활동은 결코 쉬운 것이 아니다. 모든 방문처를 마치 자기 집에 들어가듯 해야 한다. 무엇보다 방문공포증을 이겨내야 한다.

판매상담의 핵심은 설득

판매상담의 핵심은 상품가치의 설득과 판매조건의 교섭이다. 어프로치단계에서 고객과 대화할 수 있는 분위기를 만들면서 점점 자동차의 이야기로 접어 들어가는 데 이를 상담이라고 한다.

고객의 심리와 세일즈맨의 대응

단계	어프로치단계	상담촉진단계	클로징단계
판매대상	세일즈맨의 인간성 (열의, 신뢰)	상품가치 (효용, 장점)	판매조건 (가격, 조건)
주요포인트	편안한 상담 분위기 조성	셀링 포인트 비교 설명	판매조건으로 마무리
구매 심리 (7단계)	주의 ▷흥미 ▷	연상▷욕망▷비교▷	결의▷체결
고객심리 상 태	방문자, 상품구매에 대한 불안	이성과 감성 다각 검토	구매이유 정당화 구매결의

이 단계에서는 고객에게 상품가치를 충분히 납득시키고 다음 단계인 판매조건을 제시하여 매끄럽게 체결(Closing)로 마무리해야 한다. 이 모든 단계에서의 포인트는 설득이므로 고객이 생각하고 바라는 것을 정확히 캐치하면서 이야기를 이끌어 가기 위해서는 고객의 심리파악과 세일즈화법에 대한 연구가 필요하다.

77 자동차 유통구조

자동차 유통구조란 '신차판매'와 '중고차판매' 및 'A/S구조' 등이 유기적으로 연결된 유통시스템 구조와 보조적인 역할을 수행하는 '자동차 할부판매금융' 등을 말한다.

유통구조에는 메이커가 직접 판매하는 방식과 독립된 전문판매업자 즉 딜러 판매방식으로 크게 구분되어진다. 딜러는 제조업자와 최종 소비자사이에 개재하는 전문 판매업자로서 독립된 체제를 유지하면서 선진국에서는 중고차판매와 A/S 기능을 복합적으로 수행하며 신차에 대해 대리점과는 달리 소유권을 갖는 특징을 가지고 있다.

따라서 딜러제는 판매기능을 전문화 할 수 있어 완성차 메이커는 판매관리부문에 투입하는 직접비용을 절감하고 신제품의 개발과 생산에만 전념할 수 있다. 반면에 딜러는 신차 판매 시 다양한 옵션판매, 소비자와 지역에 밀착한 서비스제공, 신차판매와 중고차판매의 연계와 높은 이윤추구의 동기로 매출증대를 꾀할 수 있다. 다만 딜러제는 할부금융회사로부터 자금융통이 전제

국내자동차 판매거점 및 인원(2005년)

구분	현대	기아	GM대우	쌍용	르노삼성	합계
직영점소	473	344	97	–	132	1,046
(비율)	(52.6%)	(43.5%)	(24.2%)	–	(82.0%)	
인원	6,444	3,230	841		1.573	12,088
딜러점소	426	446	306	257	29	1,464
(비율)	(47.4%)	(56.5%)	(75.9%)	(100%)	(18.0%)	
인원	5,208	3,774	2,702	2,692	195	14,571
합계점소	899	790	403	257	161	2,510
인원	11,652	7,004	2,543	2,692	1,768	26,659

자료 : 현대자동차 2006 Automotive Market

  되어야 하고 마진이 큰 대형차판촉에 매달리는 문제점이 발생될 소지가 있다.

  우리나라의 유통체제는 직영점과 대리점이 혼재하는 형태로 되어있다. 직영점과 딜러점의 영업형태 중 어느 것이 제조메이커에 유리한지, 판매력과 수익성 향상에 도움이 되는지 아직 판단하기에는 이르나 저비용 고효율의 판매방식이 요구되고 있는 가운데 영업인력을 개인 딜러 등으로 전환하고 있고 중고차 연계판매나 인터넷 마케팅으로도 속속 이루어지고 있어 앞으로는 딜러체제 중심이 본격화 될 것이다.

78 중고 자동차

중고차의 수요는 소득수준의 차이에서 오는 부족한 재정 상태를 해결하려는 상대적 저소득층이 주요대상이고 신차의 운전 미숙이나 사고위험에서 벗어나려는 대상이 있을 수 있다. 즉 신차 가격이 비싸 자금부담을 느끼는 저소득계층은 중고차 구입요인으로 구입가격, 유지비 등을 중요시하고 품위나 유행 등은 중요시하지 않는 경제성 위주의 구매동기가 크다.

우리나라의 중고차의 거래규모는 2005년에 180만대를 넘어서 신차판매의 약 1.5배 수준으로 크다. 이러한 중고차시장이 활성화되는 배경에는 첫째, 신차에 비해 상대적으로 저렴한 가격이다. 둘째, 다양한 차종을 동시에 비교해 보고 살 수 있다는 것이다. 셋째, 중고차 시장에도 믿고 살 수 있는 보증제도, 사후서비스, 금융지원 구입조건 등이 자리를 잡아가기 때문이다. 끝으로 승용차 평균 보유기간(차령)이 1999년 4.9년에서 2006년 6.8년으로 높아져 중고차 시장이 커지고 회전율도 높아졌기 때문이다.

중고차 거래에 있어 우리나라와 선진국 간에 크게 틀린 것은 선진국은 신차를 취급하는 딜러 등이 중고차도 판매하고 있다는 것과 당사자거래보다 사업자거래가 규모 면에서 크다는 것이다. 일본에서는 신차를 판매할 때 고객이 사용하고 있는 중고차를 매매하여 대금의 일부로 거래하는 교환거래 방식(Trade-in)으로 신차판매의 70%~80%가 이런 방식으로 거래되고 있어 신차 딜러나 세일즈맨은 반드시 중고차 다루는 판매기술을 익혀야 한다.

앞으로 우리나라도 일본과 같이 신차영업소에서 중고차의 판매가 머지않아 이루어질 것이며, 이것은 △자사고객의 증가 △신차판촉지원 △수익향상 △안정적 판로의 확보 등에 기여하게 될 것이다. 다만 중고차를 전시할 수 있는 전시 공간이 확보되어야 할 것이다.

거래유형은 크게 당사자거래와 사업자거래로 우리나라는 당사자거래가 47%(2005년 기준)를 차지하고 있으나 앞으로는 사업자거래가 중심이 될 것이다. 당사자거래는 개인들 사이에서 직접 거래되는 면식거래와 개인끼리 거래정보를 교환할 수 있는 카센터, 신차영업사원, 주유소, 정비업체, 알선 거래업자, 인터넷 등을 통해 직접 당사자끼리 이루어지는 거래이다. 사업자거래는 매입·매출을 전문으로 하는 사업자가 자기소유의 중고차를 공개된 판매 장소에서의 거래로 부가가치세가 부과되어 소비자 입장에서는 불리한 가격으로 구입하는 결과가 된다.

중고차의 거래가 산정

중고차의 가격은 신차와 달리 시장수급과 차량상태에 따라 달라진다. 이를 반영하는 것이 중고차 경매시장의 낙찰가격과 모델별 중고차 감가율 또는 감가상각율(가치감가율)을 반영한 시세표가 거래가 산정의 유익한 정보와 기준이 된다. 중고차 감가율은 대부분 3년 된 차를 기준으로 하는데 감가율은 보통 40~50%수준이다.

국내 중고차거래 추이

(단위: 대)

년도	당사자 거래(비중)	사업자 거래	합 계
1995	731,661(73.8%)	259,257	990,918
2000	737,858(72.9%)	983,378	1,721,236
2001	756,555(41.6%)	1,061,343	1,817,898
2002	784,910(41.4%)	1,111,700	1,896,610
2003	864,403(48.7%)	908,737	1,773,140
2004	813,678(49.4%)	833,199	1,646,877
2005	801,640(46.5%)	923,389	1,725,029

79 자동차 고객만족

고객만족의 개념과 척도

오늘날 기업의 행동기준이나 경영철학 가운데 고객만족(CS : Customer Satisfaction) 만큼 중요한 것이 없을 것이다. 고객만족 경쟁에서 뒤지면 기업의 생존과 성장이 어려워지게 될 것이다. 고객만족은 대체수요의 비중이 커진 우리나라 업계에 있어 고객의 반복적인 재구매를 유도하고 구전활동에도 큰 영향을 미치기 때문에 고객을 위한 가치 극대화가 기업 경쟁력의 원천이 된다.

그러면 '고객'은 누구인가? 자기가 창출한 상품이나 서비스를 사주는 사람이나 고객이므로 사내고객이나 중간고객도 있을 수 있으나 최종적으로 구매하는 고객이 고객만족 경영의 궁극적 대상이 된다. '만족'이란 무엇일까? 손님은 상품이나 서비스를 구입, 이용할 때에는 항상 사전의 기대가 있다. 그 기대는 구매를 위한 접촉부터 구매 이후 상당기간까지 시간에 따라 변할 수 있다. 기대 이상의 것을 얻었을 때 '만족'이 있고 기대와 같거나 낮으면 만족에 이르지 못한 것이 된다.

소비자들은 자동차를 구입할 때 그 차가 어느 정도의 성능과 경제성·편의성 등을 가지고 있는지 예상하게 된다. 그것은 평소 각종 매체나 주변 사람들로부터 듣고 본 정보와 이미지가 있고 또 판매점에서 여러 가지 사항을 검토한 후 구입하여 타게 된다. 그때마다 몰랐던 장단점이 눈에 들어오기 시작한다. 구매자가 구입 전 가졌던 기대에 대해 구입 후 평가를 하게 되는데 이때 기대에 대한 충족도 또는 만족도로 이를 표현한다. 이렇게 고객만족이란 주관적 요소가 있어 사람에 따라 시시각각 변하게 된다.

고객 - 메이커의 관계와 영향

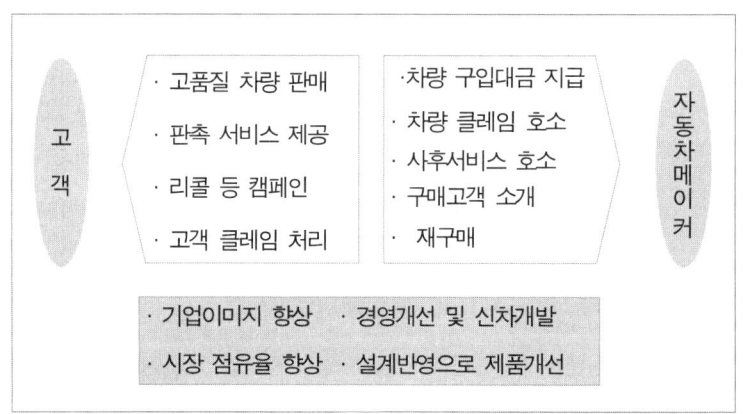

고객만족도 측정척도 중 5점 척도로 하였을 때 나타나는 '대체로 만족'을 어떻게 볼 것인가, 만족도 향상을 위해 중간이하 그룹을 올릴 것인가 아니면 '대체로 만족도'를 집중공략 할 것인가를 선택할 필요가 있다.

수년 전 제록스가 발표한 자사고객 조사 자료에 따르면 '완전

만족'(5점) 응답고객이 애호자일 확률은 '대체로 만족'(4점) 응답고객에 비해 6배정도 더 높다고 한다. 또 하버드대 연구팀인 존스와 새서의 만족도와 애호자 관계를 보면 자동차 시장에서 4점짜리 만족고객은 향후 결코 애호자가 아니라고 하였다.

한 사람이 일생에 걸쳐 상품이나 서비스에 지출하는 비용을 생애 구매비용(Life Time Value)이라고 하는데 미국의 통계에 따르면 자동차의 경우 평생 구매대수는 8~12대이다. 따라서 처음 구매한 차가 만족스럽다면 평생 만족한 메이커의 차를 바꾸어가면서 구매하게 될 것이므로 고객로열티 경영은 자동차판매에 있어 더욱 중요하다.

고객 만족과 구매행동

만 족 도	기 대 충 족	고 객 행 동
완전히 만족(5점)	기대보다 매우 좋음	재구매, 신규고객 창출 구전활동
대체로 만족(4점)	기대보다 약간 좋음	재구매 가능성 (약간)
중 간 (3점)	기대와 같음	고객이탈, 할 수 없이 재구매
대체로 불만(2점)	기대보다 못함	고객이탈
매우 불만 (1점)	기대보다 매우 못함	고객이탈, 악선전 구전활동

고객만족도 평가

기업의 경쟁력은 구체적인 시장전략이 기업의 경쟁력 원천과 결합하여 가격경쟁력과 차별화 비가격 경쟁으로 나타난다. 차별화우위는 디자인, 브랜드, 고객서비스, 딜러망 등을 들 수 있으며 이런 경쟁력이 어느 정도인가 하는 것을 구체적으로 시장 조사하여 지수로 나타내야 전략의 대안이 나올 수 있다. 이 가운데 고객만족도 조사는 국내외 제 3의 조사전문기관, 전문지, 보험단체, 소비자단체 등에서 발표되고 있다.

소비자 불만과 유형

자동차는 수많은 부품으로 조립되어있고 구조와 기능이 복잡해 일반 소비자의 지식으로는 제품에 대해 잘 알지 못하여 일부 가정에서는 자동차의 모양과 색깔만 보고 아이들이 정하는 경우도 있다는 연구발표도 있다. 미국의 한 딜러 조사에 의하면 자동차 소비자중 잘 구입했다고 만족하는 사람은 약 15%이고 나머지는 불확실하거나 심지어는 '약간 사기를 당한 듯하다'는 느낌을 가지고 간다는 약간 비극적인 현상도 없지 않다는 것이다.

우리나라 소비자들도 의식수준이 높아져 자신의 불만에 대한 권리를 찾기 위한 시위, 고발, 소송 등이 크게 증가하고 있다. 자동차의 경우 하자가 발생하여 수리정비가 생기면 경제적·시간적 손실과 정신적 피해로 자신의 선택에 대한 심한 좌절감이 생기고 피해에 대한 권리를 찾기 위한 반발 행동으로 전화, 서신, 방문, 시위, 소비자단체 고발, 불매운동, 소송, 매스컴 고발, 인터넷고발 등 다양한 방법을 찾게 된다. 특히 인터넷의 자동차 동호회는 각 메이커별, 차종별로 대부분 구성되어 약 1백여 개(뉴아반떼 동호회/www.newavante.com는 1만 3천명)에 이르며 한국자동차동호인연합회도 결성되어 품질 불량을 매섭게 지적하고 있다.

특히 입 소문에 있어 만족한 소비자는 5~8명의 친지에게 좋은 선전을 하지만, 불만 소비자는 10~16명에게 부정적인 정보나 악

선전을 하기 때문에 2배나 많은 가망고객의 구매에 악영향을 주거나 나쁜 이미지가 전달된다.

일반적으로 불만족한 소비자는 여러 행동유형으로 나타나지만 가장 주목해야 할 것은 말없이 이탈하는 고객이며 이들이 약 60%에 달한다는 것이다. 말없이 이탈하는 즉 무행동으로 나오는 이유는 첫째, 불만을 제기하는 데 드는 시간과 노력이 아깝고 둘째, 제기해봐야 별로 얻을게 없다고 체념하며 셋째, 어디에 어떻게 불만을 제기해야 할지를 몰라서 안 하는 것으로 조사되었다. 실제 고객의 불평과 불만을 처음부터 확실하게 처리하면 비용과 시간도 극히 적게 들고 만족한 클레임 처리는 다시 그 기업에 호감을 가지게 되어 재구매나 좋은 구전활동으로 나타나는 경우가 많다. 반대로 불만이 확대되어 사내문제가 되면 그 비용은 몇 십 배가되고 다시 대외적인 문제로 커져 처음에 드는 클레임처리 비용의 수백 배가 될 수도 있다.

결국 고객만족을 위해서는 고객들의 문제, 불평, 민원 등을 해결해 주어야 한다. '머피의 법칙'과 같이 '문제가 생길 소지가 있는 것은 반드시 문제로 나타난다.'는 것이다. 고객이 불편하거나 위험하다고 느끼면 반드시 고객불만으로 나타난다는 것이다. 여기에 바로 고객의 소리(VOC, Voice Of Customer)의 중요성이 있다. 그러나 VOC를 내는 고객은 대략 10명 중 한두 명에 불과하다. 따라서 고객불만은 △선행처리 △즉시처리 △사후처리 △장기 이관처리의 순으로 빠를수록 불만 해결비용이 적게 들고 고객만족도 높일 수 있다.

고객만족이란 절대로 우연히 이루어지는 것이 아니다. 고객만족이라는 결과가 나온 것은 고객접점의 현장은 물론 현장 뒤의 CS프로그램, CS시스템, 고객응대 프로세스, 고객만족을 위한 정책이나 전략, 반복적인 직원교육, 현장훈련 등의 복합적이고 지속적인 노력으로 이루어진 결정체라는 것이다.

로열 고객의 집중관리 - CRM

치열한 시장경쟁에서 기업에게 가장 중요한 것은 앞으로 어떻게 고객을 획득하고 유지해 가면서 그들이 더 오래 많이 구매하도록 할 것인가 이다. 이에 대한 해결책으로 등장한 것이 고객관계관리(CRM : Customer Relationship Management)라는 경영방식이다. CRM이란 고객에 대한 정보를 활용하여 고객과의 관계를 구축하고 강화시켜 나가 평생고객이 되게 함으로써 고객의 생애가치를 극대화하고자 하는 경영기법이라 할 수 있다.

80 자동차 소비자보호

대내적으로 국민경제의 향상과 삶의 질이 높아지고 대외적으로 소비자보호 정책이 소비자기본법(2007년 3월 소비자보호법 대체 변경)을 중심으로 관련법규와 제도가 국제적 수준으로 강화되었다. 특히 소비자기본법의 발효로 소비자단체 소송제도가 도입되고 유사피해에 대한 일괄적 분쟁조정제도가 실시된다. 아울러 제조결함시정제도 즉 리콜(Recall)과 제품결함에 대해 메이커의 무과실 책임을 묻는 제조물책임법(PL : Product Liability)과 집단소송법 등의 소비자 안전관련 법규의 시행으로 소비자 보호제도는 더욱 강화되었다.

소비자 피해보상

소비자기본법에서 소비자 피해보상규정의 대상이 되는 자동차는 비사업용의 승용, 소형화물, 소형승합차이다. 여기서 비사업용이란 영리법인 또는 개인의 사업목적에 사용되지 않는 자동차를 의미한다. 주요 피해보상 조건은 차체나 일반부분의 결함을 2년 이내 또는 4만km 이내, 엔진이나 주요 파워트레인의 본체 부품은 3년 이내 또는 6만km에 무상 수리해야하고 차량 인도 후 1개월 이내 중대결함이 2회 이상이면 교환할 수도 있다. 이러한 무상 보증 수리는 자동차관리법에서 최소 기준을 정하고 있다.

제조결함 시정제 - 리콜(Recall)

리콜(Recall)이란 소비자의 생명·신체 및 재산상의 위해를 끼치거나 끼칠 우려가 있는 결함제품에 대하여 제조·수입 또는 의무적으로 당해 제품의 위험성을 소비자에게 알리고 수리·교환·환불·파기 등 적절한 시정조치를 해주는 제도를 말한다. 이는 결함 있는 위해제품으로부터 소비자의 안전을 사전예방하기 위한 제도이다. 따라서 개별 제품의 품질하자로 인한 피해에 대하여 사업자의 무과실 책임을 인정하는 제조물책임제와는 사후 구제제도라는 측면에서 차이가 있다.

이 리콜에는 제조업자가 자발적으로 실시하는 임의 리콜과 자동차관리법과 대기환경보전법에 의해 정부가 시정명령을 내려 실시하는 강제 리콜이 있다. 외국의 경우 특히 리콜 제도를 처음 도입한 미국에서는 리콜이 연간 수백 회 이를 정도로 빈번하다. 또한 리콜을 차량의 지명도를 올리는 마케팅전략으로 이용하거나 수리 시 대체차량 제공에 세차와 연료 주입까지 하여 고객친밀도를 높이는 기회로 활용하기도 한다.

제조물 책임법 - PL법

제조물 책임(PL ; Product Liability)이란 자동차, 가전, 식품, 의약품 등 주로 공업제품의 결함에 의해 손해가 발생했을 경우

해당제품의 생산기업에 배상 책임을 지우는 것을 말한다. 리콜이 소비자의 안전예방을 한 사전적 조치라면 PL은 사고에 의한 소비자의 사후 피해구제인 것이다.

자동차의 경우 제품특성을 살펴보면 첫째, 사용방법에 따라서는 매우 위험한 상품이며 손해규모가 크다. 둘째, 그 위험성을 완전히 제거하려면 상품으로 성립할 수 없는 엄청난 비용이 든다. 따라서 결함은 제조결함보다 설계결함이 중요한 문제가 된다. 셋째, 운전자뿐만 아니라 보행자나 대형차와 같은 제 3자가 피해자인 경우가 있으며 전매를 거듭하면서 판매자의 과실도 있게 된다. 따라서 결함입증이 매우 어렵다는 것이다.

기업입장에서 보면 결함 없는 완벽한 제품을 만들어 PL소송을 예방하는 것이 가장 확실한 대응방법이다. 그러나 수많은 부품의 집합체인 자동차는 하자가 생길 소지는 얼마든지 있다.

실제로 지금까지 미국에서 일어난 PL 소송사례를 보면 자동차 조립과정의 결함이라기보다 외주 받은 부품에 주로 문제가 있는 것으로 나타났다. 우리나라도 2007년 초 들어 법원 판결에서 '모 자동차의 교통사고' 사건에서 배상과 입증책임을 모두 생산자에게 지우는 판례가 있어 특단의 대책이 필요하게 되었다.

PL소송사례-48억 달러 배상금

1993년 12월 1979년형 GM 말리브 승용차가 신호대기 중 뒤에서 음주운전 트럭의 추돌로 연료탱크가 폭발하여 6명이 중화상을 입자 GM을 상대로 설계 결함이라며 소송을 제기하였다. 원고는 GM 말리브 승용차는 후방 충돌(Rear Crush)에 약하게 설계되었으며 이 사실을 GM 고위층이 알고 있었다고 주장하였고 피고는 사고차량은 해당 안전법규(FMVSS)를 이미 만족하였으며 주원인은 음주운전자가 과속으로 달려 충돌했기 때문이라고 주장하였다. 결국 재판부는 GM이 일부 생산차종에 문제가 있음을 알면서도 문제차량 전체를 회수하는 것보다 사고시 보상금을 지불하는 것이 유리하고 판단하는 GM 내부 보고서를 고의로 묵살하였다는 근거로 GM에게 거액의 징벌적 배상금(48억 달러)과 사고배상금(1억7천만 달러)을 지불토록 판결하였다.

PL법의 과제와 대응

제조물책임법의 쟁점은 손해와 결함사이의 인과관계에 대한 입증책임과 손해배상책임 제조자의 면책범위 등이 있지만, 이 법의 시행으로 소송건수의 급격한 증가로 사고원인 조사와 규명기관이 절대적으로 부족한 우리나라 실정에선 많은 문제점을 안게 될 것으로 보인다.

자동차업계는 PL에 대응하기 위하여 제품의 안전과 품질을 보증하는 사내체제를 완비해야하고 설계 및 제조시 결함을 철저히 막아야 한다. 특히 소비자의 사소한 클레임제기에 대해서도 신속한 처리를 하는 등 전사적인 PL대응체제를 구축해야 한다.

81 자동차 애프터서비스

　우리나라도 선진국처럼 자동차 시장이 포화상태에 이르는 성숙시장이 되면서 신차구입 비율보다 대·폐차 구입비중이 월등히 높아지고 있다. 따라서 자신이 소유한 차량이 문제가 많거나 불만이 서비스로 해소되지 않는다면 다시 구매할 확률은 뚝 떨어지게 될 것이다.
　한 연구 조사에 따르면 A/S에 불만족을 느끼는 고객의 70% 이상이 향후 자동차를 재 구매할 때 타 메이커의 자동차를 구해할 것이라고 응답하였고, 반면 A/S에 만족한 고객의 60%는 앞으로도 같은 메이커의 차를 구입하겠다고 응답하였다.
　자동차 메이커의 기술과 품질 수준이 평준화되어 가고 있는 상황에서 고객만족은 제품의 가격, 품질, 성능, 스타일, 안전도 등 상품성과 함께 A/S기사의 친절도와 신뢰성, 서비스의 신속성, A/S 기술 수준과 정비 수리의 정확성, 접근하기 편리한 서비스망과 청결도, 저렴한 서비스 가격과 부품구입 가격, 정비예약제, 정비보증제, 무상점검 캠페인, 수리 후 해피콜 등의 애프터서비스 활동의 중요성이 커지고 있다.

자동차 수리의 과정과 체계

　자동차는 비교적 수명이 긴 내구소비재로 그 유효가치를 존속시키려면 수리정비가 불가피하며 2만여 조립부품으로 이루어진 고도 정밀기계이므로 서비스기술과 부품, 인력, 장비, 장소를 갖추어야 한다. 또한 자동차는 어느 특정한 위치에 고정되어 있지 않아 언제 어디서 어떤 사고나 고장이 발생할지 모르기 때문에 정비업체는 항상 신속하게 출동하여 견인할 준비와 작업을 갖추어야 한다.

　자동차 정비수리(Auto Repair)란 자동차가 정상적인 상태에서 운행·유지 될 수 있도록 하는 작위적인 행위로 비정상적인 운행요소가 발행한 경우 적정한 비용을 부담하여 정상적인 상태로 복구하는 과정으로 그 체계는 다음과 같다.

자동차 수리의 과정과 체계

손상 자동차	수리·정비	원상 자동차

원인 발생	운반 이동	수리 장소	비용 부담
차량 사고	견인 이동	직영 지정	보증 수리
고　　장	자가 이동	비지정 일반	보험 수리
자연 소모	긴급 출동	검사 정비	일반 수리
		부분 정비	

82 자동차정비업의 현황

국내 자동차정비업은 1996년 자동차관리법의 시설기준에 따라 자동차정비업의 작업 범위를 종합정비, 소형정비, 부분정비, 원동기정비의 4가지 형태로 나누고 다시 종합, 소형, 원동기는 검사정비로 나머지는 부분정비로 구분하고 있다.

전국의 정비업체 현황(2006년말 기준)을 보면 종합정비업이 2,640개, 소형정비업이 1,310개, 원동기정비업이 106개, 부분정비업이 2만8천여 개로 모두 3만2천여 개에 이른다. 1995년에 비해 검사정비업체는 1천7백여 개가 부분정비업체는 1만여 개가 늘었다. 우리나라의 총 등록대수를 정비업체 수로 나눈 정비업체당 보유대수는 약 460대로 선진국에 비해 약 50%가 적은 편이다. 선진국 수준을 감안한 우리나라의 정비업체의 적정 규모를 약 2만개 정도로 본다면 생존을 위한 업계의 경쟁과 구조조정은 앞으로도 계속될 것으로 보인다.

한편 정비업의 국내시장 규모(정비공임 + 정비보수용 부품비 = 운행대수 × 연간 대당 평균 수리비)는 약 5~6조원으로 추정

되며 종사자는 총 11만 명으로 업체 당 3~4명 수준에 있어 규모의 영세성을 면치 못하고 있는 실정이다.

현재 우리나라 자동차 정비업계의 문제는 △육체적 근무강도 기피에 따른 유능한 정비사의 확보 어려움 △사고 감소와 차량품질 향상으로 인한 정비수요의 감소 △지가상승으로 정비사업 초기 투자비용의 증가 △낮은 보험정비수가의 현실화 미흡 △업체 간 과당 경쟁에 따른 수익성 악화 △자동차메이커의 정비 네트워크 확대(현대차 그린서비스 네트워크, 직영 23개, 협력정비 390개, 부분정비1,100개)와 정유사, 보험사의 체인점 증설로 기존 부분카센터는 경쟁력 저하 등의 어려움을 안고 있다.

국내 정비 네트워크의 현황

네트워크	현 황
제작사 보증 N/W	·직영/협력/지정 보증 수리점 (약3천5백개소)
일반 공장, 카센터	·검사 정비공장(일반공업사), 부분 정비(카센터)
한국부분정비연합회	·카포스(CAPOS) 브랜드 (가맹점 1만5천여개)
전문정비 체인점	·카맨샵, 카젠 등 공동 브랜드 사용
손해보험사 체인점	·삼성애니카, LIG매직카, 현대하이카, 동부프로미 등 ·긴급출동 서비스 지원
주유소 체인점	·SK 스피드 메이트(약 5백개소) ·GS 오토 오아시스(약 5백개소)
타이어 체인점	·한국타이어 T-station, 금호 오토마스터 등

이러한 경쟁시대에 살아남기 위해서는 첫째, 감동경영으로 고정고객을 확보하여 수익성 향상과 경영안정을 도모해야한다. 둘째, 의뢰한 정비뿐만 아니라 종합검진 차원의 예방정비로 고객의 신뢰를 얻어야 한다. 셋째, 정비센터를 고객이 차를 안심하고 맡기고, 편안하게 쉬며, 자동차 관련 상품도 살 수 있도록 쾌적한 공간을 만들어야한다. 넷째, 첨단 정비장비로 기술 수준을 높이고 정비업무와 고객관리를 전산화하여야 한다.

자동차기술 인력의 양성

자동차산업은 전·후방 산업과 연관이 큰 종합산업으로서 기계공업을 주축으로 하는 제조업이면서 판매서비스의 유통업과도 관련이 깊다. 따라서 산업에 종사하는 인력도 R&D분야의 고급 두뇌인력에서부터 제조분야의 기능 인력까지, 마케팅 분야에 필요한 철학, 심리학, 사학, 경영학 전공자에서 광고·미디어 전공자까지, 정비 분야에 필요한 정비기사에서부터 자동차보험 손해사정인까지 다양하다.

자동차와 관련된 학과가 개설된 대학은 4년제 대학으로 국민대, 서울산업대 등 5개 대학 학부과정이 있고 또 대학원 전공과정에서 전문 연구인력 요원을 육성하고 있다. 특히 현대차그룹은 기초 및 원천기술을 발굴확보하고 우수 연구인력 양성을 위해 전문기업으로 (주)엔지비를 2000년에 설립하여 서울대학교와 산학협력 사업을 활발히 전개하고 자사와 부품협력사의 전문기술인력을 교육시키고 있다.

자동차 정비인력의 주요 배출 교육기관인 2년제 또는 3년제 대학은 기능대학(한국폴리텍 7개)을 포함 전국에 약 67개 대학교에 자동차과, 자동차서비스과, 자동차튜닝과, 자동차스포츠학과 등의 학과명으로 개설되어 있으며 매년 6천여 명을 배출하고 있어 단일학과 전공으로는 가장 큰 인력규모를 가지고 있다.

졸업생의 대부분은 애프터마켓인 자동차정비와 검사, 영업마케팅, 보험 손해사정, 중고차 진단평가, 튜닝 분야 등에 주로 진출하고 있고 일부는 자동차 메이커나 자동차 부품회사에 생산과 관리에도 취업한다. 또한 전문계 고등학교(전국 91개교)의 자동차과도 매년 약 5천명의 졸업생을 배출하고 있으며 전국 공공 직업전문학교(19개), 사업내 직업전문학교(10여개), 노동부인정 직업전문학교(50여개), 자동차 정비학원(60여개)에서도 자동차정비 전문 인력을 양성하여 배출하고 있다.

자동차산업 이야기

2007년 4월 2일 1판1쇄 발행
2020년 2월 25일 1판3쇄 발행

지은이 | 안병하
발행인 | 김길현
발행처 | (주)골든벨
등 록 | 제 1987-000018호

주 소 | 서울특별시 용산구 원효로 245, 골든벨 빌딩 (우) 04316
전 화 | 영업부 02-713-4135 / 편집부 02-713-7452
팩 스 | 02-718-5510
E-mail | 7134135@naver.com
Homepage | www.gbbook.co.kr
ISBN | 978-89-7971-736-5
정 가 | 13,000원

*잘못된 책은 바꿔드립니다.
*책값은 표지에 있습니다.